Der archaische Zivilisationsmensch

IV

Ulrich Warnke

Die geheime Macht der Psyche

Quantenphilosophie –
Die Renaissance der Urmedizin

1. Auflage

Popular Academic Verlags-Gesellschaft
Saarbrücken

Die Deutsche Bibliothek – CIP-Einheitsaufnahme

Warnke, Ulrich:

Die geheime Macht der Psyche, Quantenphilosophie – Die Renaissance der

Urmedizin
(Der archaische Zivilisationsmensch / Ulrich Warnke; IV, 1. Aufl.)
Saarbrücken: Popular Academic-Verl.-Ges. 1998
(Der archaische Zivilisationsmensch / Ulrich Warnke; IV)
ISBN 3-929929-06-6

Titelbild: © Ulrich Warnke

Popular Academic Verlag & Consulting GmbH
Saarbrücken

1. Auflage Oktober 1998

Druck: Frühmorgen & Holzmann, München
Printed in Germany

ISBN 3-929929-06-6

Teil I

V

Teil II

Teil I

Theorien

Hypothesen

Spekulationen

Alte Weisheiten

Ich bin, was ich wahrnehme
Sein ist, weil es sich weiß
"The it from the bit"

Anfangsprobleme: Wo beginnt die Psyche?

Die Gedanken, die in diesem Buch wiedergegeben sind, erscheinen mir aus 3 Gründen wichtig:

1. **Die moderne Medizin ist zu weit entfernt von einer Menschlichkeit.** Die Medizin darf nicht in einen durch Interessen gesteuerten Automatismus absinken. Der Mensch kann nicht allein durch objektive wissenschaftliche Erkenntnisse geheilt werden, da der Mensch selbst nicht allein aufgrund objektiver wissenschaftlicher Kriterien, sondern mit vordergründig subjektiven Momenten funktioniert. Verbleiben wir stur in der rein wissenschaftlichen Behandlung des Menschen, dann bleibt ein wichtiger Kanal zur Heilung ungenutzt.

2. Unsere Gesellschaft geht offensichtlich mit der Sichtweise konform, daß der Mensch fast ausschließlich als Motor für das eigene und allgemeine Wirtschaftswachstum herhalten sollte. „Ein Jahr war dann gut, wenn eine Steigerungsrate des Wachstums zu verzeichnen war". Diese Sichtweise ist für die zukünftige Entwicklung des Menschen und für unseren Lebensraum unangemessen. **Unser Leben hat mehr zu bieten, als Pflichten abzuarbeiten.**

3. Die allgemein verbreitete Meinung, wie würden immer älter, stimmt nicht ganz. Bei dieser Aussage ist immer die *mittlere* oder *durchschnittliche* Lebenserwartung zugrunde gelegt. Also einbezogen sind auch die Neugeborenen und Kleinstkinder. Sterben in dieser Gruppe unserer Gesellschaft weniger – was in den letzten Jahrzehnten durch medizinische und hygienische Maßnahmen eindeutig der Fall war – dann steigt die *mittlere* Lebenserwartung ganz rapide an. Das heißt aber nicht, daß das absolute Alter angestiegen ist. Hinzu kommt, daß das Alter heute eher mit bestimmten Krankheiten besetzt ist, als früher.

Es gibt Zahlen dazu von der Weltgesundheitsorganisation WHO:
Um 1890 war die Lebenserwartung eines Menschen in Deutschland, der erst einmal das 5. Lebensjahr erreicht hatte, um 4 Jahre höher als heutzutage.
Seit 1920 gibt es in Europa einen **Anstieg der Zivilisationskrankheiten** in folgendem Umfang:
Herz-Kreislauferkrankungen um das 14 fache,
Degenerative Erkrankungen (u.a. rheumatischer Formenkreis) um das 17 fache,
Krebs um das 20 fache (heute evtl. besser diagnostizierbar),
Fettsucht um das 35 fache,
Diabetes um das 56 fache,
Multiple Sklerose um das 59 fache,
Allergien um das 70 fache,
Alzheimer um das 89 fache.

Laut Bericht des AOK Bundesverbandes haben in den letzten Jahren Krankheiten des Skeletts, der Muskeln, des Bindegewebes, sowie die psychiatrischen Erkrankungen erheblich zugenommen.

Aus weiteren Quellen ist bekannt, daß außerdem folgende Krankheiten in den letzten Jahren Steigerungsraten verzeichnen:
Parkinson (in den letzten 35 Jahren mehr als 50%,
Leukämie (immer jüngere Menschen sind befallen),
Bronchialkrankheiten (in den letzten 10 Jahren mehr als 100%,
Aids,
Chronisches Erschöpfungssyndrom CFS,
EM-Hypersensibilitätssyndrom,
Hauterkrankungen (Sklerodermie),
Panic disorder (ängstlich gespannte starke Unruhe),
Salmonellose (bei gesunkener Infektionsrate der Lebensmittel),

Die großen Krankheiten nehmen weltweit zu, die Hälfte der Menschen in unserem Raum fühlen sich laut Umfrage nicht wohl oder fühlen sich sogar krank.

Dennoch, den meisten Menschen bei uns geht es materiell so gut, wie nie zuvor; aber sie sind nicht wirklich glücklich. In unserem Lebenswandel läuft etwas falsch.

Viele der obengenannten Krankheiten sind mit Immunaktivitätsstörungen verbunden. **Diese Störungen sind gleichermaßen der Umwelt, wie auch der Psyche, also unserem Verhalten zuzuschreiben.**
Aufgrund meiner Fernsehsendungen (Teleakademie, SWF und regionales Fernsehen, SR) und meiner Rundfunksendungen (Fragen an den Autor, SR) bin ich Anlaufstelle für die Diskussion von Gesundheitsstörungen vieler Menschen geworden. Bei der Analyse über die Ursachen aus der Sicht der Betroffenen wurde deutlich, daß es sich letztlich häufig um **psychische Probleme** handelte, die schließlich **körperlich eine große Belastung** darstellen. Das Thema wird in Teil II dieses Buches dargestellt.

Deutlich ist schon jetzt: diese Krankheiten und ihre Heilung sind kaum mehr bezahlbar.

Hier steht im Vordergrund, daß der einzelne Mensch lernen muß, für seine Gesundheit selbst die Verantwortung zu übernehmen. Am Anfang der Krankheit steht oft genug eine Funktionsstörung, ausgelöst fast immer durch psychisches Fehlverhalten. Deshalb muß man bereits die anfänglichen Funktionsstörungen verhindern, um die organische Krankheiten gar nicht erst ausbrechen zu lassen.
Der Mensch muß dies akzeptieren und durch eine konsequente Psychohygiene dagegensteuern. Um das Prinzip der Steuerung der Körperfunktionen durch die Psyche besser verstehen zu können, dafür sind die folgenden Gedanken und Modelle hier im Buch zusammengestellt worden.

Heilungswunder

Heilungswunder gab es immer schon und wird es immer wieder geben. Deshalb befanden sich ursprünglich Medizin und Religion in einer wechselseitigen Verbindung und Abhängigkeit; Priester waren in alten Kulturen die Heiler.

Nur weiß bis heute niemand, wie Wunderheilung funktioniert.

Der altgediente Heidelberger Ordinarius Hans Schäfer (mehr als 700 wissenschaftliche Veröffentlichungen auf dem Gebiet der Physiologie) gibt Beispiele in seiner Abhandlung mit dem Thema „Dein Glaube hat dich gesund gemacht; Religion und Medizin im Wechselspiel". Er berichtet von folgendem Versuch:

Ein Chefarzt aus Hamburg hörte von einem Fernheiler aus München, dem es gelingt, über die Entfernungen hinweg Kranke gesund zu machen. Der Chefarzt suchte den Fernheiler auf und bat um die Heilung von vier Patienten in seiner Klinik. Niemand, außer den beiden, sollte etwas von der Übereinkunft erfahren. In den kommenden vielen Wochen geschah nichts nennenswertes. Der Arzt kündigte darauf seinen Vertrag mit dem Fernheiler und erzählte nun seinen vier ausgewählten Patienten etwas, das der Wahrheit nicht ganz entsprach, nämlich ab sofort würde ein Fernheiler Heilströme senden, die sie, die Patienten, gesund machen können, wie es schon öfter passiert ist. **Das "Wunder" geschah** umgehend, alle Patienten genasen, nur eine starb nach vorübergehender Heilung später doch noch an ihrem ursprünglichen Krebsleiden.

Die Heilkunde unterliegt nicht nur wissenschaftlichen Kriterien, sondern auch glaubensmäßigen. Es gibt die „Droge Arzt" und die „Droge Medizin", womit gemeint ist, daß allein Bewußtseinsänderungen den Körper Richtung Heilung dirigieren. Bewußtsein ist mit einer Kraft verbunden, die in ihrer Auswirkung auf den Körper genau so meßbar ist, wie eine physikalische Kraft.

Wir alle sind laufend Suggestionen unserer Gesellschaft erlegen. Das Wort Suggestionen bedeutet bereits, daß sie als Wirkung das Ergebnis von Bewußtseinsänderungen haben. Ich wage die spekulative Aussage, daß 90% unseres Verhaltens fremdgesteuert ist. Wir werden in Teil II darauf zurückkommen.

In Experimenten und Filmdokumenten sind überraschende Ergebnisse der Suggestion aufgezeichnet. Z.B. kann man einem Menschen suggerieren, daß man ihm einen sehr heißen Gegenstand in die Hand gibt. Obwohl dieser Gegenstand nur einen Kugelschreiber darstellt, entstehen für die betroffenen Person nicht nur starke Schmerzen, sondern an der Innenhandfläche entstehen Rötungen und bei einigen Personen sogar Brandblasen. (Paul, 1963).

Das Phänomen „Konnersreuth" mit psychisch hervorgerufenen, allerdings falsch plazierten, Wundmerkmalen Jesu aufgrund des Glaubens und der Vorstellung, gehört in die gleiche Rubrik.

Genauso sind die Heilungen in Lourdes oder an anderen „heiligen Orten" einzuordnen.

Suggerierte Erwartungen werden auf der somatischen Ebene offensichtlich mit Hilfe des Bewußtseins zur Realität. Erwartungen und Hoffnungen sind Gefühle und damit Teile des Glaubens. Glauben ist ein Für-wahr-halten. Erwartung ist gleichzusetzen mit Gewißsein, während Hoffnung ein Türchen des Zweifels offen läßt. Deshalb ist allein die Hoffnung nicht ganz so erfolgreich im „Wunder hervorbringen", also in der in der Realitätsbildung der Heilung, wie die Gewißheit.

Physiologen aus Indien und Großbritannien haben längst wissenschaftlich einwandfrei die für uns wundersamen Leistungen der Fakire dokumentiert. Auch die Möglichkeit eines psychogenen Todes beim Menschen ist unleugbare Tatsache und wird auch heute noch bei Völkern mit lebendigen alten Traditionen praktiziert.

Die Psyche ist mit gleicher Kraftintensität Heilungsfaktor oder Krankheitsauslöser, je nachdem, ob wir in unserem Leben vordergründig positive Hoffnung, Erwartung, Glauben, Gewißheit pflegen oder ob wir permanent der Angst und dem „Losigkeitssyndrom" (Hoffnungslosigkeit, Aussichtslosigkeit, Lustlosigkeit, Sinnlosigkeit) nachhängen.

Immer und immer wieder wird der Placebo-Effekt nachgewiesen. Wir brauchen oftmals kein Originalpräparat eines Pharmastoffes, sondern werden auch geheilt, wenn wir glauben, wir nähmen das Original.

Mein Heil liegt in meinem Glauben.

Wir leben in einer Welt, die sich als Kampfplatz aller gegen alle präsentiert. Diese Kampfarena erzeugt Angst und Unsicherheit, die sich als Krankheit niederschlägt. Kein Organ und Gewebe in uns, daß davon unbeeinflußt bleibt.
Schäfer stellt in seiner Abhandlung deshalb ein „Medico-theologisches Modell einer sozio-psycho-somatischen Wertigkeit" vor und kommt damit den Erfordernissen sehr nahe.

Paracelsus: *„Medicus curat – natura sanat"*, der Arzt hilft, die Natur heilt.

Auch heute wird in der Medizin wieder der Begriff geläufig von der Heilkraft der Natur (vis medicatrix naturae), von einer Kraft, die Gesundheit herstellt; der Hygiogenese. In diesem Bewußtsein kann der Einzelne seine Gesundheit selber in die Hand nehmen, der Patient ist nicht länger der passiv Leidende (helft mir doch!), sondern aktiv Heilender. **Das Bemühen um ein inneres Heil wird zur Heilung.**
Wir werden aber erst dann erfolgreich sein, wenn wir erkannt haben, wie die Mechanismen der Psycho-Heilung funktionieren.

Weichenstellung von geistig zu materiell

Es ist schon eigenartig: wir vollbringen andauernd und immer wieder völlig unerklärliche Leistungen, indem eindeutig unser Wille oder unsere Gefühle Materie beeinflussen – wir heben den Arm, wir laufen herum, wir lachen und können weinen – aber wir empfinden das alles als so selbstverständlich, daß sich keiner von uns ausreichend Gedanken darüber macht, was eigentlich dahintersteht und wie das alles funktioniert.
Die weitaus meisten Handlungen, die unser Verhalten ausmachen, sind von der Psyche gesteuert. Wir sind motiviert, morgens aus dem Bett zu steigen, uns mit Hilfe von ordnenden Gedanken für die Anforderungen des Tages geistig fit zu machen, unserem

gedanklichen Ziel entsprechend ins Auto zu steigen, durch das Verkehrslabyrinth zu navigieren. Wir verändern durch unsere immer wieder wechselnden Gefühle unentwegt das aktuelle Hormonmosaik, den Kreislauf und die Durchblutung, den Muskeltonus, und unendlich viel mehr – **die Psyche ist zweifellos eine der wichtigsten Steuerinstanzen zur Modulation unserer Körperfunktion.** Aber haben wir wirklich eine Erklärung dafür, was Psyche ist und wie sie ihre Aufgaben erledigt? Wir kennen ihre Wirkungen, aber nicht ihre Identität und nicht ihren primären Wirkungsmechanismus. Und sofort drängt sich eine weitere Frage auf:

Wo beginnt das Phänomen Psyche innerhalb der Handlungen in unserem Körper?

Wo ist der Anfang der jeweiligen psychischen Beeinflussung unserer Körperfunktion?

Diese durchaus wichtigen Fragen erkunden nichts anderes als den Ort und die Zeit der Weichenstellung vom philosophischen zum naturwissenschaftlichen Lebensbereich. Genaugenommen ist nach den Mechanismen für die Wirkung des Geistes auf die Materie gefragt. Denn die Psyche hängt unzweifelhaft irgendwie mit dem Geist zusammen.

Aber was ist nun wieder Geist?

Die Begriffe Psyche und Geist, so auch der 3. Begriff im Verbund, die Seele, müssen direkte Verbindung mit energetischen Prinzipien haben, denn es müssen sich irgendwie irgendwelche Kräfte entwickelt haben, wenn körperliche Materie beeinflußt wird.

Huhn oder Ei

Substanzen, wie Neurotransmitter übertragen genetisch fixiert Information und sind eindeutig psychogen wirksam.

Aber: irgendwo muß es immer wieder einen Anfang geben.

Ein geistiger Prozeß, eine Gefühlsmodalität, ein Glaubensmoment, ein Wille, ein Einfall bewirkt Ausschüttung der Informationsüberträger.

Umgekehrt entstehen nach Ausschüttung der Neurotransmitter nun zweifellos veränderte Stimmungen, Handlungen, Verhalten, Funktionen, gesteuert von den Wirkungen der Informationsüberträger. Eins fließt ins andere.

Wo ist nun das „Huhn" und wo ist das „Ei"? Wo ist der Ursprung des Geschehens?

Man hat sich den Mechanismus in der zweiten Reihe folgendermaßen vorzustellen:

Information wird als codierte Energie, das ist gepulste elektromagnetische Schwingung, die als Kraftüberträger Quanten verwendet, auf einen Rezeptor – im Bild der Physik – auf eine Antenne übertragen. Die Folgen davon liegen genau fest: Die Durchlässigkeit von Membranen wird geändert, Enzyme werden aktiviert oder gehemmt, Proteine werden phosphoryliert (energetisiert) mit Hilfe von ATP und vieles mehr.

Das alles erklärt aber nicht, daß ich plötzlich und spontan ohne jede äußere Energiezufuhr, also ohne jede Reiz-Reaktions-Kaskade, nur aufgrund eines plötzlichen Einfalls meinen Arm hebe, Schritte setze, Intuition entfalte, Vorstellungen erlebe.

Was passiert am Ursprung aller geistiger Prozesse? Für eine einigermaßen plausible Antwort brauche ich die Seiten von Teil I dieses Buches.

Energie erhält sich selbst

Wir sprechen gerne von psychischer Energie, wissen aber nichts über ihre physikalische Einordnung. Wir müssen uns darüber Gedanken machen.

Die Menschen tendieren dazu, die Vielfalt der Erscheinungen und Geschehnisse dieser Welt einem einheitlichen Konzept unterzuordnen. In der wissenschaftlichen Kultur der Neuzeit spielt der Begriff der Energie die Rolle eines derart vereinheitlichenden Konzeptes, in dessen Rahmen die Welt interpretiert wird.

Wenn sich in der Natur etwas verändert, spricht man von einem Prozeß und diesen Prozeß versucht der Naturwissenschaftler dadurch in den Griff zu bekommen, daß er ihn mit bestimmten Größen beschreibt. Einer der wichtigsten Größen ist die Energie.

Geht man an das Thema heran, dann fragt man sich erst einmal: Was ist Energie und wie äußert sie sich?

Physikalische Begriffe (wie die Energie) lassen sich nicht durch Definitionen fassen, also nicht dadurch, daß man sie auf andere Begriffe zurückführt. Der Begriff Energie wird nur dadurch deutlich, daß man klarstellt, welche verschiedenen Phänomene durch ihn zusammengefaßt werden können. So werden Gemeinsamkeiten und Regeln sichtbar.

Daraus ergeben sich die nächsten Fragen: Wie äußert sich Energie? Welche Phänomene faßt sie zusammen? Wie lauten die Regeln, die dabei wirksam sind?

Die Phänomene, die durch den Begriff Energie in Physik, Medizin und Psychologie jeweils beschrieben werden, sind auf der einen Seite zu zahlreich, um sie einzeln aufzählen zu können; auf der anderen Seite kann man aber deutlich Phänomengruppen und Ordnungen in den einzelnen Fachdisziplinen aufstellen.

Die Energie ist quasi ein Band, das eine Korrelation zu allen Naturerscheinungen einschließlich uns Menschen erkennen läßt. Die Fachdisziplinen besetzen, entsprechend ihrer Kompetenz, bestimmte Abschnitte auf diesem Band.

Wie könnte man eine Ordnung innerhalb der Fachdisziplinen vornehmen?

Energie ist eine Größe, die sich selbst erhält. Wir wissen: Energie kann weder erzeugt noch vernichtet werden.
Die Physiker sagen, Erhaltung von Energie ist eine Folge der Symmetrie des Raumes und der Zeit.

Die Prozesse in der Welt müssen durch eine Bilanzierung geordnet werden.

Von der „heißen Sonne" zur „kalten Erde" wird die Energie unentwegt transformiert. In der Vielfalt dieser Transformation entsteht die biologische Wirklichkeit unserer Welt.

Jeder Gegenstand in der Natur, ob tot oder lebendig, enthält eine bestimmte Menge Energie (innere Energie). Man definiert sich ein System dieses Gegenstandes und kann dann über seine Energie sprechen.

Die innere Energie eines Systems ist – nach klassischer Auffassung bei gegebener Temperatur und gegebenen Druck – das Resultat der Bindungskräfte, die seine Teile (Kerne, Atome, Ionen, Moleküle) zusammenhalten.

Die Energiedifferenz zwischen dem Anfangs- und Endzustand des Systems setzt sich aus einem Betrag an freier und an gebundener Energie zusammen.

Der freie Anteil der Energie kann vollständig in Arbeit verwandelt werden, während der gebundene Anteil vom System absorbiert wird und für die Verrichtung von Arbeit nicht zur Verfügung steht. Die Menge an Energie kann sich von Augenblick zu Augenblick ändern.

Die Menge der Energie in einem System richtig anzugeben ist Aufgabe der **Physik**. Dagegen beruft sich sowohl die **Medizin** als auch die **Psychologie** auf die biologische Basis der Zellenergie als unbedingte Voraussetzung der Funktion des Menschen. Der Zellenergielevel jeder Zelle ist aktuell nicht meßbar. In der Medizin wird der adäquate Energiezustand deshalb mit der Physiologie, also mit der natürlichen nichtpathologischen Funktion korreliert.

Aber wir Menschen sind auch über Stimmungen und Gefühle sensible Indikatoren für die vorhandene Energiemenge in uns. Dieser Teil des Themas wird von der Fachdisziplin **Psychologie** untersucht. Ist es uns Menschen möglich, die aktuelle Energiemenge in uns anzugeben, indem etwa unsere aktuellen Gefühle konsultiert werden oder das soeben noch vorhandene Gefühl mit allen seinen emotionalen Facetten analysiert wird? Oder funktioniert die intellektuelle Eigenanalyse der Gefühle überhaupt nicht, weil Intellekt und Gefühl sich gegenseitig ausschließen? Worauf beruhen dann unsere subjektiven Aussagen über unsere Energie? Welche Rolle spielen Suggestionen im sozialen Umfeld? Wie hängt die Therapeut-Patient-Beziehung hinsichtlich der Energie zusammen?

Das sind faszinierende Fragen, die auch aus dem kritischen Studium populärwissenschaftlicher Bücher teilweise beantwortet werden können, da hier Erfahrungen und ihre Interpretationen, wie „das Volk" sie erlebt, im Vordergrund stehen.
Ein weiterer Aspekt:
Jede unserer Tätigkeiten ist, wie jeder andere Prozeß, mit Energieübertragung und Energietransformation verbunden. Man sagt allgemein: der Prozeß koste Energie. Alle Lebensprozesse mit ihren unzähligen Erscheinungen kosten Energie, oder richtiger gesagt: sind an der Energieumwandlung beteiligt. Energien werden also nur zwischen einzelnen Systemen hin und hergeschoben. Die Energie kommt von irgendwo her und „verbrauchen" heißt, man gibt sie irgendwo wieder hin.
Alle Energie, die der Mensch über Nahrung und Atmung aufnimmt, wird in anderer Form wieder abgegeben, als Muskeltätigkeit, Wärme oder auch als Energie mit der ausgeatmeten Luft und anderen Ausscheidungen.

Austausch von Energie geschieht also häufig durch Umwandlung in eine andere Energieform (in der Umgangssprache belegt man Energie mit Attributen. elektrische-, Wärme-, mechanische-, Atom-, Licht-, Bewegungsenergie).
Es wäre nun interessant, zu erfahren, ob bestimmte Energietransformationen in unseren Körper hinein das subjektive Erleben des Energiereichtums oder auch der Energielosigkeit vermitteln.

Ein sinnvoller Begriff ist auch der Energiestrom, also diejenige Energiemenge, die während eines betrachteten Zeitintervalls von einem System aufgenommen oder abgegeben wird. (Die Energie pro Zeit heißt Leistung.) Also vielleicht wäre der Energiestrom mit dem subjektiven Erleben bestimmter umschriebener Gefühle korrelierbar.

Die Evolution konstruiert uns mit vorhandenen Energien

Die Evolution wurde und wird bestimmt von den an der Erdoberfläche vorhandenen Energien und Materiebausteinen.
Der Mensch muß betrachtet werden im Zusammenhang mit seinen Entstehungsbedingungen, den Kräften, die ihn aufbauen und erhalten, der Welt, in der er sich bewegt und von der er seine Aufbaustoffe nimmt, kurz, in seiner Beziehung zum Ganzen, in seiner universellen Integration.

Das System Mensch war in jeder Phase seiner Entstehung abhängig von den in seiner Umgebung wirkenden Energien und Kraftfeldern. Wenn Kraftfelder wirken, dann sind sie unter allen Umständen kompatibel mit den Energien und Kraftfeldern des Systems auf das sie wirken. Kraftfelder, die den Menschen aufbauen, sind deshalb identisch mit Kraftfeldern die an der Erdoberfläche wirken.
Das System Mensch verwendet Energien, von außen kommend, zum optimalen Aufbau, zur optimalen Funktion und für eine Regulierung der Homöostase. Wären das nicht die Prämissen, dann hätte die Evolution uns nicht so konstruiert, wie wir sind.

Welche Energien waren und sind heute noch vorhanden?

1. Energien in der Nahrung (Außenenergien, die als Innenenergien übernommen werden) sind vorrangig Bindungsenergien der Moleküle und individuelle Energien der Elektronen, beide sind primär durch Sonnenlicht in Pflanzen gebunden wurden.
2. Neuformierung von Bindungsenergien (Innenenergien) zwischen Atomen und Molekülen, die von der DNA als Bauplan des Organismus vorgegeben werden.

3. Energien aus dem Kosmos und von der Erde (Außenenergien, die vorteilhaft über Rezeptoren perzipiert werden).

Welche Energien sind als Strahlung auf der Erdoberfläche wirksam? Diese Frage beantwortet **Bild 1**
Es ist:
1. Erde-Ionosphäre-Resonanz-Schwingungen
2. Atmosphärenfenster-Durchlaß von
    2.1. Sonnenlicht
    2.2. Hochfrequenzstrahlung aus dem Kosmos
3. Atmosphärische Gegenstrahlung (Erde regt Luftmoleküle an)
4. Erdstrahlung (im Spektrum außerhalb 3.)

Zweifellos waren die Außenenergien innerhalb der Evolution für unsere Konstruktion herangezogen worden.
Was heißt „unsere Konstruktion"? Die Matrix (das zugrundeliegende Raster) und die Form wurde nach funktionellen Gesichtspunkten festgelegt. Dabei ging der „Ingenieur" hochintelligent vor. Atom- und Molekülaggregate wurden an ganz bestimmten Stellen unseres Körperraumes positioniert. Wozu? Diese Aggregate korrespondieren untereinander, um Kräfte aufzubauen (auch Information sind Kräfte) und auszutauschen. Diese Kräfte sind notwendig, um Realitäten (die für uns wirkliche Welt) entstehen zu lassen. Die einfachste Form der Kraftwirkung ist Resonanz. (Prinzip: Gleiches erkennt Gleiches).
Insgesamt existiert auf diese Weise mein Körper.

Bild 1 Die Erdatmosphäre läßt nur bestimmte elektromagnetische Schwingungsbereiche durch. Der Bereich 10 MHz bis 100 GHz kommt direkt aus dem Kosmos. Alle Schwingungsbereiche an der Erdoberfläche sind mitbestimmend in der Evolution und in der Funktion des Menschen.

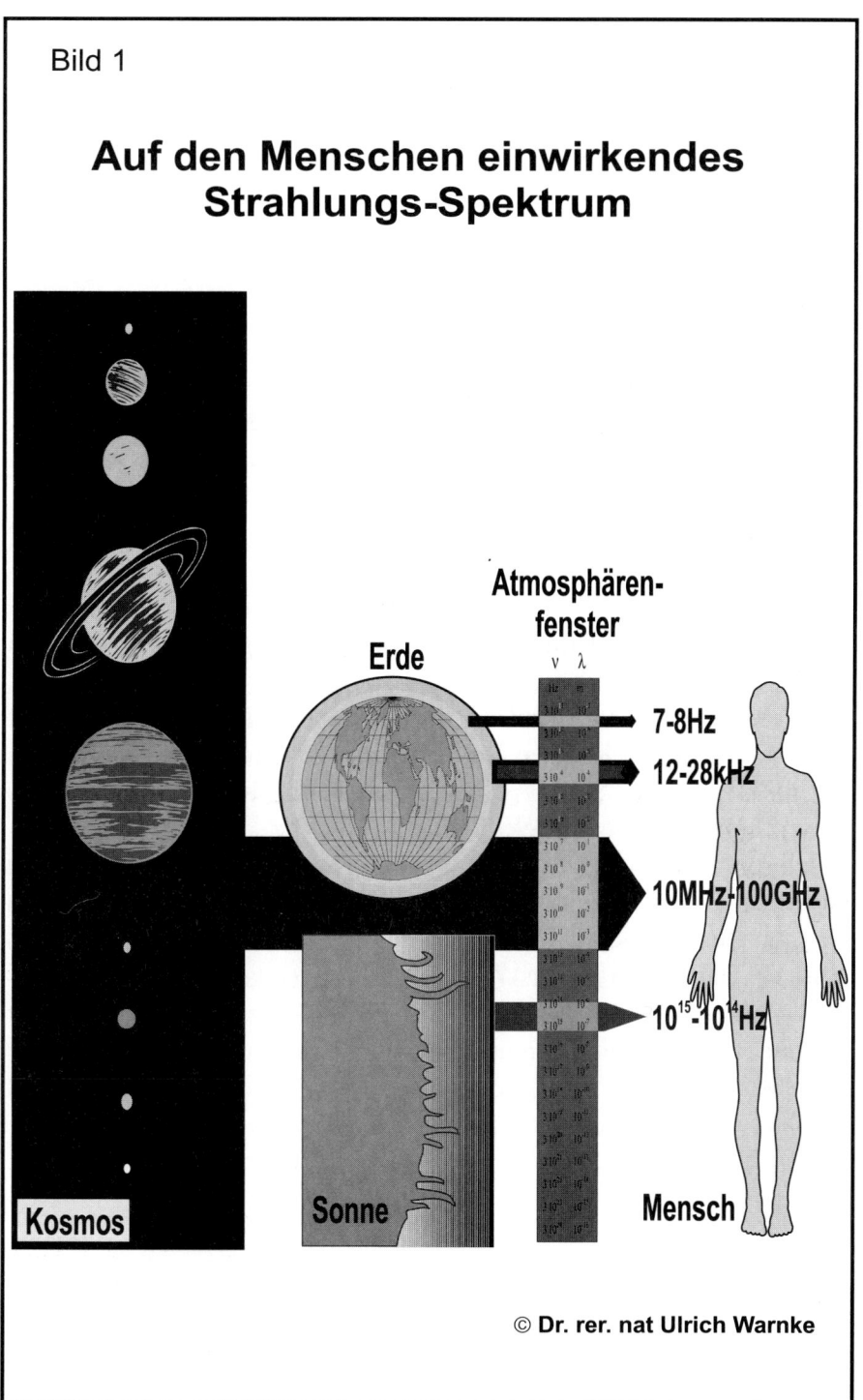

Bild 1

Auf den Menschen einwirkendes Strahlungs-Spektrum

Kosmos

Erde

Atmosphären-fenster

Sonne

Mensch

7-8Hz

12-28kHz

10MHz-100GHz

$10^{15}-10^{14}$Hz

© Dr. rer. nat Ulrich Warnke

Das Körpersystem tauscht Energien, zwecks Kommunikation (Informationsaustausch) mit der Umgebung aus (z.B. Aufbau der Sinne). In der natürlichen Umwelt dient die Kommunikation u.a. der Orientierung und dem Zielhandeln (z.B. Nahrungssuche und -aufnahme).

In der Sozietät werden zur Kommunikation Mimik, Düfte und Pheromone, also Informationssignale des Körpers nach außen eingesetzt.

Die „automatische" Verfestigung der Atome und der Moleküle untereinander zur Matrix – eingeprägt durch die DNA – wirkt auch bei Bewußtlosigkeit, Koma, Tiefschlaf und ist verantwortlich für die Aufrechterhaltung aller vitaler Funktionen.

Während Körperfunktionen festgelegt sind bzgl. Schwingungen der Elektronen und Atomkerne durch Vorgabe (Gedächtnis? Bewußtsein?) der DNA, der Centriolen, Centrosomen und Mikrotubuli (vgl. Kapitel „Bewußtheit der Zelle"), ist die geistige Funktion nur in ihren Auswirkungen beschreibbar.

Die weitgehende Modulation der „Automatikfunktion" erfolgt durch Weichenstellungen im Funktionsgeschehen mit Hilfe von Gefühlen, Wille (beides mündet im alltäglichen Glauben als Gewißheit) und Feedback. Bild 37.

Letzteres ist besonders wirksam durch die bewußte Konzentration auf einen zu erwartenden Effekt über eine Beziehung. Bewußtsein ist der Weichensteller in körpereigene Parallelwelten hinein. **Bild 30**. Der Erfolg dieser Weichenstellung ist davon abhängig, wieviele Atome und Moleküle gleichzeitig in gleicher Weise beeinflußt werden; also ob gleichsam nur ein Wassertropfen wirkt oder ob sehr viele Wassertropfen sich zu einem Fluß zusammentun. Erst der Fluß bewirkt die eher makroskopisch effektive Kraft.

Bild 2 Alle dunkel gezeichneten Flächen kennzeichnen die absorbierten elektromagnetischen Schwingungen in der Erdatmosphäre. Nur die hellen Bereiche der Schwingungen sind biologisch ausreichend aktiv.

16

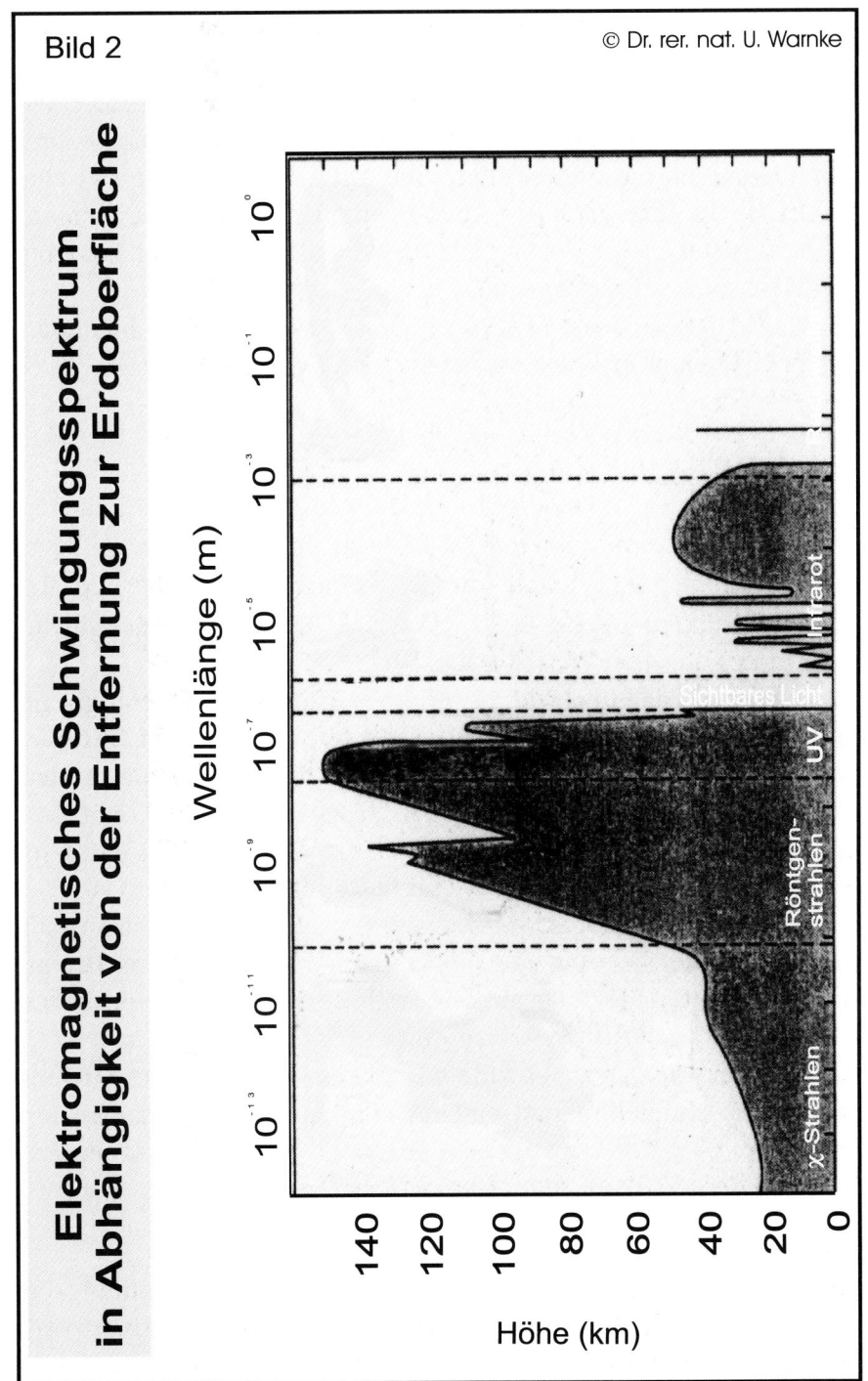

Bild 2   © Dr. rer. nat. U. Warnke

Elektromagnetisches Schwingungsspektrum in Abhängigkeit von der Entfernung zur Erdoberfläche

17

Meteorologische Einflüsse

Eine Rolle bei dem Vorgang der Einflußnahme äußerer Energien spielen auch sogenannte Spherics; das sind elektromagnetische Schwingungen, die durch Blitze und stille Entladungen zwischen elektrisch aufgeladenen Wolken als elektromagnetische Schwingungen entstehen und die eng mit der Wetterfühligkeit der Tiere und des Menschen verbunden sind.

Die Haut mit bestimmten Eigenschaften ist wahrscheinlich Antenne für diese Wellen im Very Low Frequency (VLF)-Bereich.

Die in der Atmosphäre am stärksten mit Energie belegte Frequenz ist etwa 10^4 Hz. In 1 mm Tiefe unter der Hautoberfläche ist die Leistungsdichte (die Leistung auf eine umschriebene Fläche bezogen) dieser Schwingung je nach Feldänderung immerhin noch 10^{-5} bis 10^{-10} Watt/cm^2. Verglichen mit der Grenzenergiedichte für eine Lichtempfindung, die bei 4×10^{-17} Watt/cm^2 liegt, ist die Energie dieser atmosphärischen Wellen hoch.

Es ist bekannt, daß unter dem Einfluß bestimmter meteorologischer Ereignisse, insbesondere bei Warmfrontdurchgängen und Tiefdruck Wetterlagen allergische Reaktion bereits durch Applizieren einer sonst unterschwelligen Allergendosis ausgelöst werden können.

Die Wetterabhängigkeit des Asthma bronchiale ist in größeren Beobachtungsreihen untersucht und bestätigt worden.

Nach Auffassung einiger Autoren soll für die Auslösung von Asthmaanfällen die Reizung des Vegetativen Nervensystems bei bestimmten Wetterlagen eine größere Rolle spielen, als der Sporen und Pollengehalt der Luft (Meteorotropie).

Asthmatiker vertragen Schwüle besonders schlecht. Autoren sprechen von asthmaähnlichen und präasthmatischen Zuständen und fanden bei 67% von untersuchten gesunden Versuchspersonen eine Senkung der Vitalkapazität an schwülen Tagen.

Was ist schwüle Luft?

Innerhalb des langwelligen elektromagnetischen Strahlungsbereichs, den wir als Wärme bezeichnen, emittiert und absorbiert Wasserdampf, Kohlensäure und Ozon. (Die weiteren Luftgase Sauerstoff und Stickstoff absorbieren und emittieren Strahlung im Bereich ultravioletter und optischer Strahlung).

Deshalb sind Wolken aus Wassermolekülen intensiv strahlende Massen im thermischen infraroten Schwingungsbereich (**Bild 2**).

Wird dieser Strahlungsanteil, der automatisch mit hoher Feuchtedichte gekoppelt ist, von oben in hoher Dosis auf die Körperoberfläche gestrahlt, kommt es zu den beschriebenen Leistungseinbrüchen. Der Wirkungsmechanismus muß noch durchdacht werden. Eine Rolle spielt wohl auch, daß O_2 nur bei trockener Luft ein Sättigungsmaximum erreicht (evtl. gibt es einen Zusammenhang mit dem in der Traditionellen Chinesischen Medizin (TCM) postulierten bioklimatischen Faktor für Lunge: die Trockenheit).

Zusammenfassend läßt sich sagen, daß eine Vielzahl subtil einwirkender Energien über ihre Kanalisierung und Verbreitung im Organismus quantenphysikalische Wirkung ausüben. **Diese Energien besitzen zweifellos eine Schlüsselrolle beim Evolutionsgeschehen und sind heute völlig unzureichend erkannt und verwendet.**

Die Konstruktion Mensch als Energiesammler

Das Thema ist letztlich eine Interpretation der TCM mit quantenphysikalischen Begriffen und Bedeutungen. Dabei wird erkennbar, daß sich tatsächlich vieles von dem bewahrheitet, was alte Traditionen als Erfahrungen mit den ihnen gebräuchlichen Worten beschrieben haben. Dennoch, viele der folgenden Interpretationen sind zwar plausibel, aber keineswegs bewiesen.

Energietransfer

Das Leben ist mit Hilfe terrestrischer und kosmischer Kräfte entstanden. Das ist schlicht ein Wunder. Warum sollte es nicht weitere wunderbare Beziehungen zwischen Leben und Kosmos geben? Haut, Lunge, Dickdarm sind in unserem Organismus die drei großen Energiesammler in spezifischen Quantenbereichen. Keine

19

dieser Energiesammelorgane stellt diese Energie in nennenswerter Weise selbst her. Alle bedienen sich direkt oder indirekt der Außenenergiequellen und transferieren sie zur allgemeinen Verfügung des Organismus.

Die von allen drei Organsystemen aufgenommenen Quantenenergien liegen in einem breiten Spektrum: vom optischen Bereich, über die typische Infrarotstrahlung (Wärme), weiter über die extreme Infrarotstrahlung und den anschließenden Mikrowellenbereich bis zu Radiofrequenz-Energien. Radiofrequenzen können aufgrund der großen Wellenlängen nicht mehr als Energiepakete vom Organismus absorbiert werden, sondern müssen über andere Mechanismen, wie Ankopplung an Zeitkonstanten wirken. (Mit Zeitkonstante ist z.B. die Lebensdauer von Freien Radikalen gemeint. Wenn die Zeit der Lebensdauer mit der Zeitdauer der Halbwelle einer elektromagnetischen Schwingung übereinstimmt, dann kann das Freie Radikal Energie aus der Schwingung ziehen.)

Der Austausch spielt insofern eine Rolle, als jedes Energiesammelorgan (Haut, Lunge, Dickdarm) spezifische Quantenenergien aufweist, die von den jeweils anderen Organen nicht gesammelt und aufgebracht werden können, die aber allen Organen zugute kommen können (**Bild 3**).

Der Transfer der Energie, also die Energieweitergabe verläuft nach drei Prinzipien:

1. Als Radiation

Voraussetzung für die Radiation über größere Strecken ist die Konservierung der Energie als elektromagnetische Schwingung. D.h. es dürfen keine Resonanzgebilde im Bereich der Schwingung liegen, da ansonsten die Welle kollabiert und mit Hilfe der nun entstehenden Quanten Kräfte übertragen werden, was einer Konduktion entspricht.

2. Als Konduktion

Die Energie wird in Form von Quanten auf ein Nachbargebilde (z.B. ein Molekül) übertragen. Dieses wird dadurch angeregt und über-

Bild 3

Energiesammelzentren des Organismus

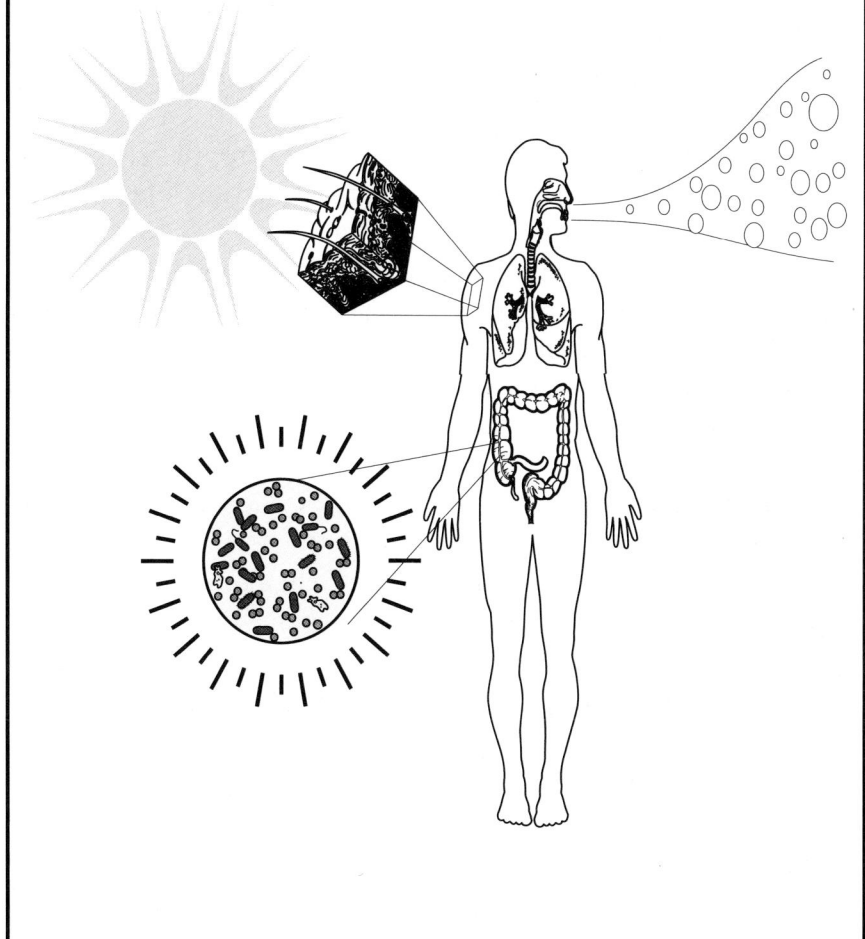

trägt die Energie wiederum auf ein Nachbargebilde, falls Resonanz vorliegt. So kann in einem Milieu gleichartiger Moleküle eine Resonanzkette über größere Entfernung existieren, z.B. im Blut.

3. Als Konvektion

Mit einer Strömung (bevorzugt Lymph- und Blutströmung) werden energetisch angeregte Moleküle mitgezogen.

Absorber der Energien innerhalb des Organismus sind vor allem Proteine, insbesondere Enzyme. Funktionell wichtig sind die Proteine in Membranen, die als Pumpen, Kanalelemente und Antennenelemente arbeiten und die die Permeabilität des Materietransports in das Cytosol hinein regeln.

Wichtig in dem Geschehen ist folgendes: **Im Organismus kommt es bei der Kommunikation der Reaktionspartner nicht auf die Leistungsdichte der Quantenstrahlung eines Moleküls an** (Leistungsdichte W/cm^2 ist ein Ausdruck für die Anzahl der Quanten pro Fläche). Z.B. reichen 5 Photonen aus, um der Retina Information zukommen zu lassen. Auch Hormon-Rezeptor-Partner, so wie die Partner Enzym-Substrat und Antigen-Antikörper arbeiten mit wenigen Quanten. Verstärkt wird die Funktion erst als Folge dieser Kraftbindungen in entsprechend aktivierten Kaskaden.

Die für spezielle Aufgaben notwendigen Konformations-Fluktuationen von Proteinmolekülen variieren mit Frequenzen zwischen 10^{-5} Hz und 10^{12} Hz und können durch entsprechende Quantenenergien (Frequenz einer elektromagnetischen Schwingung ist analog zu Quantenenergie) resonant induziert werden. Bekannt ist auch, daß zum Beispiel einige polykristalline Aminosäuren und Hydrogenbindungen von Proteinen wie Hämoglobin, Lysozym, Keratin, Poly-L-Alanin spezifische Frequenzen im Bereich der Mikrowelle und des extremen Infrarot (10^{11}–10^{12} Hz) absorbieren und emittieren können.

Wir halten also fest: Enzyme setzen für ihre Tätigkeiten spezifische Quantenenergien ein und lassen sich durch resonante Energien anregen, auch durch von außen eingekoppelte Mikrowellen.

Einen weiteren Quantenenergie-Resonanzbereich finden wir bei Enzymen im sogenannten Temperaturoptimum, entsprechend 33 bis 37 °C. Dieser Bereich ist bereits gut beschrieben.

Die Haut als Energiesammler

Sie verwendet hauptsächlich die Strahlungsenergie von den Evolutionskräften des Kosmos, der Sonne, der Atmosphäre, der Erde und leitet einen großen Teil an andere Organe weiter.

Die Zustrahlung der Energie zur Körperoberfläche schwankt. Gut bekannt, da weitgehend sichtbar, sind die Schwankungen der Sonnenstrahlung und ihren korrelierten meteorologischen Parametern. Aber z.B. auch die **hautrelevante kosmische Strahlungsintensität schwankt**. Sie nimmt mit steigendem Luftdruck ab, da die Strahlung dann eine größere Luftmasse durchsetzen muß; ebenso nimmt sie mit steigender Temperatur ab. Das dürfte Auswirkungen auf den Organismus haben, ist aber meines Wissens noch nicht untersucht. Interessanterweise **haben fast alle Strahlungsquellen Rhythmen** mit festen Phasenbeziehungen. So liegt das Maximum der kosmischen Strahlung am frühen Nachmittag und das Minimum kurz nach Mitternacht. Daran sind wir per Evolution angepaßt. Die Rhythmen werden aber im täglichen Leben mißachtet.

Ein Beispiel für die positive Wirkung der optischen Strahlung:
Die Haut ist besonders reich an Sulfhydrilkörpern (im Stratum germinativum). Diese SH-Körper bilden mit ihren Oxidationsstufen reversible Redoxsysteme. Sie sind an der Gewebeatmung beteiligt und aktivieren verschiedene Enzyme. Insbesondere „entgiften" reduzierte SH-Körper den Organismus durch Neutralisierung schädlicher Freier Radikale.
Durch UV- und Blaulicht wird die reduzierende Wirkung von SH-Gruppen stark beschleunigt.
Wir fanden zusätzlich, daß Licht im Nahen Infrarot relativ tief ins Körperabschlußgewebe eindringt und Flavinenzyme aktiviert. Im Fall der Mitochondrien wird – verglichen mit abgeschatteten Bereichen – dadurch deutlich mehr ATP aufgebaut. Beide Mechanismen zusammen, einerseits anabole Wirkung (Reduzierung von Pepti-

den) andererseits katabole Wirkung (Flavinenzyme werden aktiviert), ergeben eine natürliche Zellharmonisierung für die Regeneration.

Im Bereich der kosmischen Strahlung gilt grob die Regel: Je höher die Frequenz der einwirkenden elektromagnetischen Schwingung, desto geringer die Eindringtiefe. (Eine elektromagnetische Schwingung von 24 GHz hat eine Eindringtiefe bei einer Abschwächung von 1/e (1/2,7) von nur noch 0,07 cm.) Der Grund dafür liegt in der hohen Absorption dieses Energiebereichs durch Wasser. Vorteile bringt dies für den Energietransport durch Konduktion (z.B. auch für die Wärmeleitfähigkeit). Wird eine trockene, verhornte Oberhaut durchfeuchtet, so steigt der Energietransfer um mehrere hundert Prozent. Nachteile bringt das Prinzip dadurch, daß die Energie nicht kanalisiert werden kann, sondern im allgemeinen Feuchtepool versinkt.

Ist die Hornhaut nicht durchfeuchtet, kann die Energie über spezielle Empfangsareale eingekoppelt werden. Dieses Prinzip der speziellen Einkopplung macht eine selektive Verwendung der Energie möglich.

Tatsächlich läßt sich ein Modell konstruieren, das eine Differenzierung und Kanalisierung der einstrahlenden Quantenenergie ermöglicht.

Zuerst einmal wird natürlicherweise über die relativ scharf begrenzte Flächenausdehnung einer lokalen Hautleitfähigkeit, die bekanntlich Schweißdrüsenausgänge auszeichnet (an Fingerkuppen identisch mit Akupunkturpunkten, **Bild 4**), eine spezifische Antennenfunktion für von außen kommende elektromagnetische Wellenlängen aufgebaut.

Bild 4 Alle topographisch kleinen „Löcher" sind momentan aktive Schweißdrüsen. Um den Nagelfalz herum sind sie an gleichen Stellen zu finden, wie die postulierten Akupunkturpunkte.

Sichtbarmachung aktiver Schweißdrüsenausgänge in der Fingerkuppe

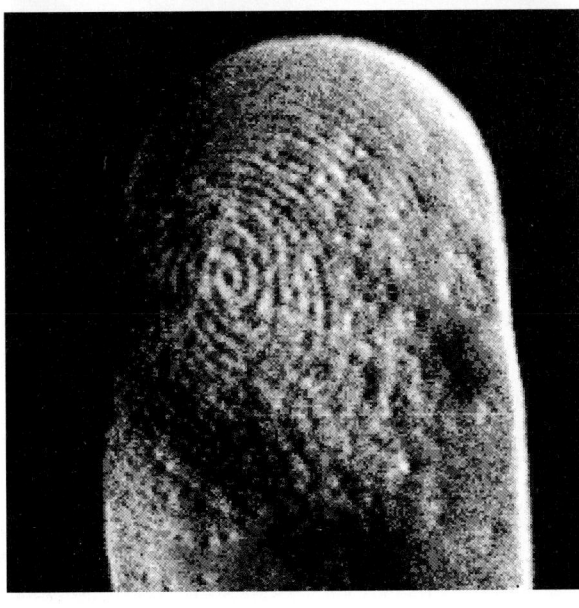

© Dr. rer. nat. U. Warnke

Das einstrahlende elektromagnetische Feld wird an Flächen erhöhter Leitfähigkeit zum Körperelektrolyten (als größere Kapazität) fokussiert. Dieses Prinzip erinnert an die Seitenlinienorgane von bestimmten Fischen.

Wie kann man sich aber die Erhöhung der Leitfähigkeit bestimmter Hautoberflächen außerhalb der Schweißdrüsenausgänge erklären? Hypothese: Die Ausdehnung der Leitfähigkeit der Hautpunkte an Stellen ohne Schweißdrüsen dürfte eine Funktion der körpereigenen Mikrowellenstrahlung sein, ausgehend von den die Faszie durchbrechenden Blut-Nerven-Konglomeraten und weiteren Neuronen- bzw. Rezeptorkomplexen (Paccinische Körperchen laut Heine). Diese Mikrowellenstrahlung, ausgehend von depolarisierten Nervenmembranen, stabilisiert aufgrund adäquat passender Zeitkonstanten die Freien Radikale, insbesondere das aus dem Blutkreislauf austretende NO-Radikal im Umkreis um das Konglomerat. Davon betroffen sind auch die Freien Radikale der Hautoberfläche. Die auf diese Weise „gepumpten" Freien Radikale können verstärkt die Lipidstruktur der Membranen attackieren und wohldosiert die Permeabilität vergrößern, wobei schließlich die erhöhte Feuchte im Umkreis der Kapillaren durch Serumaustritt eine verstärkende Rolle bei der Energieverbreitung spielt.

Verknüpfungen

Hautgefäße, Herzgefäße und Gefäße von Lunge, Darm und Niere können sich gegenseitig beeinflussen (Morat-Dastresche-Regel). Auch bei diesem Prinzip sind zweifellos Energietransferierungen ursächlich.

Die (reflexartige) Fernwirkung von lokal wirkenden elektromagnetischen Schwingungen innerhalb des Organismus ist schon sehr lange bekannt.

So führen Kältereize zur Verengung nicht nur der Kapillaren, sondern auch der tiefer gelegenen Arteriolen und Arterien. Auch weit entfernte Schleimhautgebiete können durch Kältereize in der Perfusion gestört werden. So z.B. können kalte Füße die Durchblutung des Nasen-Rachenraumes, besonders der Nasenschleimhaut herabsetzen.

Kältereize haben quantenphysiologisch zwei verschiedene Ursachen:
Einmal kann die Amplitude (Leistungsdichte) der elektromagnetischen Strahlung im typischen infraroten Bereich (5–12 µm) verringert werden, was gleichbedeutend mit einer Verringerung der Anzahl der wirksamen Quanten ist, zum anderen kann die Quantenenergie herabgesetzt werden, was gleichbedeutend mit einer Verringerung der Frequenz einer Schwingung ist. Für beide Prinzipien sind Neurone empfänglich.

Es ist zu erwarten, daß diese Prinzipien in anderen Schwingungs- und Quantenbereichen, also außerhalb des thermischen Bereichs, genau so verlaufen.

Innerhalb der Akupunkturphilosophie hat der Lungenmeridian seinen Ursprung auf der Hautoberfläche und berührt den Dickdarmmeridian. Daraus ist zu schließen, daß von der Hautoberfläche ausgehend, über die entsprechenden Leitbahnen ein Austausch adäquater Quantenenergien zwischen Lunge und Dickdarm gewährleistet ist.

Eine direkte Energiewirkung, ausgehend von der Haut und mündend in der Lungenfunktion, finden wir tatsächlich bei Neuronenfasern, die empfindlich für elektromagnetische Schwingungen im Infrarotbereich sind (Thermorezeptoren). Sie steuern u.a. das Atemzentrum. Das ist für jeden gut spürbar, wenn er einer kalten Dusche ausgesetzt ist; der Einatmungsreflex wird sehr stark aktiviert.

Die äußere Haut und das gesamte Nervensystem, so wie die Sinnesorgane entstehen aus dem gleichen Keimblatt, dem Ektoderm. Dieses Keimblatt liefert auch Vorder- und Enddarm. Daher ist eine Verbindung von äußerer Haut, Schleimhäuten, Enddarm und Vegetativem Nervensystem zu erwarten.

Wir gehen davon aus, daß ein Mangel oder eine zu hohe Dosis meteorotroper oder kosmischer Energie (Reiz), an Hautoberflächen, an Schleimhäuten, an Alveolen oder an Sinnesorganen, beeinflußt über Energieleitbahnen, auch den Tonus des Vegetativums (Synzytium vegetativer Fasern) mitbestimmt.

Die Lunge als Energiesammler

Die Lunge ist kein eigenständiger Energiegenerator im hier diskutierten Bereich, da keine ausgeprägten Neuronengeflechte, keine hochkonzentrierten Muskelfaserzellen, keine große Bakterienflora vorhanden ist.

Die Lunge verarbeitet (mit Hilfe der Konvektion) die Energie der Luftbestandteile (Gasmoleküle, freie Elektronen, Ionen, Aerosole) und leitet den größten Teil an andere Organe weiter.

Damit ergibt sich über die Atmung, neben der oben angedeuteten Meridianaktivität, eine weitere Möglichkeit, der Lunge spezifische Quantenenergie zuzuführen. Mit der Atmung werden pro Liter konvektiv eingezogener Luft Mengen von Teilchen (mehr als 10^{22} Moleküle bei 0,5 l Einatmungsluftvolumen) einschließlich einer ungeheuer großen Anzahl Elektronen (10^{18}/mm^3) den Lungengebilden präsentiert. In der großen Oberfläche des Flimmerepithels bleibt ein Teil davon adhäsiv, d.h. mit Hilfe elektromagnetischer Kräfte, haften. Die kleinsten Teilchen und die Elektronen erreichen die Alveolen (vergleiche Kapitel „Die Atmung als psychosomatische Festigung").

Wir haben ca. 300 Millionen Alveolen in unserer Lunge, wobei eine Fläche von 70 m^2 Kapillare berühren und Energieaustausch ermöglichen (oder Allergenaustausch, wenn das System durchlässig für Makromoleküle wird).

Die Luft enthält unzählige Teilchen, die zugleich Sender elektromagnetischer Schwingungen sind. Dies sind Wirkkomponenten, die noch in unglaublich niedrigen Dichten (Strahlungsamplituden) meßbare Effekte auslösen. Das wird deutlich, wenn man bedenkt, daß der Stoff Mercaptan oder auch Vanillin oder Skatol bei einer Konzentration von nur 4×10^{-13} g/l Luft eine Empfindung an der

Nasenschleimhaut auslöst. Die Wirkung von Pheromonen, die über die Luft übertragen werden, und die in geringster Anzahl oft erstaunliche unbewußte Reaktionen hervorrufen, sind auch für den Menschen inzwischen gut dokumentiert (vgl. „Gehirn-Magie"). Die Geruchssensation ist dabei an die Phase der Lungenventilation gekoppelt.

Eine größere Rolle spielt auch die Einatmung geladener Aerosole in Größenordnungen von 0,1 bis 5 µm. Diese Aerosole gelangen nachweislich bis zu den Alveolen und geben an den Grenzflächen bei der Sedimentation ihre Ladungen ab. Grenzflächenladung und Oberflächenspannung verhalten sich gegensinnig. Eine hohe Grenzflächenspannung, ist gleichbedeutend mit einem erhöhten Zellpotential. Dies ergibt eine geringere Oberflächenspannung, wodurch nun Phagozytose und Emigration von Granulozyten möglich werden. Gleichzeitig wird ATP gespart, da die ATPasen bei erhöhtem Zellpotential weniger pumpen müssen.
Positiv geladene Aerosole haben eine andere Wirkung als negativ geladene. Die jeweilige Wirkung hängt von der Ausgangslage des Vegetativen Nervensystems ab. Negativ geladene Aerosole verstärken die Amplituden biologischer Reaktionen (optimale Enzymreaktion), während positiv geladene scheinbar eher dämpfend wirken.

Bei allen Beeinflussungen spielen konstitutionelle und lokalklimatische Faktoren eine Rolle.
So wurden in einer Untersuchung bei 80 % der Asthma- und Bronchitis-Patienten eine Heilung bei negativ geladenen Aerosolen, d.h. bei Elektronenüberschuß der Aerosole gefunden. Wo dies nicht gelang, klappte es mit positiv geladenen Teilchen.

An der biologischen Wirkung negativ elektrisch geladener Bestandteile der Atemluft ist nicht mehr zu zweifeln.
Als wichtigste Therapieergebnisse der Behandlung mit ionisierter Luft sind laut Literatur aus den 60er Jahren Verbesserungen und Heilungen zu nennen bei:
Bronchialasthma, Erkältungskrankheiten, Keuchhusten, Emphysem, Heufieber, Verbrennungen, Tuberkulose (schließen der Kavernen

29

forciert), Blutdruckherabsetzung und Herabsetzung der Viskosität des Blutes, sowie günstige Beeinflussung von Rhinitis und Nebenhöhlenaffekten.

Der Dickdarm als Energiesammler

Der Darm ist im Gegensatz zur Lunge und Haut weder der direkten noch der indirekten elektromagnetischen Strahlung der Umwelt ausgesetzt.

Der Darm ist dennoch Zentrum eines sehr leistungsstarken Energiesenders mit breitem Frequenzspektrum, das die anderen Energiequellen ergänzt und verstärkt. Er verwendet die Eigenenergie der ungeheuer reichhaltigen Bakterienflora und die Spaltungsenergie der verbliebenen Nahrungbestandteile und gibt sie teilweise an andere Organe weiter.

Die Strahlung entsteht aufgrund der Ansammlung von mehr als 10^{12} Bakterien (die Anzahl der Bakterien entspricht fast der Anzahl unserer Körperzellen). Zeitweise wirkt zusätzlich die sehr hohe Muskel-Nervenaktivität (Peristaltik) als Mikrowellenstrahlung.

1 Gramm Kot enthält ca. 15 Milliarden Bakterien. Der Dickdarm ist der Ort der Tätigkeit der Bakterienenzyme, wobei verbliebene Fette und Kohlenhydrate vergoren werden. Außerdem erreicht 15 % des mit der Nahrung aufgenommenen Proteins den Dickdarm und dient den Bakterienaktivitäten.

Die Besiedelung des Dickdarms mit symbiotischen Bakterien ist wichtig. Ein großer Teil, der aus dem Dickdarminhalt gewonnenen Spaltungsenergie dient zur Synthese von Substanzen, die vom Wirtsorganimus genutzt werden können.

Bakterien der Koligruppe bilden u.a. fettlösliches Vitamin K, das als Kofaktor bei der Synthese von Blutgerinnungsenzymen wichtig ist.

Die Dickdarmschleimhaut produziert einige Enzyme (Peptidasen, Amylase, Invertase) und große Mengen Schleim (Muzin), der wasserbindende Funktion hat.

Die Quantenenergien liegen hauptsächlich im extrem infraroten- und Mikrowellenbereich. Investiert wird die Energie wohl auch rückgekoppelt in die Peristaltik, da hier Resonanz im Mikrowellenbereich besteht.

Aber Bakterien senden auch bei ca. 15 MHz (entsprechend 0.41 K Temperatur und einer Energiedichte von 44 J/m^3 bei der Quantenenergie von 1.2×10^{-15} J). Diese Energie liegt in Resonanz mit einzelnen Enzym-Substrat-Komplexen und makromolekularen Komplexbildungen.

Ein Teil der Energie wird laut Akupunkturlehre über die Meridiane transportiert und kann über den gekoppelten Lungenmeridian wietergeführt werden. Ein Hinweis für diese Funktion kann vielleicht aus folgender Entwicklung abgeleitet werden:

Dickdarm und Lunge sind aus dem gleichen Keimblatt. Das embryonale entodermale Darmrohr gliedert sich in die Luftwege, das Verdauungsrohr und in Teile des Harn- und Geschlechtsapparates.

Es ist hochinteressant, die Keimblatttheorie mit dem quantenphysikalischen Phänomen der „Nichtlokalität" zu korrelieren, was späteren Untersuchungen vorbehalten bleibt.

Rolle im Allergiegeschehen

Lunge, Darm, Haut sind die Organe, wo jeweils die Außenwelt Kontakt zur Innenwelt nimmt, was neben dem energetischen Nutzen auch Gefahren mit sich bringt.

Alle drei Organe sind Allergenaufnehmer.

Deshalb sind alle Kontaktstellen der Organgewebe zum Blut durch sogenannte Blutschranken mit Immunkompetenz abgesichert. Das Immunsystem ist sowohl in der Haut (thymusäquivalente Lymphozyten) als auch im Darm (höchste Dichte immunkompetenter Zellen) und in der Lunge (alveolare Makrophagen, Lymphozyten, Plasmazellen, Mastzellen, Immunglobuline aus Schleimhautzellen) besonders hoch präsent mit gleichzeitig hohem Energieverbrauch.

Da Blut viel Wasser enthält, und da Wasser ein sehr breites Absorptions- und Emissionsspektrum elektromagnetischer Strahlung besitzt, deshalb ist Blut die ideale Antenne und der ideale Sender zur Energietransferierung. Ein Teil der aufgenommenen und per Blutweg verteilten Energie wird in die Bewachung der Schranken durch Enzyme und immunkompetente Systeme investiert. Das Blutschranken-System der Haut, der Lunge, des Darms kann somit selbst die Anregungsenergie zur Enzymaktivierung bereitstellen.

Die aktivierten Enzyme der Blut-Gewebe-Schranken haben zur Vermeidung von Allergien die Aufgabe, Makromoleküle in einzelne Bausteine wie Aminosäuren zu zerlegen, bevor sie den Blutstrom erreichen.

Das Krankheitsbild der Allergie kann in diesem Kontext nun durch drei verschiedene Ursachen erklärt werden:

1. Die Enzyme können aufgrund fehlender Anregungsenergie ihre Aufgabe nicht erledigen und deshalb gelangen in größeren Massen unzerlegte Proteine als Makromoleküle über die Blutschranken in den Blutstrom. Immunreaktionen sind physiologischerweise in Form von Allergien zu erwarten.
2. Eine weitere Ursache ist die Verstellung der Eigenschwingung des Enzyms durch Anlagerung von Schwermetallen, Pestiziden oder anderen Noxen, wodurch die spezifische Resonanz zum Substrat nicht mehr gegeben ist.
3. Eine dritte Ursache schließlich ist die Zerstörung der Blutschranken durch entweder übermäßige Zufuhr Freier Radikale (in der Lunge in Verbindung zu Ozon, NO_x, SO_x), oder durch Mangel an Antioxidantien und gekoppelten geringen Enzymaktivitäten (viele Enzyme brauchen für ihre Tätigkeit ein redoxmäßig reduziertes Milieu).
4. Das Immunsystem ist durch die Psyche geschwächt.

Psyche – Motor unseres Verhaltens

Solange wir nicht die Wechselbeziehung zwischen Psyche, Körper und geistigen Kräften verstehen, erscheinen uns die ordnenden, eventuell auch heilenden Kräfte nicht so sehr als Wunder, vielmehr als Selbsttäuschung. Schlimmer noch, solange wir nicht wissen, wie der Mechanismus abläuft, werden wir die Psyche auch nicht systematisch zur Gesundheitserhaltung, Heilung und für friedvolles Zusammenleben einsetzen können.
Unser moderner Fortschrittsglaube läßt eine Übernahme bewährter Traditionen kaum mehr zu. Wir entfernen uns zunehmend von der Alten Weisheit. Außerdem fehlt es in unserer Gesellschaft an Nischen, in die wir uns zurückziehen können, um durch reine Empirie unseren Körper in Weisheitsmethoden zu üben. Haben wir eine Alternative? Können wir in unseren gewohnten intellektuellen Bahnen einen Weg erkennen? Es sieht so aus, als ob dies gelingen könnte.
Wir müssen auf die Quantenphilosophie zurückgreifen, denn – man kann es gar nicht oft genug betonen – **wir sind Quantenkonstruktionen, wie alles, was die Natur betreut. In diesen Konstruktionen liegt das Geheimnis des Lebens.**

25 Jahre dauerte es, bis eine handvoll Menschen an die Quantenfeldtheorie glaubten. 70 Jahre dauerte es, bis nach Faraday und Maxwell die elektromagnetische Kraft genutzt werden konnte (durch Edison u.a.). Die heutigen Menschen wissen nur jeweils soviel, wie Medien über das Thema aufklären. Auf dem außerordentlich wichtigen Gebiet der Quantenphilosophie wird kaum etwas erklärt. Dabei liegt in der Quantenphilosophie der Schlüssel unserer psychischen Funktionen.
Wie lange wird es dauern, bis wir die Kräfte der Psyche nutzen und expliziert zur Heilung einsetzen, so wie es die Schamanen taten? (Nach Meinung der WHO sind Naturvölker in ihren Heilkünsten fast so erfolgreich wie die westliche Medizin). Versuchen wir einen Beginn.

Mit folgender Aussage gehen wir wohl alle konform: **Die Psyche ist der Motor unseres Verhaltens, dirigiert von Geist, Gefühl und Bewußtsein.** Anschaulich könnte man sagen: „Ströme psychischer Energie" werden durch verschiedene Bewußtseinszustände hervorgebracht. Kräfte und Fähigkeiten, die in jedem Menschen gegenwärtig sind, werden auf den Weg gebracht, gesammelt, verstärkt und in neue Bahnen gelenkt. Wir nennen das „Erlebnis". Alle Erlebnisse werden gespeichert als Erfahrung.

Jedes Erlebnis ist eine ergänzende Erfahrung mit Konsequenzen für die aktuelle und weitere Lebenslage. Erfahrungen verändern uns und erweitern unseren geistigen Horizont. Die kontinuierliche Anhäufung neuer Eindrücke prägt die Struktur unserer Psyche in zunehmend komplexeren Schichten. Dies ist dann nicht mehr banal, wenn man sich fragt:

Wo ist der Beginn jeden einzelnen Schrittes des Erlebens und des Erfahrens?

In unserer heutigen Gesellschaft hat die Naturwissenschaft die Dominanz. **Die Naturwissenschaft versuchte schon immer, Psyche, Geist und Seele mit ihrem Wissen über „Biochemie" zu definieren. Das gelang bisher nicht sehr überzeugend.** Dennoch spielt die „Biochemie" irgendwie eine entscheidende Rolle. Sie erklärt aber nicht den Startvorgang jeder psychischen Aktivität.

Was in unserem Körper durch Biochemie geschieht, ist eigentlich angewandte Physik. Wir wollen einen Versuch starten, die Physik als Grundlage unserer psychischen Aktivität zu verwenden.

Wir bestehen aus Sternenstaub

Es gibt ca. 100 verschiedene Arten von Atomen (Elemente), aus denen sich alle Materie, die wir kennen, zusammensetzt. Die Atome unseres Körpers sind in irgendeinem explodierenden Stern entstanden; dies Milliarden Jahre vor der Geburt unseres Sonnensystems. Wir bestehen aus Sternenstaub, der sich zusammengesetzt hat zu einem System wie uns Menschen, das sich selbst erforschen kann.

Wo ist innerhalb der Ansammlung von Sternenstaub die Weiche zur intelligenten Steuerung eines Systems, das wir mit Leben bezeichnen, gestellt worden?

Die Probleme fangen allerdings noch früher an: Bekannt ist, jedes Teilchen des Universums einschließlich die subatomaren Teilchen Atome und Moleküle unseres Körpers, besitzt immanent eine Bewegung, z.B. eine Schwingung, Vibration oder Rotation. Alles, was sich bewegt, muß von etwas angestoßen sein. Das, was anstößt, muß selbst vorher von etwas angestoßen worden sein, sonst könnte es selbst nicht anstoßen. Diesen Prozeß kann man nun zurückverfolgen und kommt dann zwangsläufig zur Frage:
Wann und wo ist der erste Anstoß erfolgt? Wie erklärt sich die erste Bewegung?
Wir werden es nicht herausfinden und das brauchen wir auch nicht, solange der Satz von der Erhaltung der Masse und Energie gilt. Dieser grundlegende Erhaltungssatz läßt im Rahmen der Unschärfetheorie (Heisenberg) genügend Spielraum zur Erklärung des Uranfangs. Wir werden darauf zurückkommen.
Alles Schwingende, Oszillierende, Vibrierende baut um sich herum Energiezustände auf, die den Raum ausfüllen.
Die Wellenfunktion von Schrödinger erlaubt, daß potentiell alle möglichen Zustände existieren können.
Dieser „Viele Möglichkeiten Zustand" wird durch einen seltsamen Wellenzustand repräsentiert, der insgesamt ein (unbekanntes) Pilotfeld aufbaut. Die dazugehörigen Pilotwellen lassen sich offensichtlich irgendwie projizieren. Genaueres über diesen unmeßbaren Zustand ist unbekannt.

    Anton Zeilinger, Universität Innsbruck: *„Die meisten Physiker sind sehr naiv: sie glauben immer noch an wirkliche Wellen und Teilchen. "*

Ein Anteil aller dieser Wellen, kann miteinander in bestimmter Weise verbunden sein; dadurch entsteht Kohärenz (Phasenkopplung und Vektorgleichrichtung in Raum und Zeit) und als Folge davon Interferenz. In der Interferenz löscht sich ein Teil der Wellen aus, ein anderer Teil addiert sich.

Die Messung, die Beobachtung legt dann ein Teilchen mit bestimmten Schwingungseigenschaften fest. So ist ein unbeobachtetes radioaktives Atom in einem unwirklichen „Viele Möglichkeiten Zustand": es ist zugleich zerfallen und nicht zerfallen; sein Hüllelektron kann gleichzeitig viele Frequenzen vieler Wellen einnehmen, also gleichzeitig viele Energieniveaus darstellen.

Die Interferenz wird in dem Augenblick zerstört, wenn der Weg einer Welle aus den „Vielen Möglichkeiten" irgendwie festgelegt wird („Welcher-Weg-Information") (**Bild 5**).

Die Kohärenz geht dabei nicht verloren, das System wurde nur mit einem hierarchisch (an)gemessenem System „verschränkt". Da dadurch die Wellenfunktion kollabiert, macht sich die Kohärenz nicht mehr bemerkbar.

Die „Welcher-Weg-Information" kommt immer aus der Umgebung. Kohärenz kann also durch die Wechselwirkung mit der Umgebung (das ist auch eine Art von Beobachtung) vorübergehend eingeschläfert werden.

Superselektion durch Umgebung

Die Umgebung eines betrachteten Energieraums ist ein System, daß aktiv laufend beobachtet und überwacht.

Dies geschieht nach dem Prinzip: Gleiches erkennt Gleiches.

Die beobachtete Wellenfunktion wird dekohärent, weil durch den Einfluß der Umgebung Information festgelegt wird, die dann aus der Wellenfunktion Quanten hervorlockt.

Bild 5 Überlagern sich zwei herausgefilterte Strahlen einer Strahlungsquelle, so ergibt sich ein Interferenzmuster. Wird ein weiterer Strahl mit spezifischer Eigenenergie mit einem der beiden Quellenstrahlen überlagert („Welcher Weg Information"), dann kollabiert das Strahlungsmuster (Interferenz) und an seine Stelle tritt eine Quantenmenge

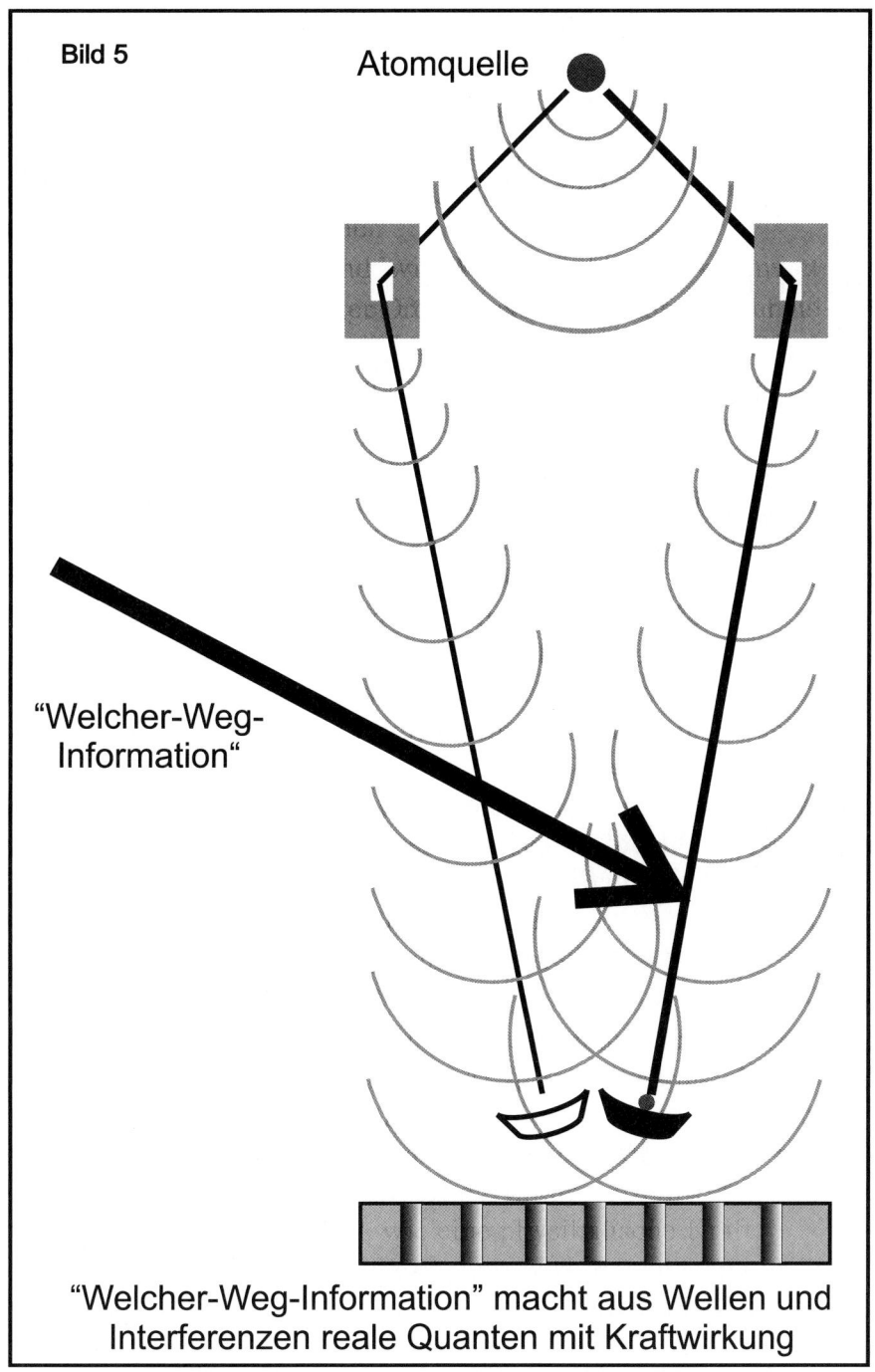

Bild 5

Atomquelle

"Welcher-Weg-Information"

"Welcher-Weg-Information" macht aus Wellen und Interferenzen reale Quanten mit Kraftwirkung

37

Es wird also ein definierter Zustand aufgebaut, der wiederum als Information der Umgebung mitgeteilt wird.

Die Umgebung diktiert somit, welche der ungeheuer vielen Möglichkeiten einer Wellenfunktion letztlich Wirklichkeit werden (environment-induced-superselection, umgebungsinduzierte Superselektion).

Wir Menschen sind somit das makroskopische Ergebnis nahezu unendlich vieler Wellen-Kollapse aufgrund unserer jeweiligen subatomaren, atomaren, molekularen Umgebung, wobei immer wieder und wieder durch Informationsaustausch Teilchen und neue Kräfte entstehen.

Atome im Verband sind im uns gewohnten Energiebereich bereits kollabierte Wellenzustände. Elektronen im Verband sind ebenfalls kollabierte Wellenzustände.

Alle Materie besteht (auch) aus Quarks und Leptonen (dazu gehören die Elektronen). Diese beiden Teilcheneinheiten wechselwirken, indem sie sich verschiedene Quantenarten zuschicken, die alle zusammen den subatomaren Teilchenzoo bilden.

Zur Zeit existieren in diesem Zoo mehrere hundert unterschiedliche Teilchen.

Diese undurchschaubare Teilchenvielfalt, die auch uns aufbaut und beherrscht, läßt sich transparent gestalten, wenn wir auf das Wesen der Teilchen eingehen.

Bevor wir uns das Wesen der Teilchen sehr genau ansehen, sollten wir uns in einer kurzen Überschau noch einmal einige wichtige physikalische Meilensteine des Menschseins vergegenwärtigen.

Welche Prinzipien benutzen subatomare Teilchen?

Tatsächlich: Alles in uns (teilweise auch im Bereich des Atomkerns) ist Elektrizität.

Für Elektrizität gilt ein Erhaltungsgesetz wie für Energie und Masse: Elektrische Ladungen können weder erzeugt noch vernichtet werden, sondern sie können nur von einer Stelle an eine andere, von einem Körper auf einen anderen übertragen werden.

Der Ausgangspunkt und das Angriffsziel der elektrischen Anziehung und Abstoßung wird als elektrische Ladung bezeichnet. Es ist absolut sinnlos danach zu fragen, warum elektrische Ladungen einander anziehen oder abstoßen; dafür gibt es keine Erklärung, dies ist eine Natureigenschaft.

Nach modernster Theorie müssen wir uns mit folgender Sichtweise vertraut machen:
Elektronen sind eine spezifische Schwingungsmode der Urform der Energie (Membran bzw. String) in Raum und Zeit. Sie verbreiten um sich herum elektromagnetische Energie. Ladungen, z.B. beim Elektron die Einheitsladung ist wiederum eine andere spezifische Schwingungsmode im gleichen Energiesystem. Die Umgebung wird dabei mit einer anderen Energiequalität angereichert, einem statischen Kraftfeld.
Wir müssen deshalb beim Elektron mit verschiedenen Raumbeeinflussungen rechnen.

Unsere bisherige Sichtweise beruht auf unseren Erfahrungen und ist offensichtlich eine nur sehr plumpe Beschreibung der tatsächlichen Verhältnisse. Diese Tatsache müssen wir in unsere Überlegungen einbeziehen, denn keine Funktion im Organismus läuft ohne Beteiligung der Elektronen ab.

Baustein Nr.1 in der früheren Sichtweise ist das Proton (griech.: das erste); Baustein Nr. 2 ist das Elektron. Beide haben ein elektrisches Elementarquantum entgegengesetzter Polarität. Elektrizität kann nur in ganzzahligen Vielfachen dieses elektrischen Elementarquantums auftreten.

Betrachten wir einen besonders festen Stoff. 1 g Eisen enthält 280×10^{21} positive (Protonen) und gleichviel negative Teilchen (Elektronen, 10^{21} Elektronen wiegen nur ca.10^{-6} g). Würde man die negativen Teilchen alle zusammen hier sammeln und die positiven in einem Kilometer Entfernung ebenso anhäufen, dann würde über diese große Entfernung die enorme Anziehungskraft von 1,8 Milliarden Tonnen wirken. Aber in Wirklichkeit sind die Anhäufungen gleicher Teilchen absolut unmöglich, sie würden mit höchster Explosionskraft auseinanderfliegen.

Wenn im Eisen alles ruhig abläuft, dann liegt das an der Ausgewogenheit der Anordnung jeder einzelnen Ladung im Verband, wobei sich anziehende und abstoßende Kräfte in jedem Raumsegment ausgleichen. Wir spüren dann nur noch den Widerstand, den der Stoff dem Zusammendrücken und dem Auseinanderreißen entgegensetzt.

Jeder Körper, der eine elektrische Ladung präsentiert, hat unabgesättigte Teilchen einer Polarität.

Die Urbausteine bauen aus der bisherigen Sicht das ganze Weltall und uns, sowie die gesamte Natur mit allen Millionen verschiedener Stoffe, einschließlich der Luft auf. Sie sind der Ursprung aller Farben, aller Düfte, aller Eigenschaften. Wie ist das möglich?

Negative und positive Ladungen lassen sich anhäufen.
Für die Trennung der Elektrizitäten muß Energie aufgebracht werden.
Die zwischen positiven und negativen Elektrizitätsteilchen herrschenden Kräfte sind die Ursache des Zusammenhalts aller Stoffe, der Kohäsion und Adhäsion, der chemischen Bindung.
Unser Körper, das Holz, das Wasser, das Metall, das Feuer ist aus identischen positiven und negativen elektrischen Teilchen aufgebaut.
Können wir unseren Finger nicht durch die Wand des Zimmers stoßen, dann liegt das an den Anziehungskräften der Wandladungen, können wir keine Dellen in die Wand stoßen, dann liegt das an den Abstoßungskräften der Wandladungen, die Widerstand hervorbringen.
Es gibt keine wirkliche Berührung in der Welt – auch wenn unsere Sinne Berührungen vortäuschen. Im Submikroskopischen haben wir immer einen Abstand, da sich Elektronen untereinander abstoßen und da es natürlicher Weise keine Substanz ohne Elektronen gibt.

Was unsere Sinne als Berührung ausgeben, sind Kraftwirkungen hauptsächlich zwischen Elektronen, ausgelöst von Photonen/Quanten. **Bild 6**.

Ladungen rufen elektrische Felder hervor. Die Feldstärke ist als ein Druck vorstellbar, der auf eine Ladung entlang eines bestimmten Wegstücks wirkt; sie wird deshalb in Volt pro cm gemessen. Den „Druckunterschied" zwischen 2 Stellen eines elektrischen Feldes – dies nennt man Spannung – wirkt also auf elektrische Ladungen als eine elektromotorische Kraft.

Jede Kraft hat eine Quelle und ein Ziel. Sie entspringt in einer Ladung und mündet in einer anderen Ladung. Man hat willkürlich festgelegt, daß die Kräfte von positiven Ladungen ausgehen und in negativen enden. Die elektrischen Kraftlinien sind also keinesfalls geschlossen.

Unsere Körperladungen werden auch durch Kräfte beeinflußt, deren Quelle im Unendlichen liegt. Ebenso gehen von uns Kräfte aus, deren Ende im Unendlichen liegen.

Genau entgegengesetzt liegen die Verhältnisse bei magnetischen Feldlinien. Sie haben keine Quelle und kein Ziel, es gibt keine magnetischen Ladungen. Auch wenn es so aussieht, als ob die Kraftlinien von einem Magneten entspringen und im Magneten enden, kann man durch genauere Untersuchungen feststellen, daß die Linien sich im Innern des Magneten bündig schließen. Da es wahrscheinlich keine singulären Magnetpole gibt, sondern immer nur Paare von Magnetquellen, sind alle Magnetkraftlinien geschlossene Kurven.

Das elektrische Feld einer ruhenden Ladung hat keinerlei Wirkung auf ein ruhendes Magnetfeld und umgekehrt hat auch ein ruhendes Magnetfeld keinerlei Interesse an einer ruhenden Ladung. Hier wirken nur die statischen (lat. stativus: ruhend, feststehend) Gesetzmäßigkeiten. Aber sobald sich eine Ladung in Bewegung setzt, ist sie von magnetischen Kraftlinien umgeben und umgekehrt ist jeder bewegte Magnetpol von elektrischen Kraftlinien umgeben.

Elektrizität in Bewegung erzeugt Magnetismus; Magnetismus in Bewegung erzeugt Elektrizität.

Halten wir fest:

Ladungen sind naturgesetzlich vorhanden. Jede Ladungstrennung ist ehemals eine Atomzerlegung in seine Bestandteile. Das geschieht bereits bei engster Nähe, was wir mit Reibung z.B. durch Kamm im Haar leicht nachvollziehen können.

Felder sind vermascht

Es gibt keine elektrische Ladung ohne Masse; alle Elektrizität ist an Masse und Substanz gebunden. Dies hat sie gemeinsam mit Schwerkraft.

Massen entstehen durch Gravitation. Folglich sind Ladungen und Elektrizität irgendwie mit Gravitation verbunden. Da Gravitation gleich zu setzen ist mit Raumzeit, deshalb müssen Ladungen etwas mit Raumzeit zu tun haben. Da die Gravitation eine Kraft ist, die direkt mit der Energie (der Masse) koppelt, „weiß" die Gravitation, wieviel Energie ein Objekt enthält. Das gilt auch für das Universum als Ganzes.

Elementarteilchen unterliegen Gravitationskräften, das kann gemessen werden. Man kann ein Teilchen abbremsen, bis es sich sehr langsam bewegt und kann dann feststellen, daß seine Bahn unter dem Einfluß der Erdanziehung gekrümmt wird.

Wenn wir versuchen, einen vernünftigen Wert für das Gravitationsfeld des Elektrons zu berechnen, funktioniert das nicht, solange wir das Elektron als punktförmiges Teilchen annehmen.

Da die Gravitation also mit jeder Form von Energie in Wechselwirkung tritt, wechselt sie auch mit der Vakuumenergie (vergl. Buch „Gehirn-Magie"). Das Vakuum besitzt aufgrund seiner Energie ein Gewicht, das dem Massenäquivalent dieser Energie entspricht, und somit ein Gravitationsfeld erzeugt. Das tut es aber nicht! Irgend etwas in den heutigen Gravitationstheorien ist nicht in Ordnung (Problem der Kosmologischen Konstanten).

Vermittler zwischen Ladungen ist das elektrische Kraftfeld. Vermittler zwischen Massen ist das Schwerkraftfeld. Da Ladungen an

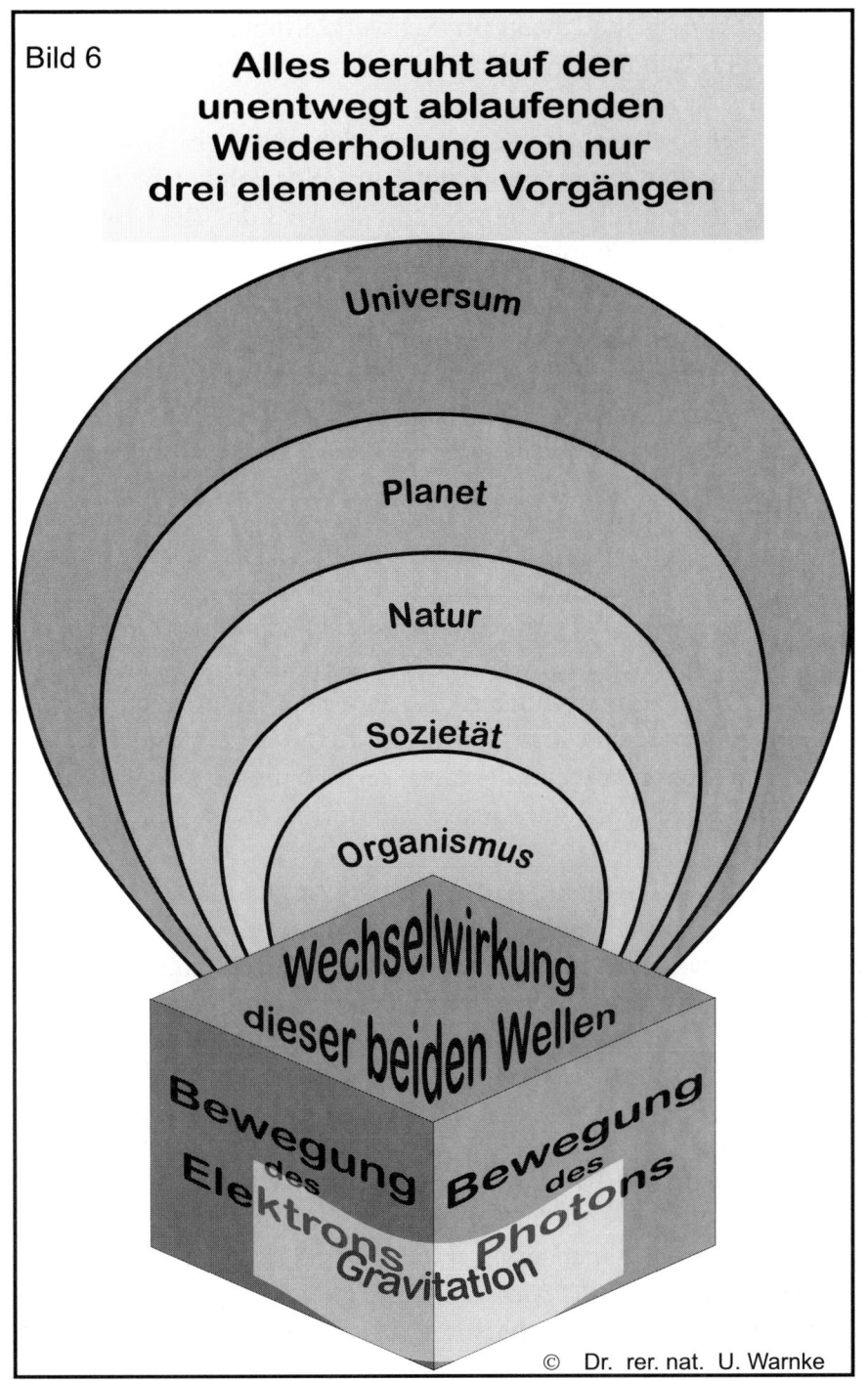

Bild 6

Alles beruht auf der unentwegt ablaufenden Wiederholung von nur drei elementaren Vorgängen

Universum

Planet

Natur

Sozietät

Organismus

wechselwirkung dieser beiden Wellen

Bewegung des Elektrons

Bewegung des Photons

Gravitation

© Dr. rer. nat. U. Warnke

43

Massen gebunden sind, benutzen Schwerkraft und elektrische Kraft den gleichen Raum. Schwerkraft kann Massen bewegen.

Bewegen sich Massen, dann bewegen sich Ladungen und die elektrischen Feldkraftverhältnisse ändern sich, dadurch entsteht eine neue Feldqualität, ein magnetisches Kraftfeld. Folglich ist auch das magnetische Kraftfeld (irgendwie) mit der Wirkung der Gravitation verbunden, also auch mit den Wirkungen der Raumzeit.

Der sehr gut gesicherte Erhaltungssatz der Ladung besagt, daß sich die Differenz aus der positiven und negativen Ladung niemals ändert. Eine positive Ladungsmenge kann nur solange erzeugt werden, wie gleichzeitig eine ebenso große negative Ladungsmenge entsteht. Da es auch Teilchen gibt, die keine Ladung besitzen, ist die elektromagnetische Kraft keine universelle Kraft, so wie die Gravitation. Identisch ist bei beiden Kräften aber die Reichweite. Da es positive und negative Ladung und dementsprechend positive und negative Kraftkomponenten gibt, heben sich beide Komponenten tendenziell auf, die Kräfte neutralisieren sich selbst. Obwohl die elektromagnetischen Kräfte sehr viel stärker als die gravitatorischen Kräfte sind (auf atomarer Ebene, also zwischen Proton und Elektron, 40 Größenordnungen stärker), wird der Kosmos aufgrund der elektromagnetischen Kraftneutralisation viel mehr durch die Gravitation als durch die elektromagnetische Kraft bestimmt.

Jedes geladene Teilchen erhält seine Ladungsqualität dadurch, daß es von Energie umgeben ist. Solange mit dieser Energie nichts nennenswertes passiert, wird sie nicht im Energieerhaltungsprozeß eingerechnet – es ist virtuelle Energie (lat. virtus: Tauglichkeit, also potentiell wirksam, ohne tatsächlich (real) vorhanden zu sein).

Heisenberg fand heraus, daß für die beiden Größenpaare Ortsgenauigkeit – Geschwindigkeitsgenauigkeit und Zeitgenauigkeit – Energiegenauigkeit die Unschärfebeziehung besteht:
Große Zeitgenauigkeit existiert bei sehr kurzen Zeitspannen; dabei kann die Energie gleichzeitig völlig ungenau sein. Ein geladenes Teilchen kann daher für kurze Zeit Energie abgeben, ohne daß dieses Abgeben von Energie registrierbar ist. Die Energie muß in kürzester Zeit wieder zurückgegeben werden.

Derartige Energien als Boten der Kräfte des Kernfeldes heißen Pi-Mesonen und diejenigen des Elektronenfeldes, also des elektromagnetischen Feldes sind allgemein die Quanten oder speziell Photonen (sichtbarer Bereich).

Sehen wir uns die Verhältnisse beim Elektron an, wie wir sie als außenstehende Beobachter registrieren können.

So wird von jedem Elektron unentwegt Energie wolkengleich ausgesandt und wieder verschluckt. Diese Wolke virtueller Energie entspricht dem elektrischen Feld eines Elektrons.

Damit wir dieses Phänomen leichter in unseren Gedankengang einordnen können, verwandeln wir die Energie in virtuelle Quanten.

Ein Quant mit der Energie von 1 eV wiegt ca. 10^{-33} g und hat eine virtuelle Lebensdauer von $6,58 \times 10^{-16}$ sec. Dabei überstreicht es einen Aktionsradius von 200 nm.

Je kleiner die Quantenenergie, desto länger lebt das Quant und desto größer ist sein Aktionsradius. Ein Quant mit 100x weniger Energie als 1 eV (0,01 eV) lebt $6,58 \times 10^{-14}$ sec und bewegt sich bereits 20 μm weit vom Elektron weg. Und ein 100 000 mal schwächeres Energiequant (10^{-5} eV) lebt $6,58 \times 10^{-11}$ sec und gelangt in Entfernungen von 2 cm, falls es freie Bahn hat.

Jedesmal ist für die Dauer des Lebens auch Masse involviert, allerdings keine Ruhemasse, wie beim Elektron selbst. Man muß sich das vorstellen: aus dem Nichts entsteht Masse und verschwindet wieder.

Ein Quant, das sich weit entfernt vom Elektron befindet, ist also immer ein Quant mit geringer Energie und geringer potentieller Kraft. Das sagt aber über seine Wirkung noch nichts aus, denn die mit der Quantenenergie verbundene Informationssendung braucht keine großen Kräfte. Für jede Information findet sich ein Empfänger.

Der Organismus kann nur dann seine Aufgaben erfüllen, wenn folgende Größen stimmen:
a) die Menge der beeinflußten Quanten (Amplitudenfenster),
b) die Quantenenergie (Resonanz),
c) die Änderungsgeschwindigkeit der Quantenmenge (dA/dt),
d) die Amplituden-Modulation der Quantenmenge,
e) die Überlagerungen mit anderen Quantenfeldern.

Unsere Menschen-Welt äußert sich in einem bestimmten Energiebereich

Die für uns sichtbare, spürbare, allgemein meßbare Welt verwendet ganz bestimmte Energien, z.B. chemische Bindungen, die letztlich bestimmte Schwingungen der Elektronen mit Photonenemission kennzeichnen. Die stärksten Bindungen sind kovalente-, die schwächeren van-der-Waals-Kräfte (bei Rezeptoren, Immunfaktoren, Enzymen):

- Kovalenz-Bindung (gemeinsames Molekülorbital einer Elektronenschale) mit Energien von 2,2 – 4,8 eV (entspricht sichtbarem- und UV-Licht, 564 – 258 nm), dann
- Komplex-Bindung (Krafteinfluß auf Elektronenbahn),
- Ionen-Bindung (Übertragung eines Elektrons) im Bereich 0,2 eV,
- Hydrogen-Bindung von 0,13 – 0,30 eV,
- Van-der-Waals-Bindung von 0,04 – 0,08 eV (Mikrowelle, 31 020 – 15 510 nm, das sind 10 000 bis 19 000 GHz),
- Elektrostatische Wechselwirkungen, milieuabhängig, wie Ion-Ion, Ion-Dipol, Dipol-Dipol, getragen von virtuellen Photonen.

Wenn unsere Natur, einschließlich uns, mit diesen Energien arbeitet, heißt das nicht, daß ausschließlich diese Energien vorhanden sind. Es heißt lediglich, daß die häufigste Kraft- und Realitätsbildung in diesem Energiebereich stattfindet.

Bild 7 Alle bisher bekannten 4 Urkräfte (eigentlich sind es nur noch 3 Urkräfte) lassen sich laut Theorie in einer Größe zusammenführen. Die Energiegröße, bei der das passiert, liegt bei 10^{16} Gigaelektronenvolt (10^{25} eV). Die allumfassende Urenergie hat nach der letzten theoretischen Erkenntnis die Form einer Membran, wir nennen sie im Text die Urmembran.

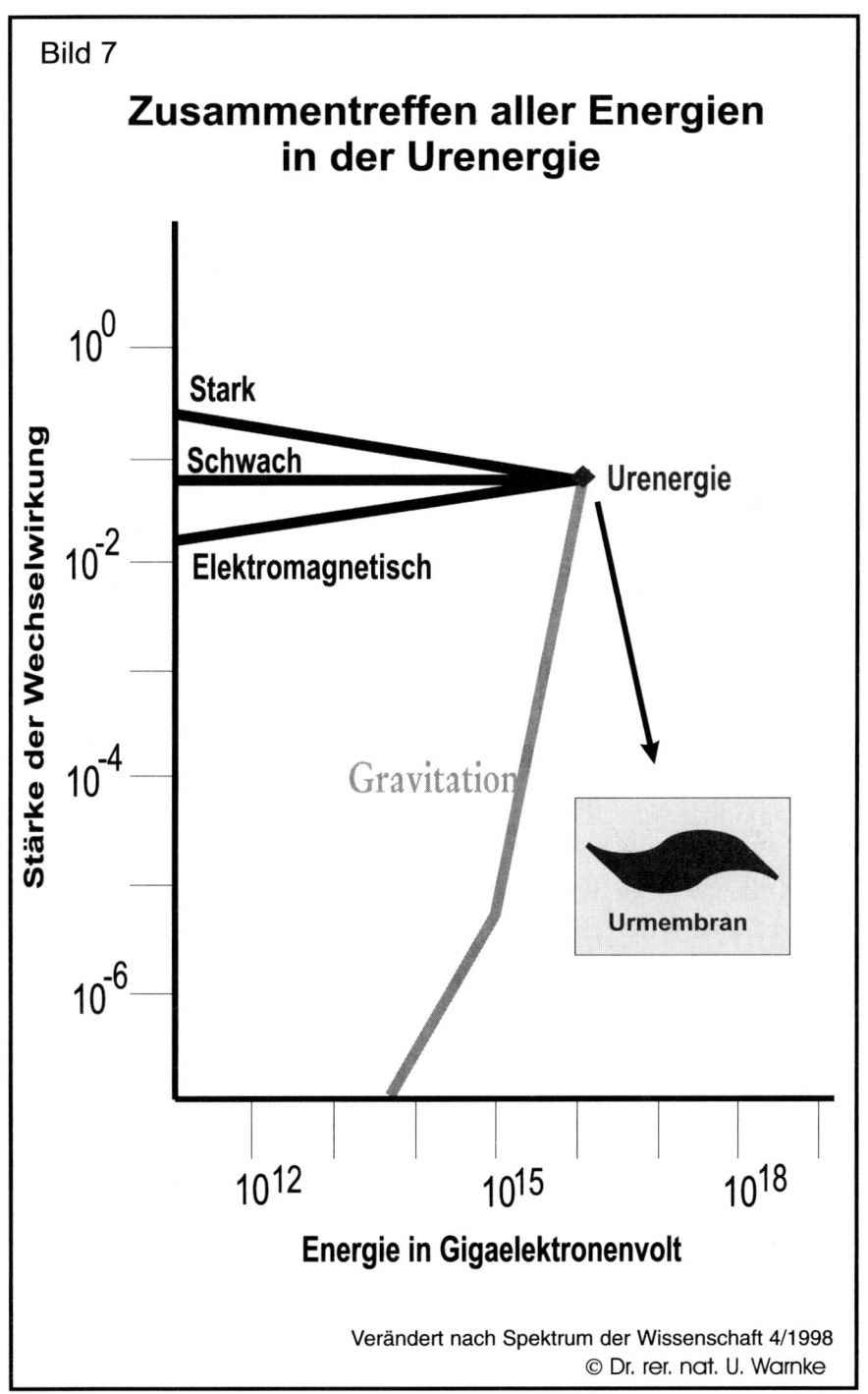

Bild 7

Zusammentreffen aller Energien in der Urenergie

(Graph) Y-Achse: **Stärke der Wechselwirkung**

10^0

Stark

Schwach

10^{-2} — Elektromagnetisch

Urenergie

10^{-4} — Gravitation

Urmembran

10^{-6}

X-Achse: 10^{12} 10^{15} 10^{18}

Energie in Gigaelektronenvolt

Verändert nach Spektrum der Wissenschaft 4/1998
© Dr. rer. nat. U. Warnke

Viele Informationsübertragungen verlaufen in einem Bereich von sehr viel niedrigeren bis zu mittleren Quantenenergien. Man darf dabei nicht übersehen, daß in jedem Elementarteilchen (solange noch keine Verfestigung stattgefunden hat) potentiell auch extrem hohe Energie verborgen ist, die möglicherweise durch Merkmale des Lebens rekrutiert werden kann.

Wir haben bereits darauf hingewiesen, daß eine wichtige Größe bei der Beschreibung einer Kraft der Begriff des Feldes ist. Jedes Teilchen ist Quelle von Kraftfeldern, jedes Teilchen ist umgeben von Kraftfeldern. Ein Teilchen, das in dieses Feld eintaucht, erfährt Kräfte.
Alle Wechselwirkungen zwischen Leptonen und Quarks sind im sogenannten Standardmodell durch 4 verschiedene Kräfte beschreibbar: schwache und starke Kraft, elektromagnetische Kraft und Gravitation. Das Atom entsteht durch die elektromagnetische Anbindung der Elektronen an den Atomkern. Die Atome untereinander – obwohl elektrisch neutral – wechselwirken über eine elektromagnetische Restkraft und bilden so die Moleküle.

Heute geht man nur noch von 3 Grundkräften aus, da schwache und elektromagnetische Kraft Ableger gleicher Manifestation sind, der elektroschwachen Kraft.
Alle Kräfte werden durch bestimmte Boten, durch Quanten vermittelt. Das Quant der elektromagnetischen Kraft ist das Photon. Nur das Botenteilchen der Gravitation ließ sich bisher nicht nachweisen.

Die Physiker gehen davon aus, daß es gelingen wird, alle bisher bekannten Urkräfte in einem Urfeld zu vereinigen. Bild 7.

Wie kann sich aus einem Urfeld heraus der Kosmos und unsere Erde mit Natur und Mensch entwickeln?

Stellen wir uns ein Meer vor. Es liegt in einem riesigen Tal einer Bergkette zuerst absolut still und ruhig, nichts bewegt sich, alle Wasserteilchen bleiben an der gleichen Stelle ausgerichtet.

Nun greifen Kräfte an. Diese Kräfte bilden sich aufgrund von Wechselwirkungen zwischen Ladungen – dadurch entsteht Wind oder eine Strömung im Wasser.

Die Kräfte bringen das Wasser und schließlich das ganze Meer in Bewegung; zuerst nur lokal, die Oberfläche kräuselt sich, es bilden sich Wirbel, es schwappt; dann nicht lokal, es bilden sich Wellen, die fernab der Ursache noch Auswirkungen haben.

Felder machen sich erst bemerkbar, wenn man ihnen etwas entgegen stellt, wenn man sie mißt, beobachtet, wobei man sie in Resonanz mit etwas bringt.

Die Energie für das Heben eines Gewichts ist allein von der Höhendifferenz abhängig, nicht dagegen vom Weg, der dabei zurückgelegt wird. Auch der Absolutwert der Höhe spielt keine Rolle, nur die Höhendifferenz.

Parallel dazu liegen die Verhältnisse für das elektrische Feld, wobei das elektrische Potential der Höhe entspricht. Die Energie, die nötig ist, um eine Ladung von einem Punkt zu einem anderen zu bringen hängt allein von der Differenz der Potentiale an den jeweiligen Endpunkten des zurückgelegten Weges ab. Wir bewegen uns damit in der gut dokumentierten Raumzeit, aber es gibt mehr Dimensionen. Klein stellte 1926 die These auf, daß wir die Dimension, die über die Raumzeit hinausgehen nicht erkennen können, da sie in außerordentlich kleinen Dimensionen existieren. Nach plausiblen Berechnungen unter Verwendung der Elektronenladung und der Gravitationskraft zwischen elementaren Teilchen ergab sich eine Größenordnung von 10^{-30} cm, der 10^{17}te Teil der Größe eines Atomkernes.

In diesen winzigen Abständen bewegen sich Kraftboten, wie Photonen.

Wir haben bereits erklärt: Je kürzer der Weg eines Photons ist, desto kürzere Zeit ist es natürlich unterwegs. Das bedeutet, die Zeit ist sehr genau festzulegen. Das heißt aber auch, die Energieunschärfe ist groß. Eine Energiestruktur, sagen wir ein Elektron, kann auf diese Weise enorme Energien und ebenso enorme Masse aufweisen.

Alles, was wir bisher hier aufgezeigt haben, deutet darauf hin, daß wir ein vollkommen physikalische Konstrukt sind. Aber das kann nicht alles sein. **Wer dirigiert die Kräfte? Wo ist die Psyche?** Gibt es eine spezielle Strahlung außerhalb des Körpers?

Gibt es Nachweise für eine besondere Strahlung beim Menschen?

Jeder Körper strahlt ein ganz bestimmtes Spektrum elektromagnetischer Schwingungen aus, allein durch seine Temperatur. Um diese Strahlung brauchen wir uns vorerst nicht zu kümmern, denn auch ein Stein besitzt sie. Wenn wir Strahlung suchen, dann sind hier „aktive" Informationsschwingungen außerhalb der „passiven" Strahlung eines Schwarzen Körpers (mit dem die Strahlungseigenschaften des menschlichen Körpers vergleichbar ist) gemeint.

Es geht hier ausschließlich um den sogenannten Mikrowellenbereich (Bereich ca. 1 GHz bis >10 000 GHz, die unteren Frequenzen des Bereichs haben mit „Mikro", also µm-Wellenlängen nichts zu tun). Dieser Bereich ist für kommunikative Information und Molekülschwingungen in unserem Körper entscheidend wichtig, wie für Enzyme, Substrate, Hormone, Rezeptoren, Antigene, Antikörper.

Ein Abgreifen von körpereigenen sogenannten Störschwingungen in diesem Mikrowellenbereich mit Hilfe von gängigen in den Händen gehaltenen oder aufgeklebten Elektroden, ist nicht möglich, obwohl dies von bestimmten Interessengruppen postuliert wird.

Es gab mehrere intensiv wissenschaftlich vorgenommene Versuche, die zum Ziel hatten, eine aktive Extrastrahlung in genau diesem Wellenbereich beim Menschen auf der Hautoberfläche aufzuspüren. (Nature, Vol. 276, 1978; Nature, Vol. 279, 1979; Science, Vol. 190, 1975) Dafür wurden notwendigerweise sehr spezielle Antennen und Verstärker verwendet (Hornantennen, Kristall-Detektoren, Hohlraumresonatoren, Wellenleiter mit angepaßten Dielektrika, Mikrowellen-Radiometer – entwickelt für die Radioastronomie).

Es gab kein positives Ergebnis: Im Bereich 1 MHz bis 120 GHz war kein Signal zu detektieren, nur TV- und Radiosignale der Fernseh- und Rundfunkstationen und die zu erwartende Black Body Emission bei 0,5 K.

Im weiteren Mikrowellenbereich konnte ebenfalls nicht das geringste Infosignal isoliert werden und selbst die Black Body Emission, die auch von einem schwarzen Stein bei gleicher Temperatur abgegeben wird, hatte beim Menschen bei 1 bis 5 GHz Frequenz den äußerst geringen Leistungswert von 0,00000000000001 W ($= 10^{-14}$ W). Bei 3 GHz beträgt die Leistung pro Flächeneinheit, also die Leistungsdichte, sehr geringe 10^{-12} W/cm^2.

Das heißt:
a) Es gibt keine mit heutigen Mitteln detektierbare Extrastrahlung im Bereich der Mikrowelle, also im Hauptinfobereich des Körperfunktionsgeschehen, außerhalb der Strahlung des Schwarzen Körpers (diese Strahlung repräsentiert allein einen Temperaturwert an der Körperoberfläche; ein schwarzer Stein würde bei gleicher Temperatur das gleiche aufweisen).
b) Selbst diese Schwarze-Körper-Strahlung ist im Gigahertzbereich wegen ihrer äußerst schwachen Leistung nur mit Spezialsonden und speziell aufgebauten und extra behandelten Verstärkern erfaßbar.

Eine körpereigene Info- oder „Störschwingung", auch wenn sie noch so kohärent sein sollte, wurde also selbst mit Spezialantennen und Spezialverstärkern nicht gefunden. Wenn die von Fachleuten verwendeten adäquaten Methoden erfolglos waren, dann kann eine normale Handelektrode, angeschlossen an Verstärker, die mit gängigen elektronischen Bauteilen und ungekühlt arbeiten (derartige Geräte sind auf dem Markt), erst recht nichts Verwertbares aufnehmen.

Dagegen beträgt die Leistungsdichte allein bei 10 μm, (entspricht der typischen Temperaturstrahlung) hohe 10 mW/cm^2. Deshalb werden die Elektroden vom Körper her meßbar warm.

51

Weitere Ergebnisse der wissenschaftlichen Versuche:
Alle elektromagnetischen Schwingungen größer 10 GHz kamen nennenswert nur aus den äußersten Hautschichten, während Schwingungen des Bereichs 1 bis 5 GHz auch nur aus wenigen cm Tiefe stammten. Die Quanten aus größeren Tiefen bleiben vorher im Gewebe „stecken". Aus größeren Tiefen sind Schwingungen im Mikrowellenbereich also nicht aufnehmbar, genauso können Mikrowellen nicht tief eindringen.

Die Emission aus dem Körper reagiert deshalb auch sehr schwerfällig auf massive Strahlungsveränderungen. So ergibt die relativ große Temperaturdifferenz von 7° C lediglich 1% Änderung der Black Body Emission.

Unabhängig von dem hier behandelten Wellenlängenbereich **gibt es eine relativ leistungsstarke Photonenstrahlung im sichtbaren Lichtbereich, ausgehend vor allem von den Händen.** Als Ursache konnte die Oxidation der freien Fettsäuren an der Hautoberfläche und die damit verbundene Freien-Radikale-Entwicklung gefunden werden.

Steuerung der Materie durch das Bewußtsein

Bereits in meinem Buch „Gehirn-Magie" ist der klassische Versuch erklärt, den **Bild 8** darstellt.

Ein Experimentator versucht die Richtung der Spins von Elementarteilchen relativ zu einer vorher mit einem Magneten festgesetzten Richtung im Raum zu messen. Die Messung in Versuch A zeigt, daß „zufällig" alle gemessenen Spins mit der vorher festgelegten Eichrichtung übereinstimmen. Im Versuch B wird deshalb eine andere Eichrichtung festgelegt, aber wieder zeigen die gemessenen Spins in die neue Richtung.

Im Versuch C versucht der Experimentator dem Nachahmungsdrang der Spins zu entgehen, indem er zwei Richtungen festlegt

Bild 8 Erklärung im Text

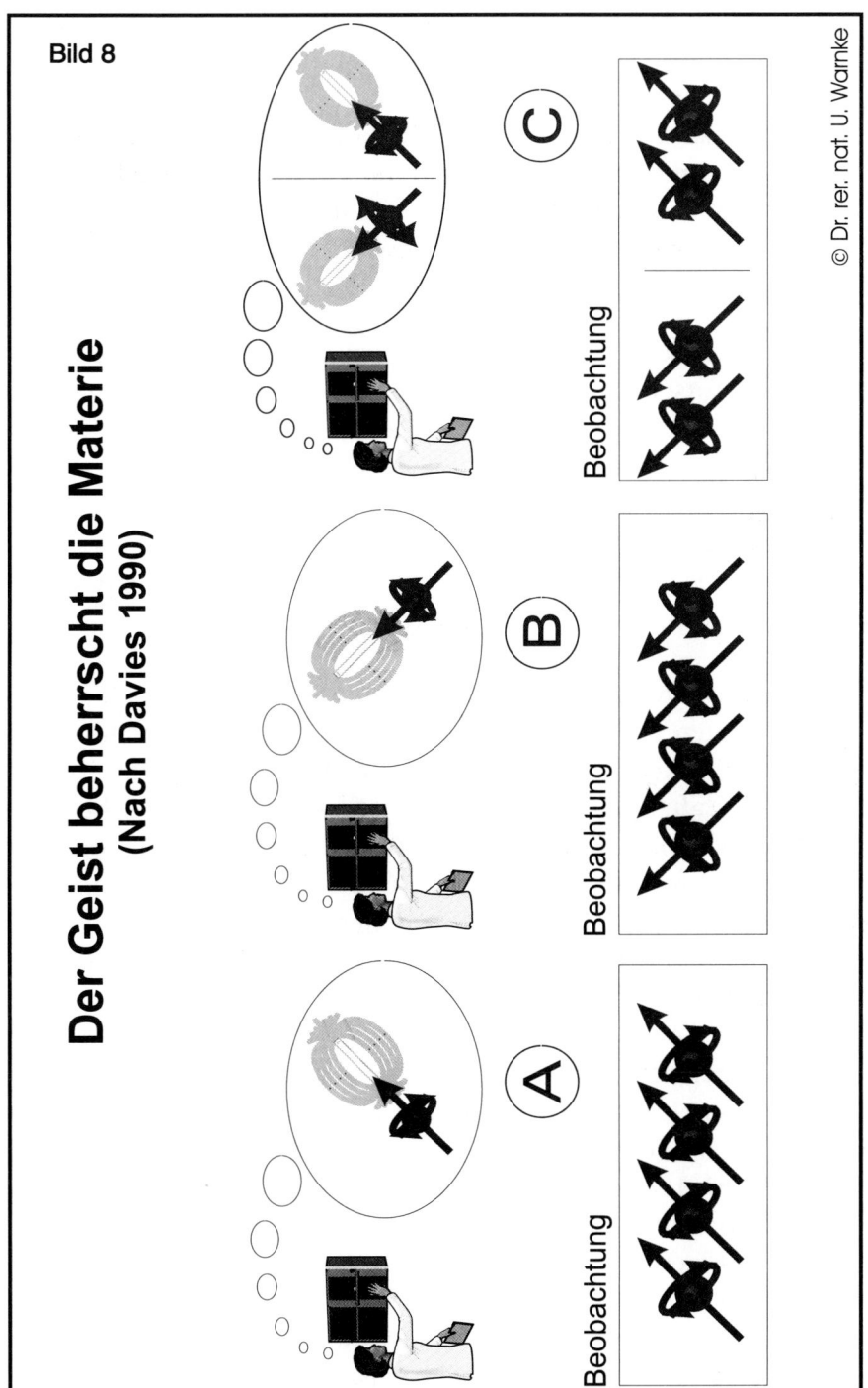

53

und die Mitte der beiden Richtungen festlegt. Das Ergebnis dieses Versuches zeigt, daß seine Spins nun erst die eine der beiden Richtungen einnehmen, dann die andere Richtung bevorzugen, um danach wieder die erste Richtung einzuschlagen und immer so weiter. Als Ergebnis der Versuche wird interpretiert, daß **der Geist des Experimentators außerhalb seines Körpers Bausteine der Materie beeinflussen kann. Das ist absolut phantastisch, da reproduzierbar.**

Die amerikanische Universität Princeton ist traditionell eine Hochburg der Erforschung der Quantenphilosophie. Dort gibt es auch ein wohl einmaliges Institut mit der Bezeichnung PEAR, Princeton Engineering Anomalies Research. Die Mitglieder des Instituts erforschen den Einfluß der Gedanken auf Computeraktivitäten und andere digitale Systeme. Das Team besteht momentan aus Wissenschaftlern der Luftfahrttechnik, der Ingenieurwissenschaften, der theoretischer Physik und der Psychologie.

Seit fast 20 Jahren laufen bereits Tests dieser Art und PEAR spricht von markanten Ergebnissen. **Demnach ist die Kraft der menschlichen Gedanken oder des Bewußtseins oder der Psyche imstande digitale Systeme zu lenken. Die Elektronik der binären Kommunikation ist empfänglich für menschliche Regungen –** eine phantastische Aussage. Eigenartigerweise halten sich die offiziellen wissenschaftlichen Medien in der Berichterstattung zurück, es bestehen Berührungsängste mit dem weitgehend von Scharlatanen besetzten Gebiet.

Der Leiter der Abteilung Robert Jahn sagt als Erklärung der Ergebnisse: *„Haben wir es nur mit dem Austausch elektrischer Impulse im Gehirn zu tun, wie die Mediziner behaupten? Ich glaube nicht daran und tendiere mehr zu den alten Koryphäen der Quantenphysik, die meinten unser Bewußtsein und unser physisches Umfeld sei ein und dasselbe.“*

Nach Jahn könnten die menschlichen Bewußtseinsebenen in irgendeiner Weise mit der äußeren Welt zusammenhängen. Untersucht wurde deshalb, ob bestimmte Menschentypen oder bestimmte Stimmungen besonders erfolgreich in der Beeinflussung der Elektronik sind. **Prinzipiell sind alle Menschen in der Lage, Einfluß in die Elektronenfunktion zu nehmen**, allerdings kristallisieren sich doch einige Favoriten heraus. Frauen sind in manchen Aufgabenstellungen erfolgreicher als Männer. Gruppen sind dann erfolgreicher als Einzelpersonen, wenn sie sich gleichzeitig auf eine Sache konzentrieren. Bei zwei Personen zusammen ist die Kombination Frau/Mann erfolgreicher als gleichgeschlechtliche Kollegen. Verliebte sind noch mal erfolgreicher.

Wer oder was dirigiert das Ganze?

Die Nichtlokalität als Erklärung

Wenn zwei Elementarteilchen aus der gleichen Wahrscheinlichkeitswelle hervorgehen, dann sind ihre Eigenschaften weiterhin eng miteinander verbunden; sie sind miteinander verschränkt. Aufgrund des Impulserhaltungsgesetz weiß man, daß sie unterschiedliche Spins haben. Das hat zur Folge, daß sie in entgegengesetzte Richtung davonsausen.

Wenn man den Impuls eines Teilchens mißt, weiß man augenblicklich, welchen Impuls das andere Teilchen hat, selbst, wenn es sich am Ende des Kosmos befindet. Wird eins der beiden Teilchen irgendwie beeinflußt, etwa durch ein Magnetfeld oder durch eine polarisierende Kraft aus der Bahn gelenkt, dann macht das andere nicht direkt beeinflußte Teilchen diese Veränderung um 180° gedreht mit. Und das Erstaunlichste an den Experimenten ist, daß die Entfernung der Teilchen keinerlei Rolle spielt. **Also unabhängig von Raum und Zeit bleiben die Zwillingsteilchen in Beziehung zueinander.** Was dem einen passiert, geschieht automatisch (aber entgegengesetzt) auch dem anderen. Ein weiteres experimentelles Ergebnis:

Wenn zwei Teilchen miteinander kollidiert sind, dann fliegen sie in unterschiedlichen Richtungen auseinander. Auch bei diesen Teilchen besteht die Möglichkeit, daß sie dauerhaft miteinander in Verbindung bleiben. **Alles, was mit einem der Teilchen geschieht, beeinflußt in rätselhafter Weise auch das andere Teilchen**. Dies auch dann, wenn die beiden Teilchen Millionen Lichtjahre voneinander entfernt sind.

Drei oder mehr Teilchen, die aus derselben Quelle stammen, haben wahrscheinlich noch engere nichtlokale Korrelationen, als Zwillinge.

Erst 1981 haben die französischen Physiker Aspect und sein Team den Nichtlokalitäts-Effekt experimentell bestätigen können. Seither wurde er immer wieder, besonders in Laboratorien der USA reproduziert.

Der Physiker Zeilinger von der Universität Innsbruck ging dieses Jahr nun noch einen Schritt weiter. **Er brachte Photonen dazu, sich gegenseitig durch den Raum zu transportieren (Bild 9)**. Dabei werden, wie oben dargestellt, Zwillingsphotonen verwendet. Eins der beiden wird mit einem weiteren Photon konfrontiert. Dieses dritte Photon überträgt seine Schwingung auf das konfrontierte Photon und – wir hatten es bereits gesagt – was mit dem einen Photon passiert, geschieht auch mit dem anderen. Deshalb nimmt das Zwillingsphoton auch die Schwingung des dritten Photons an, obwohl es nichts mit der Konfrontation zu tun hat. Während die primäre Konfrontation in einem Lichtblitz endet, kann das übriggebliebene Zwillingsphoton das dritte Photon durch den ganzen Kosmos tragen (Quantenteleportation oder Passagierphoton).

Bild 9 Wird eine elektromagnetische Welle gesplittet (das geschieht auch durch bestimmte physikalische Eigenschaften der Gewebe), dann bleiben die zwei (oder mehr) Strahlen untereinander in Kommunikation. Wird einem der Strahlen Information übertragen (hier „Welcher-Weg-Information"), dann kollabiert das System und wird zu Teilchen mit Krafteigenschaften. Das Teilchen, das die Information übernommen hat, verschmilzt mit dem Infoteilchen, während der unberührte Zwilling, wie magisch übertragen, die Information (seitenverkehrt) weiterträgt.

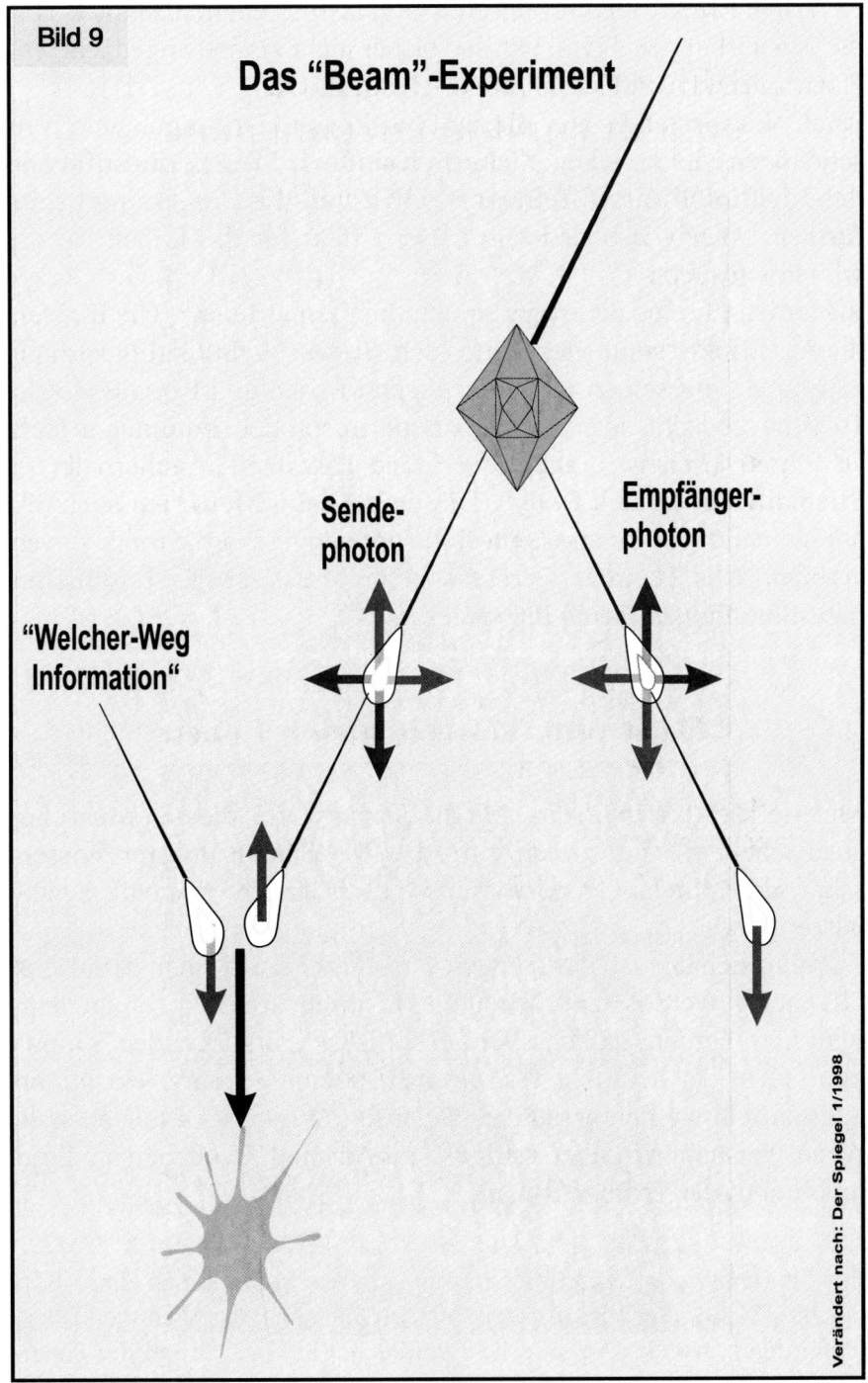

Bild 9

Das "Beam"-Experiment

Sende-photon

Empfänger-photon

"Welcher-Weg Information"

Verändert nach: Der Spiegel 1/1998

Derartige Effekte sind für unseren Organismus ebenfalls gültig, aber die Auswirkungen davon wurden bisher nicht einmal angedacht. Die Konsequenzen sind kaum faßbar phantastisch.

Auch wir bestehen aus diesen Zwillingen, Drillingen und verschränkten Mehrteilchen. **Sicherlich sind wir Wesen, die aufgrund des Nichtlokalitäts-Effekts uns selbst und die Umgebung beeinflussen.** Aber wie bedeutsam dieser Effekt für das Leben ist, das wissen wir nicht.

Sicher ist, für eine derartige „spukhafte Fernwirkung", wie Einstein diesen Effekt nannte (er hatte sich dieses Nichtlokalitätsprinzip zusammen mit seinen Kollegen Nathan Rosen und Boris Podolsky 1935 ausgedacht, aber mangels experimentellen Equipment nicht ausführen können) brauchte es keine Extrawellen außerhalb der Strahlung des „Black Body". Diese sind beim Menschen auch bisher nicht aufspürbar und keinesfalls mit gängiger Elektronik zu verarbeiten. Alle Therapie-Gerätehersteller, die derartiges postulieren, haben die Physik falsch interpretiert.

Geist plus Materie gleich Leben

Materie, Geist, Leben, das sind die Schlagworte, die den Menschen ausmachen; es sind gleichzeitig die drei Säulen unserer Wissenschaftsdisziplinen: Geisteswissenschaft, Naturwissenschaft, Sozialwissenschaft.

Es bahnt sich an, daß das Gemeinsame dieser drei Säulen demnächst offengelegt werden kann. Wenn dies in absehbarer Zeit gelingt, dann wird klar werden, daß das Verdienst dieser grundlegenden Vereinigung nicht der heutigen Wissenschaft alleine gebührt. Wenn nicht alles täuscht werden paradoxer Weise alte Wissenschaften, eben die Alten Weisheiten in überwältigendem Ausmaß Teil haben an dieser revolutionären Errungenschaft.

Im Altertum war offensichtlich bekannt, daß es im Menschen eine Kraftquelle gibt, aus der Wissen geschöpft werden kann. Alle wichtigen Überlieferungen, wie das Ägyptische Totenbuch, die Yoga-Sutren des Patanjali, die Upanischaden, das Saundarya Lahari, die Panchastavi, die Puranas und andere altindische Werke, das Tibetanische Totenbuch, die Vedanta weisen auf dieses verborgene Potential, das durch spezielle Bewußtseinstransformationen genutzt werden kann.

Die Urform
(„Magic-, Mystery-, Membran-Theorie")

In allen alten Überlieferungen gibt es eine Idee, die zeitlos zu sein scheint. Diese Idee liegt dem „Stein der Weisen" zugrunde und wird auch als „Elixier des Lebens" genannt. Es geht um die geheimnisumwobene Urform oder auch Ursubstanz, die von Aristoteles auch mit „prima materia" bezeichnet wurde. Was haben die Alten darunter verstanden?
Sie sagen: alle Materie und alle Elemente dieser Welt und des Universums sind Modifikationen und Variationen ein und derselben Substanz und Kraft. Die wahre Natur dieser Urkraft zeige sich erst dann, wenn alle Elemente aufgelöst werden und jede Differenzierung von Kräften rückgängig gemacht wird.

Dieses uralte Postulat ist sehr wichtig und wird noch eine zentrale Rolle im weiteren Text spielen, denn es beschreibt auch die Kernaussage der modernen Physik (Duff, 1998).

Die Alten sagen weiterhin: Wem es gelingt, zur Reinheit der undifferenzierten Urform vorzudringen, hat den Schlüssel zum Geheimnis aller Schöpferkraft, die auf der Verwandelbarkeit aller Elemente und Erscheinungsformen beruht. (Govinda, 1991).

Nach heutiger Kenntnis stimmt auch diese Aussage überein mit der derzeit gültigen physikalischen Theorie.
Der bekannte Physiker und Autor Michio Kaku (1995), (New York City University) schreibt sinngemäß: **Wer die Naturkräfte auf ihre Urform zurückführen kann, der hat den Schlüssel zur Steuerung des ganzen Weltgeschehens in der Hand.**

Sehen wir uns den letzten Stand der Theorie zur Urform aller Kräfte an.

Wie sieht die Urform aller Energie aus, welche Eigenschaften besitzt sie?

Einer der führenden Wissenschaftler in diesem Bereich ist Edward Witten vom Institute for Advanced Study in Princeton (New Jersey). Er erhielt 1990 die dem Nobelpreis adäquate Fields-Medaille. Er war der erste Forscher, der die neue M-Theorie 1995 in einem bahnbrechenden Vortrag an der Universität von Süd-Kalifornien in Los Angeles vortrug, wobei er selbst bemerkte, daß das M nach Belieben für magic (Zauber), mystery (Wunder) oder schlicht Membran stehen kann. Bereits Paul A. M. Dirac (1902 bis 1984), einer der berühmten Gründer der Quantenmechanik hatte 1962 ein Membranmodell vorgestellt, das später von der enthusiastisch gefeierten String-Theorie abgelöst wurde. Aber in der String-Theorie paßte nicht alles zusammen.

Mit der neuen M-Theorie scheinen alle Widersprüche behoben. In der jetzt präsentierten M-Theorie mit ihrer 11-dimensionalen Raumzeit ist die bisher favorisierte String-Theorie enthalten. Witten zusammen mit seinem Kollegen Peter Horava zeichnete folgende Aussichten: Alle bekannten Naturkräfte, wie die starke, die schwache, die elektromagnetische Kraft und auch die Gravitation treffen sich bei der Energie 10^{16} Gigaelektronenvolt (GeV) in einem gemeinsamen Ursprung; wir haben hier also eine Urform der Energie, aus der alles entsteht. (**Bild 7**).

Das ist deutlich unterhalb des bisher kalkulierten Wertes von 10^{19} GeV, der Planck-Energie. (Zur Planck-Energie gehört die Planck-Länge von 10^{-33} cm und die Planck-Zeit von 10^{-43} sec; zum Vergleich: Atomdurchmesser 10^{-8} cm).

Alle Teilchen, wie z.B. Quarks der Atomkerne oder Elektronen, lassen sich also aufgrund dieser neuesten Theorie auf eine Urform, auf eine Urform der Energie zurückführen.

Bild 10 Die Urform der Energie hat – wenn sie sich realisiert – die Form einer winzigen Membran. Aus der Entfernung gesehen, wirkt die Membran wie ein Faden, ein String, und entfernt man sich noch weiter, kann man die Membran nur noch als Punkt erkennen.

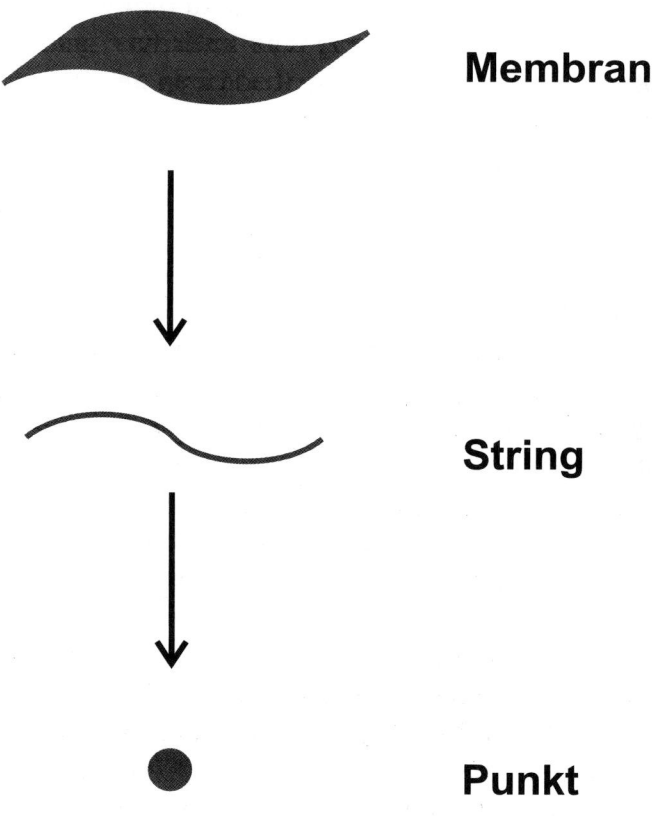

Bild 10

Struktur der
Punkt-, String-, Membranenergie

Membran

String

Punkt

Verändert nach Spektrum der Wissenschaft 4/1998
© Dr. rer. nat. U. Warnke

Damit Sie als Leser weiter ihre Aufmerksamkeit in eine bestimmte Richtung lenken können, soll bereits jetzt ein für die Aussage in diesem Buch entscheidende **Hypothese** aufgestellt werden.
Diese Urform aller Kräfte ist mit dem, was wir „Universellen Geist" nennen, identisch.

> In jedem menschlichen Wesen ist das *bodhi-citta* als Potentialität gegenwärtig. (*bodhi* heißt Licht, Wahrheit)

Die Urform der Energie hat – wenn sie sich realisiert – die Form einer winzigen Membran. Aus der Entfernung gesehen, wirkt die Membran wie ein Faden, ein String, und entfernt man sich noch weiter, kann man die Membran nur noch als Punkt erkennen (**Bild 10**).
D.h. mit zunehmender Entfernung ändert sich die Urform zu anderen Gebilden. Diese geänderten Gebilde haben andere Eigenschaften als die ursprünglichen.

Um das plausibel zu erklären, müssen wir etwas ausholen:
Die Urform als Membran hat die Eigenschaft, in fast beliebig vielen Moden zu schwingen. Da gibt es Grundschwingungen, Oberschwingungen von der ganzen Membran oder von Teilen der Membran, komplizierte Schwingungsrichtungen sind zusätzlich vorhanden. Alle Schwingungen existieren als Möglichkeiten gleichzeitig. Allerdings führen diese Membranen ungewöhnliche Oszillationen durch: sie schwingen nicht nur im Raum, sondern auch in der Zeit.
Jeder Schwingungsfrequenz entspricht ein Energiebetrag, der sich als virtuelles Quant äußern kann und – bei Festlegung – zu einer realen Kraft wird. Der Vollständigkeit halber muß erwähnt werden, daß bestimmte Oszillationen der Urform sich auch in Ladungen bemerkbar machen können. Ladungen, die in unserem Organismus für viele Funktionen eine Hauptrolle spielen, entsprechen also einer Bewegungsmöglichkeit, einer dynamischen Eigenschaft einer Urform-Dimension. **Bild 11.**
Wie paßt diese Erkenntnis zu den Verhältnissen, wie soeben für die Urform der Energie geschildert?

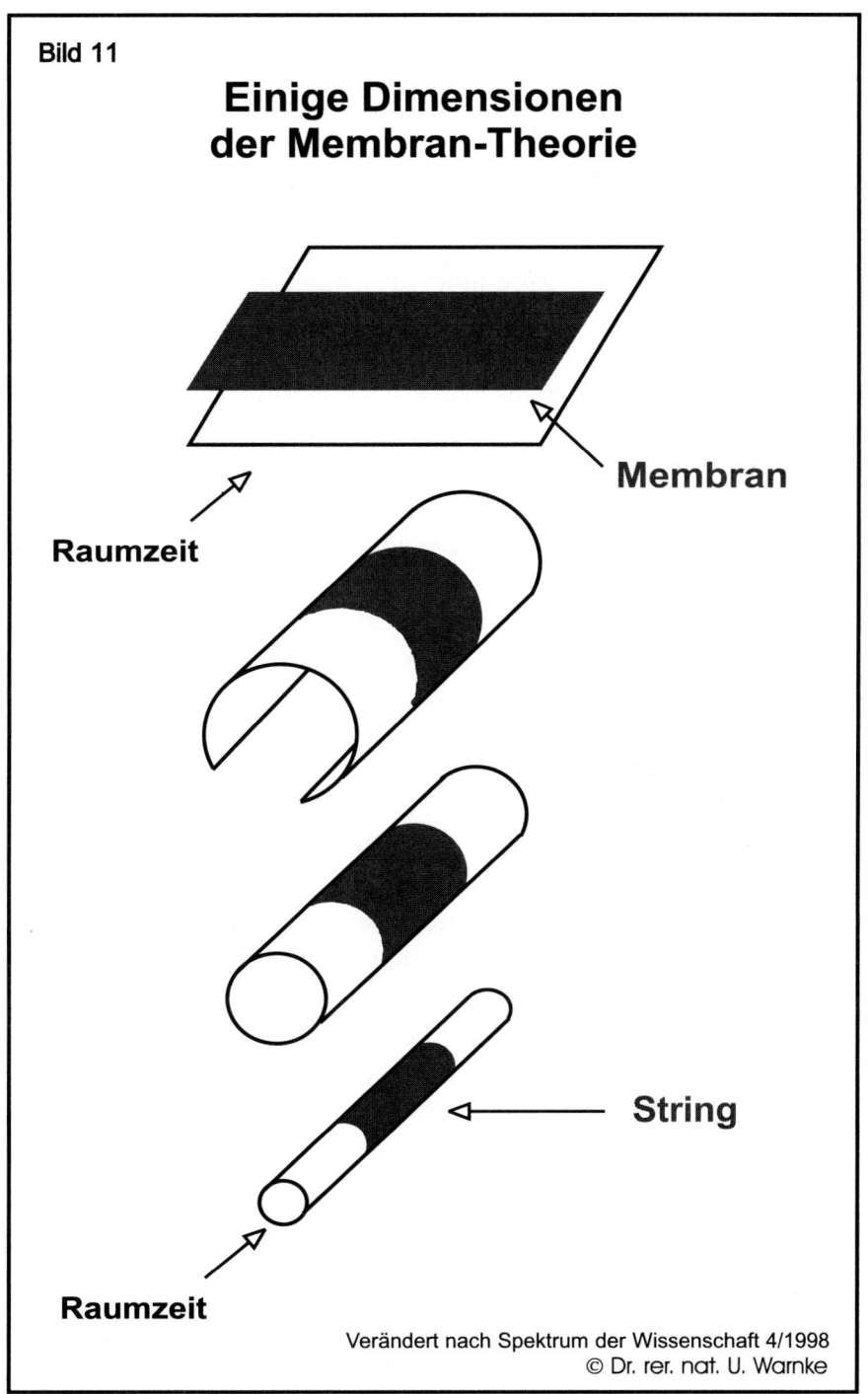

Bild 11

Einige Dimensionen
der Membran-Theorie

Membran

Raumzeit

String

Raumzeit

Verändert nach Spektrum der Wissenschaft 4/1998
© Dr. rer. nat. U. Warnke

Wir hatten bereits erklärt: Mit der Entfernung von der Membran verändert sich nicht nur die Struktur, sondern auch die Eigenschaft; die wichtigste Eigenschaftsänderung ist die Abnahme der Energiebeträge mit der Entfernung.

Der Grund ist folgender: Den verschiedenen virtuellen Quanten wird wegen des Energieerhaltungsgesetzes und des immanenten Unschärfe-Effekts nur eine ganz bestimmte Entfernung von der Urform, also von der Membran als Mutterentität, zugestanden. Hochenergie-Quanten dürfen sich nur einen winzigen Abstand weit entfernen, während Quanten mit weniger Energie größere Streckenausflüge erlaubt bekommen.

Je näher man also an die Urform herankommt, desto höher sind die virtuellen Quantenenergien (analog den Schwingungsfrequenzen), die man antreffen kann. Je weiter man sich entfernt, desto geringer werden die Energien und die Schwingungen werden entsprechend langsamer. **Bild 12.**

Alle Teilchen, die wir tatsächlich in der Natur beobachten – Elektronen oder Photonen u.a. – entsprechen einer niedrigen Schwingungsfrequenz und zwar aus dem Bereich niedrigster möglicher Schwingungsmoden der Urform. Das aber heißt, sie befinden sich als emittierte Energie in einer relativ weiten Entfernung vom Membranzentrum.

Die uns bekannten subatomaren Teilchen beobachten wir demnach alle aus einer bestimmten Entfernung von der Urform. Die dabei gemessene Energie entspricht der Entfernungsstufe. Gingen wir näher an den Kern heran und träfen wir deshalb dabei auf höhere Energien, dann müßten wir selbst auch sehr hohe Energiebeträge aufwenden, um an diesem Level bestehen zu können. Würden wir z.B. Beobachtungen bei der Planck-Länge von 10^{-33} cm vornehmen, dann träfen wir auf Energiefluktuationen des beobachteten Objekts,

Bild 12 Nähert man sich dem Zentrum aller Energien bis auf die winzige Distanz von 2×10^{-30} cm, dann ist die Urenergie erreicht, die Urmembran. Jeder Abstand vom Zentrum entspricht einer geringeren Energiestufe.

Bild 12

Annäherung an das
Zentrum der Urenergie

10^{16} GeV	Urenergie erreicht	$2*10^{-30}$ cm
10^{15} GeV		$2*10^{-29}$ cm
10^{12} GeV		$2*10^{-27}$ cm
10^{9} GeV		$2*10^{-24}$ cm
10^{6} GeV		$2*10^{-21}$ cm
10^{3} GeV		$2*10^{-18}$ cm
1 GeV		$2*10^{-15}$ cm
1 eV		$2*10^{-6}$ cm

© Dr. rer. nat. U. Warnke

65

die so riesig groß sind, daß sie ausreichen, um ein kleines Schwarzes Loch zu erzeugen.

Um schließlich die Membranstruktur im Innern der Urform beobachten zu können, brauchte man Energien von 10^{19} GeV. Das sind 10 Milliarden mal mehr Energie, als heute in Teilchenbeschleunigern erzielt werden können.

Fassen wir das Wichtigste zusammen: Eine einzelne Schwingung (also eine einzelne Energiegröße) kann innerhalb von unendlich vielen verschiedenen harmonischen Schwingungen der Urform durch die Beobachtung, (entsprechend durch die Messung) festgelegt werden, und jede der einzelnen festgelegten Schwingungsfrequenzen entspricht einer neuen Energieform, einem String, einem Teilchen oder einer Teilchengruppe.

Ohne Zweifel ist die zur neuen Energieform gehörige Frequenz des beobachteten Teilchens ein Ausschnitt aus dem Spektrum der unendlich vielen Schwingungen der Urform und konnte festgelegt werden, weil sie in Resonanz mit einer Schwingungsmode der Urform der Energie liegt. (Prinzip Gleiches erkennt Gleiches).

Durch meine Messung, meine Beobachtung habe ich also eine einzige Schwingungsfrequenz aus dem riesigen Schwingungsreservoir der Urform festgelegt, indem die virtuellen Quanten zu realen Quanten mit Kraftwirkung verwandelt werden.

Nun ist es nicht notwendig, daß ich mich persönlich jedesmal bemühe, um eine Schwingung und damit ein Quant festzulegen, natürlich kann das auch ein anderer Beobachter, z.B. meine Umgebung tun. Voraussetzung dafür ist allein, daß die beobachtende Struktur energetisch in der gleichen Sprache spricht, also z.B. in Resonanz liegt. Immer dann, wenn sich ein Energieverständnis anbahnt, wenn also Energien der Partner austauschbar werden, dann wird auch ein einziger Weg der Kraftübertragung für eine Sorte Quant festgelegt. Genau dies passiert, wenn sich Moleküle treffen. Sie können sich dann verständigen, Materie aufzubauen, wobei sie auf beliebig viele Einzelschwingungen zurückgreifen können.

Die Alten Weisen der östlichen Tradition verbreiteten das Gesetz: „Gleiches kann nur durch Gleiches erzeugt werden". Das bedeutet nichts anderes, als die Vorwegnahme unseres bereits mehrfach postulierten Resonanzgeschehens, das Realität erzeugt.

Betrachten wir genauer den Fall, daß eine Entfernung von der Urform betroffen ist, die dem String entspricht. Die Theorien dafür sind recht gut ausgearbeitet und darstellbar.

Strings sind bevorzugt in sich geschlossen und markieren winzige eingerollte Bereiche, mit winzigem Durchmesser.

Alle Strings sind im Typ gleich, unterscheiden sich aber in verschiedenen Schwingungsmustern. Ein String kann wiederum in verschiedenen Bereichen („Moden") schwingen, rotieren oder vibrieren. Jede Art von Schwingung ist einer Stringart zuzuordnen. Das Elektron entspräche z.B. einer bestimmten ausgekoppelten Mode in einer bestimmten Entfernung. Demnach ist das Elektron mit seinem Photon, das Neutrino und alle anderen Teilchen eine harmonische Unterschwingung zu einem fundamentalen Urstring. Und der Urstring ist wiederum eine Unterschwingung der Urmembran. Die niedrigsten Moden eines String – die Teilchen mit sehr kleinen Massen – sind leicht in unseren Laboratorien, in Organismen und mit Hilfe unsere Sinne auch in unseren Körpern in Gestalt der gewöhnlich allgemein bekannten Teilchen zu beobachten. Die Teilchen mit Spin 1 und 2 sind masselos und entsprechen der niedrigsten Schwingungsfrequenz des Strings, während die Teilchen mit größerem Spin die Massen vom Vielfachen der Planck-Masse haben, die ca. bei 10^{19} Protonenmassen liegt.

Ein String, so wie er sich heute am wahrscheinlichsten darstellt, ist eine Schlinge in vier Raumzeitdimensionen mit möglichen Verwindungen in zusätzlichen sechs inneren Dimensionen.

Der String schlängelt sich also durch eine 10-dimensionale Raumzeit (die Urmembran enthält 11 Dimensionen). Zusätzlich gibt es 16 innere Dimensionen, welche die nichtgravitatorischen Kräfte beschreiben. (Hat man nur Bosonen, ist die Dimensionszahl 26. Sind auch Fermionen (Elektronen) dabei, ist die kritische Dimensionszahl 10). Ladungen haben etwas damit zu tun, wie sich zehn Dimensionen auf vier reduzieren.

Die Dimensionszahl 10 der String-Theorie ist bei Einbeziehung alter Überlieferungen nicht uninteressant: die Rede ist hier von 4 für uns erfahrbaren Dimensionen und zusätzlich 6 teilcheninternen Dimensionen (Einwicklungen).

Laut tibetischer Weisheit wirken die Umwandlungen des Geistes in 10 Richtungen, d.h. in 4 Kardinalrichtungen sowie 6 Zwischenrichtungen einschließlich Zenith und Nadir. Dies erscheint auf den ersten Blick unverständlich. Würde man hier aber das Wort Richtungen als Übersetzungsfehler annehmen und statt Richtungen das Wort Dimensionen einführen, hätte die tibetische Überlieferung – angelehnt an die Theorien der Teilchenphysik – nachvollziehbaren Sinn.

Zu Beginn des Universums waren Gravitation, starke, schwache und elektromagnetische Kraft alle vereinigt durch den Superstringmultiplett. Das damals 10-dimensionale Universum war vollständig symmetrisch. Dann tunnelte es in einen niedrigeren Energiezustand, das Vakuum wurde labil, es kam zu einem Phasenübergang und die Symmetrie ging verloren.

Harvard-Professor Cumrum Vafa: nach dem Urknall wurde unser 10-dimensionales Universum in zwei kleinere Universen zerrissen. Ein 4-dimensionales und ein 6-dimensionales. Das 4-dimensionale kennen wir aus eigener Erfahrung, das Schwesteruniversum scheint die Form eines verdrehten 6-dimensionalen Torus zu besitzen.

Wechselwirkungen zwischen Strings finden immer in einem Punkt statt, obwohl es sich um ausgedehnte Objekte handelt. Strings berühren, trennen und verbinden sich also immer genau in einem Punkt ihrer Ausdehnung. Darin liegt das Geheimnis ihrer Lokalität. Elektrische Ladung entspricht der Kopplung von Strings mit etwas unterschiedlichen Schwingungsmoden.

Die Bedeutung der Leere des Raumes

In der altindischen Überlieferung besitzt das Universum zwei grundlegende Eigenschaften: es hat Bewegung und Raum. Der Raum ist dabei das, wodurch Dinge in Erscheinung treten. Der Raum umfaßt alle Möglichkeiten der Bewegung in nahezu unendlichen Dimensionen. Diese Eigenschaft wird *Akasa* genannt, was soviel wie leuchten, strahlen heißt. Das Prinzip der Bewegung heißt *Prana*. Sowohl die Kräfte des Universums wie auch die Kräfte des Geistes, einschließlich Bewußtsein und Unterbewußtsein sind Modifikationen des *Prana. Akasa* bringt Materie im groben Raster hervor und geht mit laufend feineren Maßstäben unmerklich ins Energetische über.

Man fragt sich unwillkürlich, woher nahmen die Alten ihre Anschauungen? Denn sie treffen die Charakterisierung des Raums und seine Beeinflussung laut moderner Physik durchaus richtig.

Das Allumfassende des Universums und aller Körper ist tatsächlich der Raum. **Die Welt besteht fast vollständig aus leerem Raum. Auch wir Menschen bestehen zu 99,999 % unseres Raumes aus Leere.** Hier in der Leere befindet sich keine Masse (Elektronen, die rein rechnerisch Masse besitzen, wollen wir in diesem Raum zulassen). **Bild 13**. Da dieser Raum frei von definierter Masse ist, kann er alles beinhalten, sagt die ostasiatische Tradition und sie hat recht. Im leeren Raum ist deshalb alles enthalten, weil die „Alle Möglichkeiten"-Struktur der unbeeinflußten Urform der Energie einschließlich ihrer Abkömmlinge String und Punkt noch unbeeinflußt sind und nicht festgelegt sind. **Der leere Raum ist die Voraussetzung alles Daseins.**

Der Begriff Leere spielt in allen alten Überlieferungen eine große Rolle. Er wird definiert als die Abwesenheit aller Bestimmungen, die der Buddha als *„das Unentstandene, das Ungeborene, Ungeformte"* (die *Sunyata*, oder tibetisch *ston-pa-nid*) bezeichnet.
Wir wissen bereits, daß das sprachlich durchaus richtig ausgedrückt ist.

Tatsächlich kann auch die Physik den Raum als leer anerkennen, solange keine Übertragungskräfte in Form von Quanten auftreten, solange also noch keine „Welcher-Weg-Information" aufgetaucht ist. **Der Raum besteht dann allein aus Energie mit Möglichkeiten aller Zustände.**

Der Buddhismus spricht physikalisch korrekt von der Potentialität der „Großen Leere", die fähig ist, Myriaden von Dingen verschiedenster Form und Gestalt hervorzubringen.
Dieser Zustand „Aller Möglichkeiten", identisch mit der Urform der Energie, die im unbeeinflußten Vakuum herrscht, ist somit identisch mit

„*sunyata*". Das Bewußtwerden dieser *sunyata* ist *prajna* (tibetisch *sesrab*), die höchste Erkenntnis.

Das Erleben dieser Leere entspricht dem Erleben des puren Geistes und wird vom Buddhist gesucht und in der Meditation aufgesucht.

Lassen wir noch einmal buddhistische Lehre (Tibet) sprechen: *Die „Große Leere" ist das Allumfassende, das nicht mit den Sinne erfaßbare, das wie der unendliche Mutterschoß des Weltraums, alle Formen gebiert, nährt und in sich beschließt, in dem das Licht ewig strömt, ohne je verloren zu gehen.*

Aus der Leere entfaltet sich die Welt. Alle Dinge treten aus dem Zustand der Leere in eine wirkliche Erscheinung. Wirklichkeit ist abgeleitet von wirken. Es entsteht wirkende Materie und damit objektive Realität. Etwas existiert nur so lange wie es wirkt.

Die Wirklichkeit ist das Produkt unseres eigenen Wirkens, die Körperlichkeit ist ein „Reflex des Geistigen". Eine Welt überschäumend von elementaren Kräften, die im Universum als kosmische und im Menschen als körperliche und geistige Kräfte wirken.

Leben und Bewußtsein sind nur möglich, wo Beziehungen sind, wo also Kräfte entstehen können und wieder gelöscht werden. In jedem Augenblick verschwindet etwas in uns und wird wiedergeboren. Unser Bewußtsein und unser Unterbewußtsein, zusammengenommen unser Glaube, sind die Motoren dieses Wandels. Das Leben in dieser Definition ist unendlich, nur die Form wechselt.

Was wir als Welt erleben, ist das Resultat unseres Handelns, Fühlens und Denkens.

Bild 13 Wenn man uns mit unserem natürlichen „Vakuum" im Körper auf die Höhe des Eifelturms vergrößern würde und es nähme danach jemand alles „Vakuum" aus dem Körper heraus, würden wir auf die Größe eines Flohs zusammenschrumpfen.

Größenverhältnisse

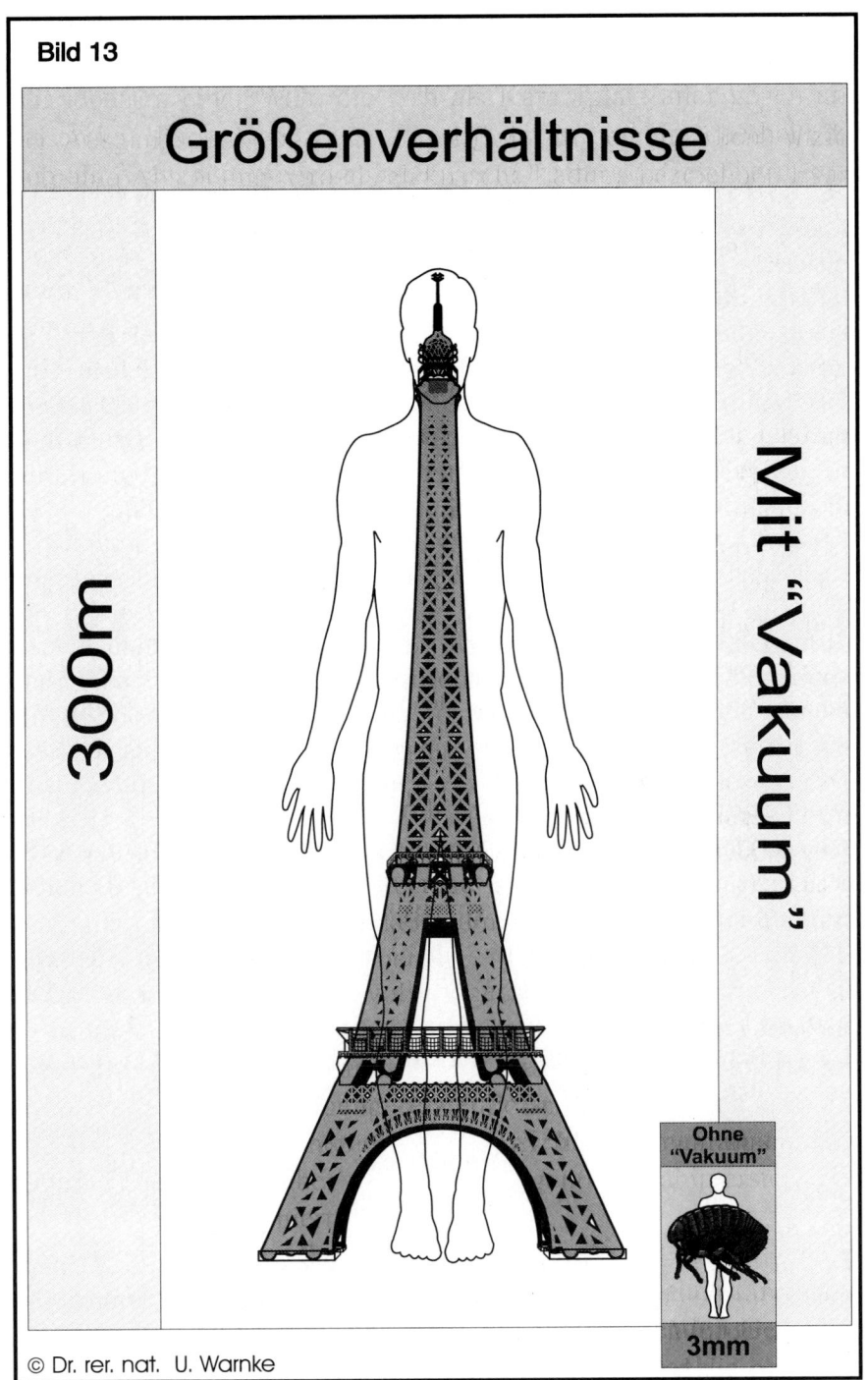

300m

Mit "Vakuum"

Ohne "Vakuum"

3mm

© Dr. rer. nat. U. Warnke

Wir können mit Govinda darüber nachdenken, daß *„der menschliche Körper die Erbschaft von Millionen vergangener Lebensformen ist, die Materialisierung vergangener Gedanken und Taten, das Karma der Vergangenheit."*

Das Leben ist ausgespannt zwischen den allgegenwärtigen Polen des Raumes und seiner Bewegung: der Leere und der Form. Vermag die materielle Form der Modifikation des Geistes nicht mehr zu folgen, zerfällt das irdische Leben.

Die buddhistische Tradition weist darauf hin, daß es neben dem von unseren Sinnen wahrnehmbaren dreidimensionalen Raum und dem ebenfalls wahrnehmbaren Zeitraum viele weitere Bewegungsmöglichkeiten in weiteren Raumdimensionen gibt. Die Weisen sprechen vom Raumerlebnis der Meditation und was sie beschreiben (Govinda, 1991), sind die theoretischen Erwägungen der modernen Physik (vergl. Bilder 10, 11, 12). Ausgehend von den uns bekannten 3 Dimension und dem zeitlichen Nacheinander gelangen sie in ein zeitliches Nebeneinander (identisch mit der Viel-Welten-Theorie), dann zu einem Ineinander (identisch mit String-Dimensionen), dieses wird zum lebendigen Kontinuum jenseits von Sein und Nichtsein in einem Einschmelzen von Raum und Zeit und mündet in der letzten Einheit (identisch mit Urform-Dimensionen), die im Tibetischen als *Thig-le* und im Sanskrit als *bindu* bezeichnet wird. Dieses Wort hat die Bedeutung von Punkt, Null, Keim, Tropfen, Flammenform oder auch Samenkorn (*bija*).

Dieser Punkt wird oft auch als strahlende Flamme, oftmals in der Farbe blau, dargestellt. Die grundlegende Bedeutung dieses blauen „Punktes" ist der Raum (Sanskrit: *akasa*; tibetisch: *nam mkhah*).

Akasa ist – wie im tibetischen Buddhismus ausgeführt – der Alles enthaltende Raum, die Synthese und Einheit von kosmischen, psychischen und physischen Energien.

Da der Raum (mit dem Inhalt der Urform der Energie) uns und alles aufgebaut hat, deshalb sind wir das Ergebnis des Ineinandergreifens von physischen, psychischen, individuellen und universellen Funktionen.

Mit dem Begriff *Akasa* wird ein aktives und ein passives Prinzip verbunden. Beide können aufgrund heutiger gängiger physikalischer Theorien durchaus nachempfunden werden.

Der passive Aspekt (*sunyata*) betont die Wahrnehmung des Fehlens materieller Hemmnisse und wird gemeinhin mit Raum und Himmel (im heutigen religiösen Sinn) verbunden.

Der aktive Aspekt (*dharma-datu*) betont *„die Vorstellung einer elemen-*

taren Vibration punktähnlicher infinitesimaler Einheiten unsichtbarer Energie, die das ganze Universum durchdringen" (Zitat Govinda, Der Stupa).

Nehmen wir die heutige physikalische Theorie der M-Urform der Energie ernst und folgen wir den Darstellungen (von Heisenberg und anderen), wodurch in Folge einer Messung, Beobachtung, Resonanz über die Festlegung pulsierender Schwingungsenergien im „Vakuumraum" jede Form der Materie entsteht; folgen wir weiterhin der Idee (sie ist weiter unten detailliert dargestellt), wonach der Geist (die Psyche) die „Vakuumenergie" durch intelligente „Welche-Weg-Informations"-Entitäten moduliert, wie dadurch Weichen gestellt werden zur Beeinflussung der Materie, der Realität, dann entspricht das ziemlich exakt dem, was die Alten Weisen wie der historische Buddha und seine Interpreten überliefert haben.

Siebenkugel

Damit die Membran-Theorie funktioniert, müssen 7 Raumdimensionen (zusätzlich zu unseren bekannten 4 Dimensionen) auf kleinstem Raum (10^{-32} cm) aufgerollt werden in Form der Siebenkugel. Innerhalb dieser kleinen Abstände steigern sich die Energien gewaltig; 10^{-32} cm entsprechen 10^{14} Protonenmassen. Um in das Innerste der Siebenkugel zu gelangen und um die restlichen Dimensionen zu erkennen, brauchten wir sogar 10^{19} Protonenmassen (Planck-Energie). **Dann allerdings beherrschen wir Raum, Zeit und Materie.** Wir könnten alles beliebig ändern, Teilchen entstehen und wieder verschwinden lassen und beliebige Welten erzeugen, so wie unsere Gedanken und Träume es machen. **Arbeiten unsere Gedanken und Träume mit diesem Prinzip?**

Technisch gesehen ist das völlig absurd; unsere heutigen Beschleuniger schaffen ein Energieäquivalent der Elektronenbeschleunigung von gerade mal 20 Protonenmassen.
Um die Urkraft zu „sehen" brauchten wir Beschleuniger von der Größe 10^{18} mal länger als unsere heutigen Möglichkeiten, das entspricht 100 000 Lichtjahren (ein Lichtjahr ca. 10^{18} cm), also etwa der Ausdehnung unserer Galaxie.

Wie sollte der Organismus diese Energien zum Einsatz bringen? Eine Antwort fällt schwer. Dennoch, die Energien sind auch in uns vorhanden, die Frage ist nur, wie kommt man heran? **Eine Antwort kann man sich bisher nur aus den Überlieferungen Alter Weisheiten holen. Ob diese Antwort dann der Realität genügt, ist Glaubenssache.**

Von einer Siebenkugel spricht die indische und orientalistische Tradition. Es handelt sich um eine Anzahl konzentrischer Hohlkugel, die ineinander geschachtelt sind Die traditionelle Beschreibung und Funktion dieser Kugel paßt durchaus zur neuen physikalischen Theorie, wonach neben unseren sinnlich erfaßbaren 4 Dimensionen (3 x Raumdimension, 1 x Zeitdimension) weitere für uns Menschen wirksame, aber unmeßbare 7 Dimensionen existieren. Diese 7 geheimnisvollen Dimensionen, die laut Überlieferung die geistigen Prozesse beinhalten, haben es in sich.

Mir liegt eine aus nahtlosem Stein vollendet „geschnitzte" Kugel vor, mit 6 weiteren inneren Hohlkugeln, phantastisch irgendwie eingebracht, alle frei beweglich, eine innerhalb der anderen (**Bild 14**). Eine Arbeit, die meine volle Bewunderung genießt. Wie bringt man so etwas fertig?

Sieben dieser konzentrischen Kugeln gehören laut Überlieferung zusammen und sind innerhalb des Menschen im sogenannten Wurzelchakra lokalisiert. Beim Durchschnittsmenschen – so heißt es – ist lediglich die Kraft der äußeren Kugel tätig, die Kräfte der anderen Kugeln schlafen. Wenn der Mensch versucht, die latente Energie in den inneren Schichten zu erwecken, beginnen „gefährliche Feuerphänomene" in Erscheinung zu treten.

Die Zahl 7 ist in fast allen Traditionen eine der wichtigsten Zahlen. Für die Pythagoräer ist sie sogar das Vehikel des Lebens, da diese Zahl die Äußerungen des Körpers und des Geistes umfaßt. Auch der Heilige Geist unterteilt sich siebenfach: Geist der Weisheit, Vernunft, Klugheit, Tapferkeit, Wissenschaft, Frömmigkeit, Gottesfurcht. Der heilige Siebengeist (auch als die 7 Urgeister bekannt) „wirkt durch alle Zeiten in allen Sphären des Kosmos als 7 Äußerungen der 7 Urkräfte". Die Söhne der

74

Indische 7-Kugel als Symbol der Geist-Urkraft-Schachtelung

Mysterien müssen 7 Stufen ersteigen. Man sprach von den 7 Augen Gottes, 7 engelhaften Geistern und 7 Weltweisen, 7 Geister der Offenbarung, 7 Weltwundern. Heute noch sprechen wir vom Buch mit 7 Siegeln. Siebenarmige Leuchter sind uralte Symbole in Tempeln; auf dem Altar stehen 7 Lichter. Eine Krone hat 7 Spitzen. Der Druidenorden war ein Abzeichen mit einem Siebenstern, entsprechend 7 Tugenden. Es gibt ein Mysterium der 7 Strahlen (Pistis Sophia) und ihrer 49 Kräfte. Auch im Lectorium Rosicrucianum ist ein 7-Stimmen-Mysterium erwähnt. In der Lehre der Theosophie gibt es die 7 Kraftströme des Logos. Diesen Kräften entsprechen 7 Stufen geistiger Entwicklung und Beeinflußbarkeit.

Bild 15 und **Bild 16** zeigen die 7 Urhöhlen der Entstehung des Menschen aus der Sicht der indianischen Traditionen und aus der Sicht des Mittelalters. Sie entsprechen möglicherweise den 7 verborgenen Dimensionen der Welt.

In einer überlieferten Zusammenfassung zur geistigen Haltung (*Abhidhamma* der Theravadins) werden 11 Prinzipien von *rupa* aufgeführt. *Rupa* ist ein Pali-Begriff, der das Verfestigte, Geformte bedeutet, was nicht nur materiell gemeint ist. Die moderne Physik sieht für die Urmembran ebenfalls 11 Dimensionen vor, wobei nur 4 davon sich auf diejenige Raumzeit beziehen, die Materie definiert. Die restlichen 7 sind frei für unverfestigte energetische (geistiges Bewußtsein?) Prozesse.

Informationsspeicherung in der Urform
(Membran-String-System)

In einer früheren Darstellung (in „Gehirn-Magie") wurde in Anlehnung an den französischen Physiker Charon in Erwägung gezogen, daß **Elektronen eine Art Intelligenz besitzen und uns Menschen konstruiert und aufgebaut haben, um viel Erfahrung und Weisheit zu sammeln, die Elektronen alleine, also ohne die Mensch-Konstruktion nie sammeln könnten**. (Auch die buddhistische Tradition entwirft ein ähnliches Bild: Demnach wird Weisheit nur dann zu Wirklichkeit, wenn sie in menschlicher Daseinsform lebendig werden kann.)

Bild 15

Sieben Urhöhlen der Menschwerdung laut indianischer Tradition

Die verwegene Idee intelligenter Elektronen setzt voraus, daß Elektronen Information speichern können. Nun hat noch kein Mensch je ein Elektron gesehen und man kann deshalb über den Aufbau eines realisierten Elektrons lediglich aufgrund seiner Wirkungen spekulieren. Eine Möglichkeit für einen Informationsspeicher im Elektron war aber bisher nur schwer denkbar. Die Teilchen wurden ohne innere Struktur angesehen. Ganz anders in den neuen Theorien; in der Membran- und Stringtheorie sind es ausgedehnte Objekte.

Mit der M- und String-Theorie ergeben sich somit völlig neue Verhältnisse.

Schon die String-Theorie ließ folgende Aussage zu:

> *„Das besondere Merkmal eines String liegt darin, daß man in ihm eine große Datenmenge höchst kompakt speichern kann, und zwar so, daß sich die Information reproduzieren läßt."* *(Michio Kaku, 1995)*

Die Urform als Membran hat aufgrund ihrer Struktur, verglichen mit dem String, weit mehr Möglichkeiten der Informationsspeicherung.

Die Frage ist nur, ob die zu speichernde Information nahe genug an die Urform herankommt (**Bild 12**), oder ob die Entfernung, bei der sich der String präsentiert, die geläufige „Resonanz" zur Information darstellt, was einer reduzierten Auswahl an Information gleichkommt.

Es gibt eine tantrische Weltanschauung in alten Überlieferungen (diese Weltanschauung darf nicht verwechselt werden mit dem erotisierenden Saktismus der Hindu-Tantras), die den Begriff „String" in den Mittelpunkt stellt und überraschend deutlich mit heutigen Theorien gleichzieht.

Das allgemein bekannte Wort „Tantra", auch sein tibetisches Synonym *„rgyud"* bedeutet „Faden". Auch der Begriff „String" in der modernen Physik bedeutet „Faden". Beide Begriffe beschreiben die gleiche Funktion dieses „Fadens" Tantra meint ein Verwobensein aller Dinge und Handlungen, die gegenseitige Abhängigkeit alles Bestehenden.

Quæ ſunt in ſuperis, hæc inferioribus inſunt :
    Qùod monſtrat cœlùm, id terra freqùenter habet.
Ignis, Aqùa et fluitans duo ſunt contraria: felix,
    Talia ſi jùngis: ſit tibi ſcire ſatis !
                                    D. M. à C. B. P. L. C.

Tantra steht auch für die geistige Überlieferung, die Tradition. Die Schriften, die im Buddhismus unter den Begriff Tantras eingeordnet wurden, handeln von dem Parallelismus von Mikrokosmos und Makrokosmos, Geist und Natur, Ritual und Wirklichkeit, Stofflichem und Geistigem. Das alles könnte auch auf den „String" zutreffen, wie wir weiter unten erfahren.

Quanten-Musik

Die M-Theorie besagt, daß die Materie allgemein (und dementsprechend auch die Materie unseres Körpers) nichts anderes ist, als die aus den „Alle-Möglichkeiten" der Urform festgelegte Schwingungsharmonie. Aus beinahe unendlich vielen Schwingungen kann man unendlich viele Harmoniesequenzen, also Klänge schaffen (das hat natürlich vordergründig ersteinmal nichts mit akustischen Klängen zu tun), deshalb kann man aus der Urform mit ihren vielfältigen Schwingungsmoden auch unendlich viel Materie aufbauen. Einige Harmonien dieser unendlichen Möglichkeiten sind in uns festgelegt. **Materie ist das Ergebnis festgelegter Schwingungsmodi aus der unendlichen Vielzahl der Schwingungsmöglichkeiten von Urmembranen, Strings und Punktteilchen.**

Das Universum und seine Konstruktionen, die sich aus vielen schwingenden Entitäten zusammensetzen, ist vergleichbar einer Harmonie. Jeder einzelne Materiebaustein eine kleine Symphonie, die Materie insgesamt ein riesiges Orchester und das ganze Universum eine Supersymphonie. **Bild 17.**

In den östlichen Traditionen und bei den Alten Weisen, den Rischis des Himalaya, den Magiern Persiens, den Mystikern Griechenlands, war bekannt, daß das Geheimnis der Schwingung, der Vibration, des Tones, den Schlüssel zur Schöpfung enthält.

In Ihrem Buch „Tibetische Reise" erzählt Alexandra David Neel von einer Begegnung mit einem „Meister des Tones" (zitiert in Govinda 1991). Dieser erklärt, daß alle Wesen und Dinge Töne hervorbrächten, angepaßt an ihren momentanen Zustand, in dem sie sich befänden.

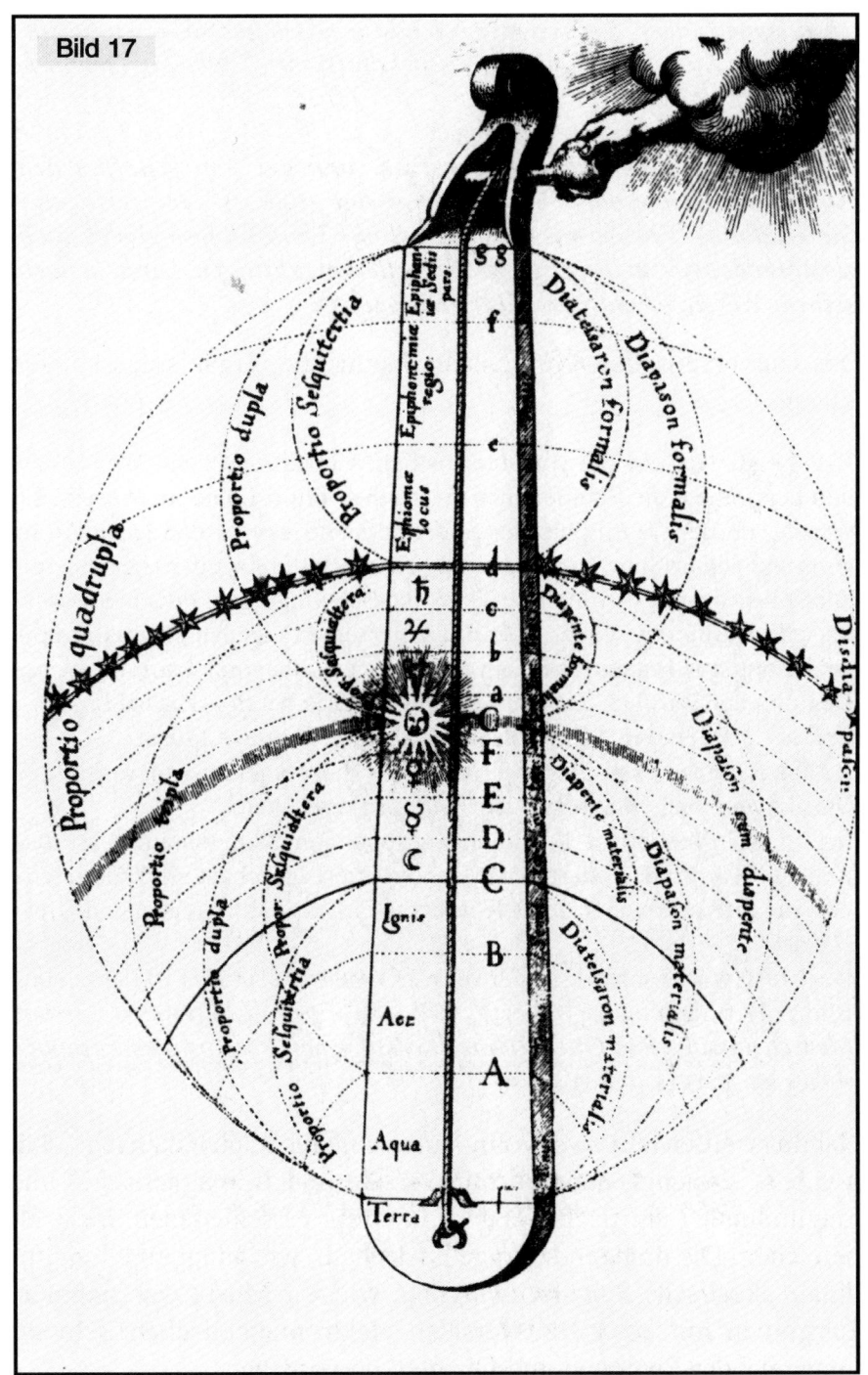

81

"Das kommt daher", so sagt er, *"weil alle diese Dinge und Wesen Anhäu-*
fungen von Atomen sind, die tanzen und durch ihre Bewegung Töne her-
vorbringen. Wenn sich der Rhythmus des Tanzes ändert, so ändert sich
auch der Ton, den sie hervorbringen.
...Jedes Atom singt ständig sein Lied, und der Ton schafft jeden
Augenblick dichte oder feine Formen von größerer oder geringerer
Materialität. – Ebenso wie es schöpferische Laute gibt, so gibt es auch
zerstörende. Wer in der Lage ist, beide hervorzubringen, kann, je nach
seinem Willen, erschaffen oder zerstören".

Das Universum, der Kosmos; die Natur, die Organismen spielen
Klänge.

Pythagoras war ein Eingeweihter östlicher Traditionen und Weisheiten
und begründete die Schule einer mystischen Philosophie im Westen. Er
sprach von der „Harmonie der Sphären". Und davon, daß jedes Atom
aufgrund seiner Schwingungen und seines Rhythmus einen besonderen
Klang hervorbringt. Alle diese Töne und Schwingungen bilden eine universelle Harmonie, wobei jedes Element seinen eigenen Charakter bei-
behält und zur Einheit des Ganzen beiträgt. Pythagoras kam mit dieser
Deutung der Wirklichkeit laut heutiger Theorie bereits sehr nahe.
Er war der Meinung: „Ein Fels ist zu Stein gewordene Musik."
Pythagoras war auch der erste, der eine Harmoniekonstruktion in der
Musik nach mathematischen Beziehungen errechnete.
Im 16. Jahrhundert stellte dann Agrippa von Nettersheim fest, daß
gesunde Körper nach harmonikalen Gesetzen aufgebaut sind. Er zeich-
nete die Proportionen unseres Körpers in ein Netz aus Kreisen und Drei-
ecken.
Der Musikwissenschaftler Andreas Werckmeister schrieb 1702 in seinem
Buch „Harmonologica Musica", daß *„an eines wohlproportionierten*
Menschen Leibe und Gliedern die musikalischen Proportionen (propor-
tiones musica) zu finden seien."

Nahtlos werden hier zwei völlig unterschiedliche physikalische Phänomene vermengt, nämlich transversale (elektromagnetische) und
longitudinale (akustische) Wellen in völlig verschiedenen Spektral-
bereichen. Die drängende Frage ist deshalb, wie hängt eine longitudinale akustische Schallschwingung, wie wir Musik wahrnehmen,
zusammen mit einer transversalen elektromagnetischen Schwingung, aus der Photonen und Quanten hervorgehen.

Max Planck veröffentlichte 1893 mit dem Titel „Die natürliche Stimmung in der modernen Vokalmusik" eine Abhandlung, in der er in etwa die Antwort gab:

„… aus den diskreten Eigenwerten der Energie ergeben sich nach dem Quantenpostulat bestimmte diskrete Eigenwerte der Schwingungsperiode, ebenso wie bei einer gespannten, an den Enden eingeklemmten Saite, nur daß bei der letzteren die Quantisierung durch einen äußerlichen Umstand, nämlich durch die Länge der Saite, hier dagegen durch das in der Differentialgleichung selber enthaltene Wirkungsquantum bedingt wird."

Tatsächlich gibt es also eine Photonenharmonik und Quantenharmonik, die entsprechend zum Tonraum den Raum der Materie in exakt gleiche Größen teilt. Elektronen schwingen im Raum um den Atomkern in harmonischen Schwingungslängen, die von Atom zu Atom exakt gleich sind, wie die gestrichenen Saite der Violine. Der Spin als Energiegröße ist eine harmonikale Progression, eine Konsonanz.

Man kann annehmen, daß letztlich aus dieser Gesetzmäßigkeit folgende physiologischen Zuordnungen entstehen: Puls, Atmung und Durchblutung gehorchen Oktaven 1:2, Quinten 2:3, Quarten 3:4, Duodezime 1:3 und Doppeloktaven 1:4. Krankheit ist ein Abrücken von der Harmonie der Körperfunktionen.

Wenig bekannt ist, daß Photonen als Kraftüberträger tatsächlich einen Druck auf Körper ausüben, den Lichtdruck. Man kann kleinste Bälle auf einem Laserstrahl balancieren. Diese Methode wird heute sogar angewendet in der sogenannten optischen Levitation. Dabei wird ein Mikropartikel in einem senkrechten Lichtstrahl eingefangen, wie ein Tennisball in einem Wasserstrahl. Man kann dann sehr genau optische Resonanzen studieren. Wird eine optische Resonanz angeregt, dann wird Licht besonders stark gestreut (Ramanstreuung).

Jedes Atom, jedes Molekül beinhaltet nicht nur die Urform der Energie und ihre Abkömmlinge, also auch die elektromagnetischen Schwingungen, sondern alle diese Gebilde schwingen auch im Raum als echte mechanische Schwingungen, als Schall.

Wir sehen also: Schall und Licht haben auch gemeinsame Komponenten.

Der Glaube ist Realitätsschalter und Quantenlöscher

Quantenereignisse beruhen nicht automatisch auf eindeutigen Resultaten, sondern entstehen aus einem breiten Spektrum von Möglichkeiten. Solange man Quanten nicht erlaubt, sich wie Teilchen zu verhalten, kommt Ihnen keine bestimmte Position zu; sie sind räumlich verschmiert, wie Wellen.

Clemens von Alexandria (nach Heraklit):
„Wenn das Unerwartete nicht erwartet wird, wird man es nicht entdecken, da es dann unaufspürbar ist und unzugänglich bleibt."

Teilchen aus dem Nichts

Im physikalischen Vakuum entstehen Teilchen und Antiteilchen aus dem Nichts und verschwinden wieder dahin. Die Lebensspanne eines Teilchens mit der Energie von z.B. ½ Millionen Elektronenvolt beträgt ca. 10^{-20} Sekunden. Um so näher wir uns mit einem „Welcher-Weg-Informations" – Strahl an den virtuellen Teilchenerzeuger herantasten, desto mehr erleben wir 2 Eigenschaften:
a) hoch- und höchstenergetischen Fluktuationen des „leeren Raumes",
b) aus einem punktförmigen System wird ein stringförmiges und bei noch stärkerer Näherung zum Zentrum schließlich ein membranförmiges System mit exzellenten Speichermöglichkeiten für Information.
Welche Konsequenz hat das?
Information allgemein ist als Bewegung, Schwingung, Vibration, Pulsation codiert. Nähern wir uns dem Zentrum der Energie, dann

erfahren wir mehr Dimensionen, komplexere Bewegungen in der Raumzeit, gleichbedeutend mit Informationsdichte.

Eine Frage wird uns später noch ganz besonders beschäftigen: **wann sind „wir" besonders dicht an der Quelle aller Systeme**, also an der Urform und was passiert mit uns innerhalb dieses Ortes? Daß irgend etwas in uns sich überhaupt der Urform der Energie nähern kann, ist eigentlich völlig unmöglich, wenn man sich die Energien ansieht, die dafür notwendig sind. Am Beispiel eines Eiswürfels ist das kurz dargestellt:

Phasenübergänge: Eiswürfel zum Superstring

Angenommen wir führen einem Eiswürfel laufend mehr Energie zu, bei welchen Energien sehen wir die Urform?
Folgende Phasenübergänge lassen sich isolieren:
* Eis schmilzt
* verwandelt sich in Wasser
* Wasser kocht und wird zu Dampf
* schließlich zerfallen Wassermoleküle
* Energie übersteigt Bindungsenergie, Spaltung in elementaren Wasserstoff und Sauerstoff
* Bei 3000 K: Wasserstoff und Sauerstoffmoleküle werden zerrissen
* Elektronen werden vom Kern abgezogen (= Plasma, ionisiertes Gas, wie Sonne)

Bis hierher laufen unsere Erfahrungen an der Erdoberfläche.

* 1 Billion K: Kerne werden zerrissen, Gas aus einzelnen Neutronen und Protonen, (wie Neutronenstern)
* 10 Billionen K: zerfallen der subatomaren Teilchen in einzelne Quarks (= Gas aus Quarks und Leptonen also Elektronen und Neutrinos)
* 1 Billiarde K Vereinigung von elektromagnetischer und schwacher Kernkraft (1. Symmetrie)

- 10^{28} K: GUT- Symmetrien zeigen sich. (GUT gleich G̲rand U̲nified T̲heory von Ende der 70er Jahre)
- 10^{32} K: Gravitation vereinigt sich mit der GUT-Kraft, alle Symmetrien der 10-dimensionalen Superstrings treten zutage (= Gas aus Superstrings, Wurmlöcher tun sich auf, die Raumzeit ist verändert)

Das waren 10 Phasenübergänge.

Je mehr Energie wir dem Eiswürfel zuführen, desto näher kommen wir an die Urform der Energie, die im Eiswürfel steckt.
Selbstverständlich können wir diese Energien nicht in unseren Körper bringen, wir wären sofort verdampft, ionisiert und würden zu Elementen. Aber, was wir bei dieser Überlegung übersehen ist, daß wir diese Energien nicht von außen in den Körper einbringen müssen. **Wir haben diese Energien bereits im Körper; sie stecken in jedem Atom.** Die Frage ist nur: Korrespondieren diese Energien untereinander und werden sie dann festgelegt?

Mystische Quantenphilosophie

Wheeler machte immer wieder deutlich: Quantenphänomene sind undefiniert bis zu dem Moment, wo sie irgendwie gemessen werden, also irgendwie beobachtet werden.
Die Festlegung eines Quantenteilchens beeinflußt sofort ein anderes, eventuell weit entferntes. Dies funktioniert nicht nur im mikroskopischen Bereich, sondern kann sogar unabhängig von Raum und Zeit geschehen, also überall und augenblicklich. Dieser Effekt ist unglaublich, passiert aber ununterbrochen (vergleiche Kapitel „Nichtlokalität als Erklärung").
In der Quantenphilosophie besteht eine gewisse Wahrscheinlichkeit, daß ähnlich unglaubliche, absolut mystische Ereignisse tatsächlich geschehen – wie das „durch eine Mauer gehen", oder „plötzlich in einer fremden Welt sein". Bei großen Objekten werden diese Wahrscheinlichkeiten immer geringer, so auch beim Menschen.

Keine Resonanzmöglichkeit

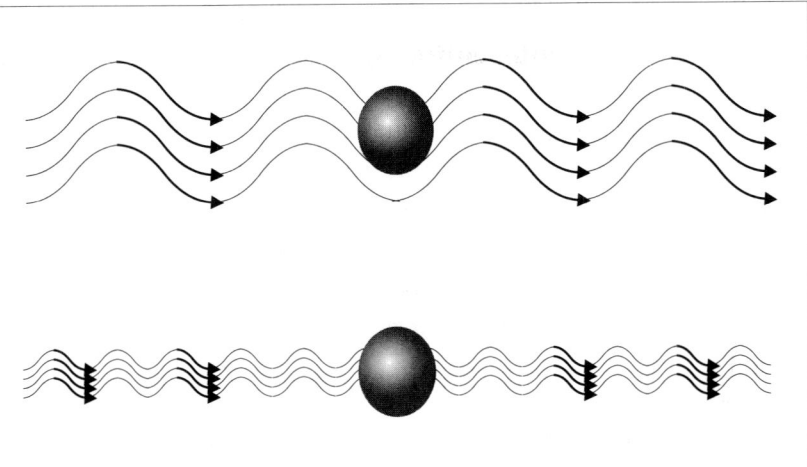

Resonanzbedingung

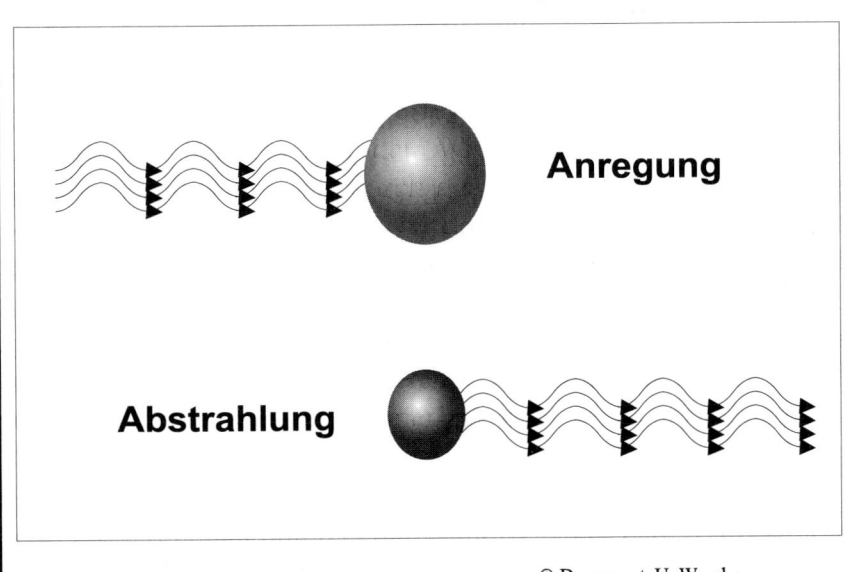

Anregung

Abstrahlung

Daniel Greenberger, City College New York: *„Einstein sagte, daß die Welt, wenn die Quantenmechanik recht habe, verrückt sein müsse. Nun Einstein hatte recht, die Welt ist verrückt."*

Was macht eine Quantenentität, bevor sie beobachtet und damit real geworden ist?

Die Physik sagt, die unbeobachtete Entität existiert in einer kohärenten Überlagerung aller möglichen Zustände, die seine Wellenfunktion zuläßt (nach Erwin Schrödinger 1926).

Aber in dem Augenblick, in dem eine Beobachtung, analog eine Messung, durchgeführt wird, kollabiert die Wellenfunktion mit den vielen Zustandswahrscheinlichkeiten und das System ist gezwungen einen einzigen Zustand anzunehmen, das System ist in die Realität geschaltet worden.

Der englische Theologe und Philosoph George Berkeley (1685–1753) hatte richtig erkannt:
„Sein ist Wahrgenommensein."
Sein heißt in Sanskrit *sat*. Das Sein ist wirklich, also Wahrheit. Das Sanskritwort für Wahrheit ist deshalb *satya*.

Was zeichnet eine Messung, eine Beobachtung aus?

Der Vorgang einer Messung kann unter den verschiedenen Zustandswahrscheinlichkeiten unterscheiden. Das gelingt, weil die Quantenenergie des direkten Meßvorgangs festgelegt ist. Wenn ich also etwas messen will, brauche ich einen Energieaufnehmer, ansonsten bekomme ich keine Wechselwirkung mit meinem Meßobjekt. Dieser Energieaufnehmer liegt entweder in Resonanz mit einem Energiebereich meines Meßobjekts (**Bild 18**) oder die Elektronen meiner Meßapparatur sind in der Lage mit den Elektronen meines Meßobjektes zu kommunizieren.

Aber diese Festlegung der Realität ist nicht alles, was in der seltsamen Welt unserer Quanten passiert. Es wird noch viel verblüffender. Der physikalische Meßvorgang für die Festlegung der Quanten, also der physikalische Realitätsschalter ist nicht einmal notwendig. Und genau diese Tatsache, die sogar meßbar ist, läßt uns aufhorchen.

Die Arbeitsgruppe um Professor Mandel von der Universität Rochester zeigt in ihren Experimenten, daß ein Quant durch weit subtilere Methoden in die Realität springt. Die Ergebnisse der Versuche sind eindeutig und geradezu umwerfend:

Bereits das potentielle Wissen des Beobachters über eine Meßmöglichkeit reicht aus, ein Quant hervorzuzaubern. Die bloße Möglichkeit, daß es aufgrund einer erdachten Methode nun eine Information über einen genauen Quantenweg geben könnte, zwingt das Quant, sich zu outen.

Mandel sagt dazu: *„Der Quantenzustand spiegelt nicht nur das wieder, was wir über das System wissen, sondern was im Prinzip erfahrbar ist."*

Wenn sauber durchgeführte rein physikalische Versuche beweisen, daß ich allein mit einer erdachten Möglichkeit Realität und Kräfte erzeugen kann, dann ist das bereits revolutionär; aber nun drängt eine weitere Frage zur Beantwortung:

Wenn ein Quant Realität und Kräfte erzeugt hat, ist dann dieser Vorgang wieder rückgängig zu machen? Kann also der Zustand der Realität wieder im Meer der Möglichkeiten verschwinden? Sind einmal erhaltene Meßergebnisse umkehrbar?

Seit Bohr wurde das für unmöglich gehalten. Deshalb bezeichnete man seither die Realitätsbildung mit dem Ausdruck „Kollaps der Wellenfunktion".
Zu diesem Problem gibt es aber seit 1983 Ergebnisse von Marlan O. Sully von der Universität Neu-Mexiko in Albuquerque, die außerordentlich frappierend wirken. Einerseits wird bestätigt, daß wellenähnliche Eigenschaften eines elektromagnetischen Phänomens zerstört werden, wenn man Information über das den Wellen inneliegende Quantensystem erhält.
Andererseits aber wurde herausgefunden, daß umgekehrt die Wellenformation wieder auftritt, wenn die Information verschwindet; dies ist gleichbedeutend mit Quantenauslöschen.

Die Arbeitsgruppe um Raymond Y. Chiao an der Universität von Kalifornien in Berkeley zeigt ebenfalls Experimente zu derartigen Quanten-Auslöschern. Sie konnten durch gut durchdachte Versuche Wellen zum Kollabieren bringen und Quanten präsentieren und danach durch kleine Versuchsänderungen den Vorgang rückgängig machen und die kollabierte Wellenfunktion wiederherstellen. Dies alles dadurch, daß Wege der Strahlungsquanten identifizierbar wurden und diese Identifizierung dann wieder gelöscht wird. Man nennt das in der Physik heute: Die „Welcher-Weg-Information". Wir haben diese Bezeichnung schon mehrfach verwendet, ohne sie erklärt zu haben.

Die „Welcher-Weg-Information" muß auch in unseren Körpern eine ganz entscheidende Rolle spielen, wie sonst wären Veränderungen der Funktion möglich.

Egal, was ich betrachte, es nimmt alles seinen Ausgang in der Quantenwelt.

Glaube verwendet Bewußtsein als „Welcher-Weg-Information"

Glaube ist eine Einheit aus Gefühl und Wille. Gefühle gehören dem Unterbewußtsein und Wille dem Bewußtsein an. Glaube verwendet zu seiner Realisierung deshalb Unterbewußtsein und Bewußtsein zusammen (**Bild 19**).

Die in den positiven Glauben investierten Gefühle sind Hoffnung, Zuversicht und Vertrauen. In unserem Bewußtsein drückt sich dieser Glaube als eine Gewißheit aus. Körpereigenes wahres Wissen wird zum Gewahrsein.

Bild 19 Glaube ist deshalb eine so starke Kraft in uns, weil beide, das Bewußtsein (über den Willen individuell) und das Unterbewußtsein (über das Gefühl archetypisch) zum Einsatz kommen.

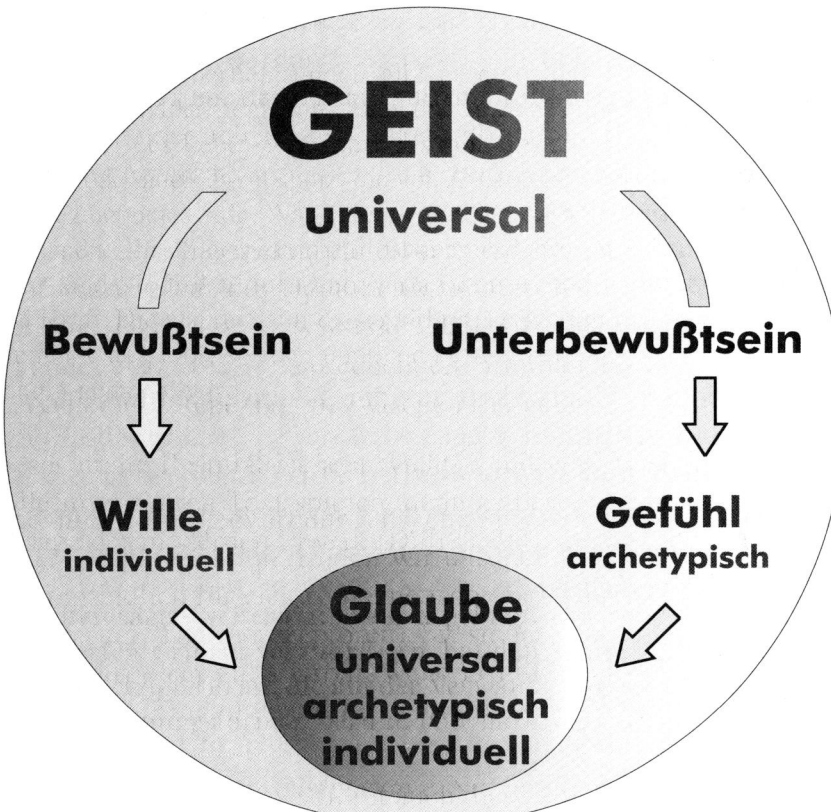

Bild 19

Weg zum Glauben

GEIST
universal

Bewußtsein   Unterbewußtsein

Wille
individuell

Gefühl
archetypisch

Glaube
universal
archetypisch
individuell

Körpereigenes Wissen ist eher der Intuition und dem Unterbewußtsein zuzuordnen im Gegensatz zum intellektuellen Wissen, daß vom Bewußtsein aufgebaut wird. Aber – wir sagten es bereits, beides zusammen vereinigt sich im Glauben.

Der Nobelpreisträger Schrödinger beschrieb in einem Aufsatz seine Wellenfunktion als „Wissen" und meinte, daß die „Reduktion der Wellenfunktion durch Beobachtung" (wir nennen es Kollabierung) die Änderung unseres Wissens bewirkt.

Wir wollen im Kontext des bisher gesagten also behaupten: Unsere Bewußtseinsstufen sind die „Welcher-Weg-Information". Welche Indizien für die Richtigkeit der Behauptung bieten sich an?

Für Descartes gab es eine denkende Substanz des Bewußtseins, die res cognitans, die sich selbst kennt.

Wiederholen wir noch einmal das Erstaunlichste an den oben erwähnten experimentellen Ergebnissen:

Bei der bloßen Möglichkeit meiner Kenntnisnahme des von einem Quant gewählten Weges wird die wellenähnliche Eigenschaft zerstört und Kräfte werden übertragen. Geht mir die Möglichkeit dieser Kenntnis erneut verloren, erneuert sich die interferierende Welle wieder und das Quant mit seiner Kraftübertragung verschwindet.

Alle Quanten, auch alle Elektronen verstecken sich in einem seltsamen Feld, in einer Pilotwelle (wir sprachen bisher von der Wellenfunktion von Schrödinger), solange sich ihnen nichts in den Weg stellt oder – und nun müssen wir das Prinzip erweitern – solange das Wissen bzw. das potentielle Wissen, was sich durch „Welcher-Weg-Information" in den Weg stellen kann, nicht vorhanden ist.

Dieses seltsame Feld ist ursprünglich eine Überlagerung aller möglichen Zustände. Einerseits ist schon länger bekannt: Je dichter die Beobachtungsposten, je dichter also Atome und Moleküle (Materie), desto eher konvergiert das System zu einem definierten Zustand und zerfällt wieder, wenn sich der Beobachter abwendet.

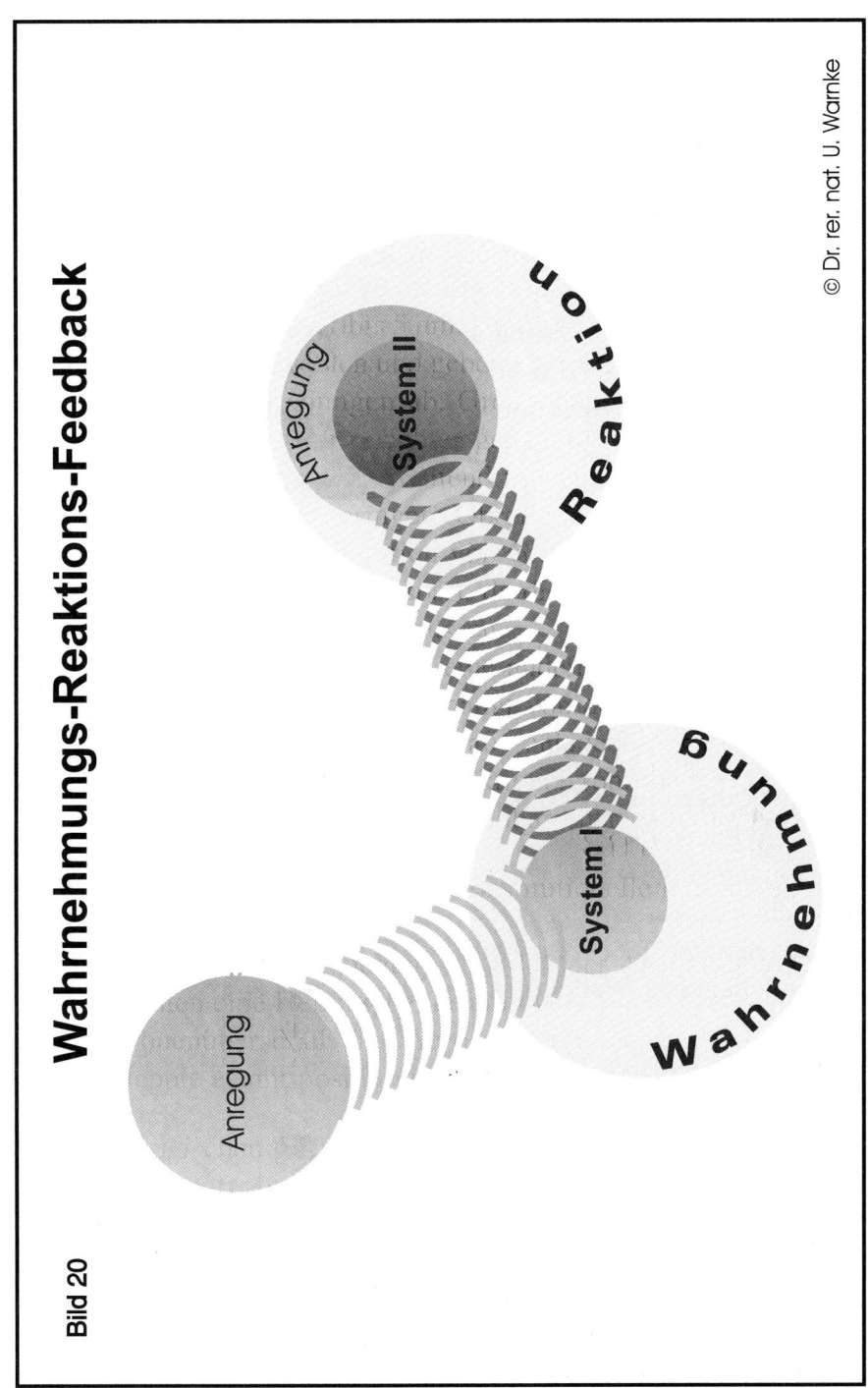

Wahrnehmungs-Reaktions-Feedback

Bild 20

Andererseits wird nun immer deutlicher: allein das systemeigene Wissen um einen potentiellen Weg läßt das System in einen definierten Zustand rutschen.

Der Organismus mit seinem Körper ist ein System. Systemeigenes Wissen ist deshalb auch körpereigenes Wissen. Für uns Menschen ist körpereigenes Wissen aber identisch mit Glauben. Wenn wir etwas glauben, verhalten wir uns so, als ob wir es wissen.

Das aber heißt: der Glaube schafft Realität durch Kräfte. Und die Auslöschung des Glaubens schafft erneute undefinierte Wellenfunktion (verschwommene Feldzustände).

Wie kann der Glaube mit Hilfe des Bewußtseins das Quantensystem steuern?

Die Urform der Energie ist als absolute Energie nicht veränderbar. Sie ist gleichsam das Zentrum, der Kern von allem Geschehen und aller Masse und Materie. Variabel ist die Entfernung zum Zentrum, und damit ändern sich Kräfte und Information. Was also für uns erfahrbar ist, sind Kräfte im Vakuum, die jeweils bestimmte Größen, Überlagerungen und Modulationen ergeben.

Wie sieht das konkret aus?

Eine Quantenenergie oder Kraft ist für die reale Welt, also auch für uns nicht existent, solange nicht eine Beziehung vorhanden ist. Wir wissen bereits: jede Beziehung läßt die der Elementarenergie zugrundeliegende Wellenfunktion kollabieren und schafft dadurch Realität.

Ein Elektron existiert nicht, bis sich etwas in den Weg stellt.

Eine Beziehung beinhaltet ein Ziel.

Damit eine Beziehung existiert, muß das Ziel selbst in seinem Energiegehalt mit einer vorher potentiellen Energiequelle übereinstimmen, ansonsten kommt es nicht zur Kraftübertragung. **Bild 20.**

Da das gesamte Vakuum voll von potentiellen Energie ist mit beliebig vielen Quellen, wird jedes Ziel letztlich akzeptierbar sein, falls es als solches erkannt wird.

Wir haben bereits mehrfach dargestellt, daß die Energiegröße, die mit einem Ziel in Beziehung tritt, abhängig von der Nähe zum Zentrum einer Quelle ist. Je näher man an das Zentrum der Quelle kommt, desto höher steigt die erreichbare wechselwirkende Energiequantität. (**Bild 12**).

Für unseren Organismus und für die uns bekannte Welt ist eine ganz bestimmte Bandbreite von Entfernungen vom Zentrum der Quelle bestimmend. Die organisierenden Quanten werden deshalb ebenfalls genau diese Entfernungen einhalten. Dadurch entsteht gleichermaßen Stabilität und Modulation des Geschehens.

Das DNA-Gedächtnis baut uns Menschen und andere Organismen so auf, daß Abstände und Räume, also ein bestimmtes Maß an Distanz für den Informationstransfer bevorzugt wird.

Die Auswahl der Ziele, die über Bewußtseinsformen vom Geist gesteuert werden, geschieht über das Jonglieren der Abstände von den Zentren, die der Beziehung von Quelle und Ziel adäquat sind.

D.h. wenn mein Bewußtsein ein Ziel ausmacht, dann ist damit erst einmal ein bestimmter Raum definiert und – da die Verschränkung auch in der Zeitachse existiert – ist sogar die Raumzeit betroffen. Die Bewußtseinsform, die auf diese Weise tätig ist, wäre nicht „Welcher-Weg-Information", wenn nicht eine Resonanz auf festgelegte Entfernung gekoppelt wäre.

Je näher die Beziehung an der Urform der Energie festmacht, desto größer ist der Krafttransfer, desto höher ist die Frequenz, desto mehr Dimensionen sind eingebunden, also desto machtvoller ist der Informationsaustausch.

Genau diesen Zustand haben die Alten Weisen angestrebt und nannten es bei größter Nähe „die Erleuchtung".

Für das Prinzip der Festlegung der Energiegröße aus einer „Alle Möglichkeiten" Grundform gibt es weitere Beispiele.

Das, was wir bisher Elektron nannten, ist eine derartige Energiegröße. Die Energie des Elektrons ist über seine Bewegungsenergie bestimmt.

Bewegungsenergie	Geschwindigkeit
0,01 eV	59 km/sec
0,1 eV	188 km/sec
1 eV	593 km/sec
10 eV	1 876 km/sec
100 eV	5 931 km/sec
1 000 eV	18 728 km/sec
10 000 eV	58 456 km/sec
100 000 eV	164 354 km/sec
1 000 000 eV	282 130 km/sec
10 000 000 eV	299 438 km/sec
100 000 000 eV	299 789 km/sec
1 000 000 000 eV	299 793 km/sec

Man sieht sehr schön, wie die Auswahl der Festlegung der Energie direkt mit der Geschwindigkeit zusammenfällt. Bei 1 GeV (1 000 000 000 eV) hat ein Elektron fast Lichtgeschwindigkeit. Da mit der jeweiligen Energie sich auch die Frequenz der zugehörigen Welle ändert, müßte man hier eigentlich nicht von dem Elektron sprechen, sondern jedem Elektron mit verschiedener Energie eine eigene Namenszuweisung geben.

Ganz analog dürfte man auch nicht von dem Bewußtsein sprechen, sondern müßte jeder „Welcher-Weg-Information" ein eigenes Bewußtsein zuordnen, da alle verschiedene Energien tragen.
Woher kommt die Geschwindigkeit der Elektronen? Sie kommt von anderen Elektronen übermittelt von Photonen, also von Kräften aus Feldern. Damit Elektronen auf Geschwindigkeit kommen, müssen sie von außen mit einer entsprechenden Kraft angestoßen werden. Kräfte für Elektronen werden von Photonen übertragen. Das bedeutet Photonen müssen die Energie mitbringen, die dem Elektron als Anstoß dient.

Bewußtsein und Unterbewußtsein erzeugen die Fähigkeit, Beziehungen immer wieder neu zu knüpfen und zu nutzen

Wille setzt Beziehung und baut die Brücke

Im Unterbewußtsein: Gefühle

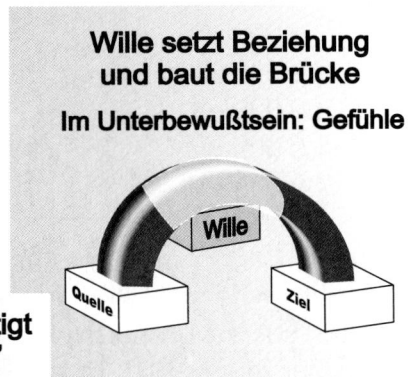

Glaube verknüpft und verfestigt Quelle und Ziel "dauerhaft"

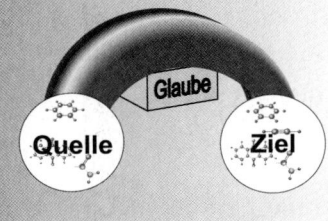

Gedanken (Erfahrung, Vorstellung) bewirken Spin- und Konformationsänderungen

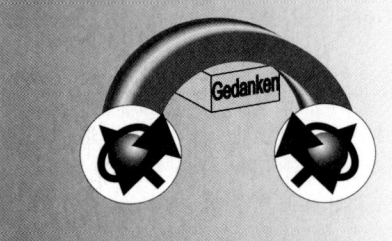

Bei diesem Vorgang gibt es eine interessante Regelmäßigkeit, die mit dem Massenzuwachs des Elektrons mit ansteigender Bewegungsenergie zusammenhängt.

Mit steigender Energie der Photonen erhält das Elektron kontinuierlich mehr dieser Photonenenergie zur direkten eigenen Verwendung.

Photonenenergie	davon wird dem Elektron gegeben
100 eV	0,04 %
1 000 eV	0,4 %
10 000 eV	3,8 %
100 000 eV	28,1 %
1 000 000 eV	79,6 %
10 000 000 eV	97,5 %

Je größer die Energie, auf die ein Elektron festgelegt wird, desto mehr von dieser Energie wird durch das Elektron selbst gehändelt. Mit höherer Energie kommen wir als Elektron näher an das Zentrum. Je näher unsere Elektronen (wir) also dem Kern aller Dinge kommen, desto mehr sind unsere Elektronen (wir) Herr aller Dinge, denn der Kern (die Urmembran) ist die oberste Instanz.

So könnte man das Phänomen interpretieren und so sagen auch die Alten Weisen.

So wie die Energie des Elektrons erst einmal nicht festliegt, sondern „Alle Möglichkeiten" besitzt, und so, wie eine Energiegröße schließlich durch die Umgebung festgelegt wird, so kann man sich analog vorstellen, wie unser Bewußtsein Energiegrößen festlegt.

Das Bewußtsein wäre demnach eine Energieentität, die aus der Erfahrung geprägt ist. Diese Entität legt dann über die „Welcher-Weg-Information" eine Energie aus dem Spektrum „Alle Möglichkeiten" fest und schafft damit meine Realität. Die Erfahrung ist identisch mit dem Jonglieren von Distanzen zum Zentrum und der Speicherung der Distanzfestlegung, was ein Maß der angetroffenen Energiegröße ist. **Bild 21.**

Wirksamer Glaube stabilisiert sich
durch Erfahrung

Wahrer Glaube als Einheit von Gefühl und Wille verwendet Bewußtsein und Unterbewußtsein gleichzeitig als Vollstrecker der Realität, kontrolliert durch die Erfahrung. Das mir bewußte Moment davon ist Gewißheit, ein Gewahrsein.

Unsere Erfahrungen sind ein Ebenbild unseres Bewußtseins, da unser Bewußtsein Quellen und Ziele setzt. Der Weg zwischen Quelle und Ziel ist die Erfahrung.

Habe ich das Ziel erreicht, ist Erfahrung bereits erledigt. Also ist Erfahrung das Gelernte in der Vergangenheit für die Zukunft.

Wer bestimmte Erfahrungen nicht hat, dem bleibt diese Welt verschlossen.

Glaube, kontrolliert durch Erfahrung, bestimmt mein alltägliches Leben. Wenn ich morgens aus dem Bett steige, geschieht dies nur dadurch, weil ich glaube, daß ich es kann. Jede weitere Handlung, Morgentoilette, Anziehen, Frühstück einnehmen, Auto fahren, usw. sind wiederum alles glaubengesteuerte Aktivitäten.

Wenn ich glaube, ich kann etwas nicht, funktioniert es auch nicht. Mit anderen Worten: die Macht des Glaubens ist tägliche Erfahrung. Erfahrung ist wiederum wirksames Regulativ des Glaubens. Der Glaube im Tagesbewußtsein kontrolliert seine Aktionen mit Hilfe der Erfahrungen, die aufgrund der Wechselwirkung von Energien im Körper und von Umweltenergien mit dem Körper gesammelt worden sind.

Wenn ich also glaube, über einen Bach springen zu können, dann klappt das durch meine Erfahrung.

Wenn ich glaube ich wäre ein Vogel und könnte fliegen, dann ist das mit meinen Erfahrungen im Tagesbewußtsein nicht kompatibel und ich lasse es lieber.

Ist mein Bewußtsein aber verschoben oder transformiert, z.B. durch LSD u.a. Drogen, so kann die Erfahrungskompatibilität ausgeschaltet werden. Im Traumbewußtsein ist dies regelmäßig der Fall, und das weiß meine innere weise Funktionsautomatik, denn sie entkoppelt im Traum die Skelettmuskulatur von der Gehirnansteuerung.

Wir leben und steuern uns selbst durch unseren Glauben im Rahmen der Erfahrung.

Der für mich in meiner Materie wirksame Glaube und meine tägliche Erfahrung sind eine untrennbare Einheit. Genauso sind meine angeborenen Gefühle und die archetypischen Erfahrungen meiner Vorfahren eine untrennbare Einheit.

Stimmt der Glaube nicht mit der Erfahrung überein, wird er als pures Gedankenspiel machtlos und ein Aberglaube. Im Zustand des Tagesbewußtseins wird mein Glaube regelmäßig durch meine alltägliche Erfahrung neu geeicht und korrigiert. Erst diese Art der Triggerung ergibt das für die Wirkung des Glauben notwendige Maß an Vertrauen. Mit diesem Vertrauen entsteht die Gewißheit. Glaube wird zu körpereigenem Wissen. Und nun erst kann Glaube Materie verändern, in der Art und Weise wie wir es im vorherigen Kapitel versucht haben modellhaft zu erklären.

Buddha: „*Wer Ohren hat zu hören, glaube!*" und „*Laßt Eurem Glauben, Eurem Vertrauen, freien Lauf*".
Das gläubige Vertrauen (*saddha*) wurde – laut Tradition – eingesetzt um innere Verbindungen (Hemmungen) neu zu gestalten und dadurch Wahrheiten (Realitäten) zu erleben. Ewige Wahrheiten gibt es nicht. Wahrheiten sind dauernd im Wandel, werden vom Individuum dauernd neu geformt und müssen deshalb dauernd neu entdeckt und erlebt werden, so sagen die alten Weisheiten.

Wie wahr stimmt dies mit heutiger Erkenntnis überein. Innere Kräfte sind bereits vorhandene Verbindungen durch Quantenbildung, die durchaus Hemmungen darstellen können für neue Zustände. Neue Zustände sind Realitäten und als solche Wahrheiten, die jederzeit wieder gelöscht werden können durch neue Erfahrungen, neuen Glauben, neue Gefühle, neue Moleküle.
Die fehlenden Erfahrungen der Kleinstkinder werden durch sehr viel REM-Schlaf (Traumschlaf) ersetzt. Erfahrung ist materiebeeinflussend, da Synapsen-Verbindungen neu entstehen. Die Bahnung, das Lernen, die Konditionierung unterliegen diesem Prinzip.

Übersicht 1

Geist ist etwas, das sehr subtil hinter allem steht; besser: allem zugrunde liegt – ein universelles Ursystem (in der Physik entspricht das der Urform der Energie der Membran und dem String)

Seele sind die Organe, die vom Geist „durchdrungen" sind, also geistig belebt werden

Psyche ist die Ursache jeden Verhaltens, gesteuert von Geist, Glaube, Bewußtsein und Gefühl

Bewußtsein ist die Fokussteuerung zum Anvisieren und Erreichen von Zielen und Beziehungen, als „Welcher-Weg-Information" veranlaßt durch den Geist.
(was ich mit dem Bewußtsein nicht ansteuere, existiert nicht)

Erfahrung ist das bewußte Erleben (Entitätsprägung) eines Weges zum Geschehen und die Rückmeldung; dies ist das Regulativ des Glaubens

Glauben ist der Zusammenschluß von individuellem Willen und archetypischen Gefühl, kontrolliert durch die Erfahrung

Gefühl ist die überlieferte Erfahrung (Entitätsprägung) unserer Vorfahren

101

So wie niedere (primitivere) Organismen als Baumaterial für höherentwickelte (differenziertere) Organismen dienen, in gleicher Weise dienen die gesammelten und aufgespeicherten Erfahrungen des Unterbewußtseins und der automatischen Funktionen der verschiedenen Körperorgane den höheren Zwecken und dem freien Wirken des Geistes. Physische Kontinuität ist das Kennzeichen der niedrigen Organismen. Sie fesselt den Organismus an die starren Gesetze der Materie und die Diktate der einmal geschaffenen Formtendenzen oder Mustervorlagen. Ganz anders bei der Wirkung des Bewußtseins; die Materie wird moduliert.

Dieser Vorgang ergibt neue Erfahrung, neues Erlebnis, neuen Eindruck. Damit erweitert sich die Struktur unserer Psyche. Die Steuerung der Materie durch die Psyche wird vielfältiger, differenzierter, eventuell komplizierter. Ich werde ein anderer Mensch.

Mein Bewußtsein erlebt je nach dem Grad seiner Veränderung, seiner Entwicklung eine andere Welt und damit eine andere Wirklichkeit. Diese Welt können andere Menschen nur erleben, wenn sie durch Erfahrung gleiche Bewußtseinszustände erworben haben.

Durch das Erkennen des inneren Wachstums kommt eine wichtige Dimension in unsere Psyche – die Zeit. Jedes Erlebnis beruht auf Verknüpfungen der Vergangenheit und bereitet die Zukunft vor. Der „historische Gegenwartswert" (Govinda) ist Teil meiner Psyche. **Ich bin das, was ich aus mir mache.**

Mein Glaube (zusammengesetzt aus Gefühl und Wille, also zusammengesetzt aus Unterbewußtsein und Bewußtsein, getriggert durch meine individuelle Erfahrung) hat die Fähigkeit die unendlichen Möglichkeiten in meinem Körpervakuum auf eine Energie festzulegen und somit Bildekräfte freizusetzen. **Damit differenziert und objektiviert Glaube die Energie zur makroskopisch materiell sichtbaren Erscheinung.** Die vom Glauben gesteuerte **Energie verkörpert sich.** Das, was unser Körper momentan darstellt, ist sowohl das Ergebnis vergangener Glaubens- und Bewußtseinszustände, als auch der Ausdruck aktuellen Glaubens.

Blinder Glaube ergibt keinen Sinn, da die vorausgehende Ursache keine Realität hat.

Echter Glaube bedeutet für den ganzen Körper innere Gewißheit, da die Erfahrung nicht widerspricht. So entsteht Wahrheit und Fortschritt in meiner Welt.

Buddha sagte: „Laßt eurem Glauben, eurem Vertrauen freien Lauf und öffnet euch der Wahrheit."

Heilkraft und Glaube sind die Pole der gleichen Kraft.

Viel-Welten, Viel-Historien, Viel-Bewußtsein

Da sich bei jeder Messung für das gemessene Quant aus einer Unzahl von Quantenenergie-Möglichkeiten, die in seiner Wellenfunktion stecken, eine definierte Energie herauskristallisiert, sprach Hugh Everett aus der Universität Princeton 1957 bereits von der Vielwelten-Interpretation. Wir können nach dieser Theorie aus den vielen möglichen Ergebnissen, aus den vielen möglichen Welten, immer nur eine einzige feststellen.

Die Viel-Welten-Theorie wurde von John Wheeler zu ihrer heutigen Form entwickelt. Die Theorie besagt, daß ein System, wenn es auf der Quantenebene in die Realität gebracht wird, notwendiger Weise in ungeheuer viele Welten zerfallen kann, wenn jede nur mögliche Wahl getroffen wird.

Die Idee wurde wieder aufgegriffen und modifiziert als **Viel-Historien-Interpretation** von Murray Gell-Mann (Nobelpreis 1996) vom California Institute of Technology in Pasadena zusammen mit James B. Hartle von der Universität von Kalifornien in Santa Barbara. Demnach sind Historien keine physikalischen Gegebenheiten, sondern eher Möglichkeiten.

Aber spannend wird die Idee, wenn man sich analog an die **Viel-Bewußtseins-Hypothese** heranwagt, wie sie von David Z. Albert von der Columbia Universität in New York und von Barry Loewer von der Rutgers Universität in New Brunswick, New Jersey propagiert wird. Hier plötzlich springt das physikalische System ins philosophische Terrain. Tatsächlich sind beide Verfechter der Idee Physiker und Philosophen.

Der Inhalt der Idee der Viel-Bewußtseins-Hypothese erschreckt uns keinesfalls. Die Forscher sagen, was wir eigentlich schon immer ahnten: **Jedes empfindungsfähige physikalische System, also jeder Beobachter hat nicht nur ein Bewußtsein, sondern ist mit unendlich vielen Bewußtseinszuständen assoziiert,** die bei jeder Quantenmessung – und die findet bei jedem Bewußtseinsablauf statt – immer neue Ergebnisse liefert. Die vielen Wahlmöglichkeiten, die die Schrödingersche Wellenfunktion erlaubt, entspricht den vielen Erfahrungen, die wir immerfort machen.

Der große Quantenkenner John A. Wheeler bringt es auf den Punkt: er meint, die wichtigste Lehre, die wir aus der Quantenmechanik ziehen können, ist die, daß physikalische Phänomene durch die Fragen, die wir nach ihnen stellen, definiert sind.

„Das ist ein partizipatorisches Universum" sagt er.

Wenn wir auf unsere Fragen Antworten erhalten, dann ist das Information. Die Grundlage der Realität ist also in unterster Instanz das Quant als Information, das Bit als grundlegende Informationseinheit.

Wheeler erfand ein schönes Wortspiel dafür: *„the it from bit"*.

Hier tun sich neue Welten auf. Im Fokus steht plötzlich nicht mehr nur die Quantentheorie, sondern auch die Informationstheorie.

Wir gingen bisher davon aus, daß Information allein dem logisch denkenden Intellekt zugehörig ist. Wenn man aber die Wirkung der „Welcher-Weg-Information" in das Körpergeschehen einbezieht, dann ist Glaube, zusammengesetzt aus Gefühl und Wille, ebenso Information für den Körper, körpereigene Information.

Form und Struktur als Klang und Rhythmus, Gefühl als Beurteilung aufgrund archaischer Erfahrung, Idee unter Verwendung von Glauben (Wissen und alltägliche Erfahrung) und Wille, sind die Prinzipien der geistig-psychischen Funktion zur Beeinflussung meiner Materie, die wir als Realität und Wahrheit ansehen.

Diese Prinzipien erwecken, verstärken, lösen und wandeln die Wege für Kräfte im Vakuum meines Körpers.

Urform der Energie ist identisch mit Universellem Geist

Wenn wir die oben beschriebene Urform der Energie gleichsetzen mit dem Universellen Geist, dann passiert etwas ganz Erstaunliches. Plötzlich lassen sich ganze Kaskaden von Parallelen aufzeigen zwischen der modernen Physik und alten Überlieferungen, die die Welt und den Menschen erklären.

Zweifellos baut die Urform der Energie alles Existierende auf, das Universum mit seinem gesamten Inhalt. **Bild 22.**

Früheste buddhistische Schriften bezeichnen den Geist als den Vorläufer aller Dinge (Pali: *mano pubbangama dhamma*) und damit die conditio sine qua non alles Existierenden.

Der erste Vers des buddhistischen Pali-Kanons sagt: *„Vom Geist geh'n die Dinge aus, sind geistgeschaffen, geistgeführt"*.

David Bohm:

„Der Geist könnte eine Struktur haben, die der des Universums gleicht, und in der zugrunde liegenden Bewegung, die wir „leeren Raum" nennen, findet sich tatsächlich ungeheure Energie. Die spezifischen Formen, die im Geist erscheinen, könnte man mit Partikeln vergleichen und zum Grund des Geistes zu gelangen könnte dann der Wahrnehmung von Licht gleichen."

Materie – die Mutter

Die Welt der Materie – so auch unser Körper – ist aus heutiger Sicht ein unbegreiflich komplexer Ozean unaufhörlich kollabierender und neu sich bildender wellenähnlicher Felder und Teilchen, die sich primär als Pilotfelder durchdringen, ohne sich gegenseitig zu beeinflussen. Nur die Felder, die sekundär entstehen, überlagern sich und bilden quasi Knoten, die Strukturen ergeben. Der Mensch ist ein fließendes Feld von sich durchdringenden und gegenseitig beeinflussenden Kräften, woraus Form, Struktur, Figur, Maß, und Farbe entsteht.

Diese Kräfte werden in der Evolution geordnet und gesetzmäßig angewendet (*Maya Shakti*). **Bild 23**.

Im Buddhismus ist Materie noch die mater – die Mutter, die die geistigen Kräfte des Universums beherbergt, quasi ein Akkumulator geistiger Kräfte. Gleichzeitig ist Materie die Mutter aller dinglichen Erscheinungen. In den Erscheinungen der Dinge steckt latente Energie, eine magische Substanz, die das Wissen der Vergangenheit besitzt und mit potentiellen Kräften beladen, ausstrahlt und die Umgebung nach dem Prinzip „Gleiches erkennt Gleiches" beeinflußt.

Die materielle Welt, wie der Stern und sein Kosmos, der Stein und seine Berge, das Wasser und seine Wolken, die Zelle und ihre Lebewesen – wie es so schön geschrieben steht – sie alle bestehen aus der Urform der Energie, und das ist der Universelle Geist. Da der Geist als die Urform der Energie alle Materie aufbaut, also auch in aller Materie steckt, deshalb gibt es keinen essentiellen Unterschied zwischen Geist und Materie.

Max Planck

„Als Physiker, also als Mann, der sein ganzes Leben der nüchternen Wissenschaft, der Erfassung der Materie diente, bin ich sicher von dem Verdacht frei, für einen Schwarmgeist gehalten zu werden. Und so sage ich nach meinen Erforschungen des Atoms folgendes: Es gibt keine Materie an sich! Alle Materie entsteht und besteht nur durch eine Kraft, welche die Atomteilchen in Schwankung bringt und sie zum winzigsten Sonnensystem des Atoms zusammenhält. Da es im ganzen Weltall aber weder eine intelligente, noch eine ewige (abstrakte) Kraft gibt – es ist der Menschheit nie gelungen, das heiß ersehnte Perpetuum mobile zu erfinden – so müssen wir hinter dieser Kraft einen

Urmembran als
absoluter Grundbaustein

Urenergie

Planet

 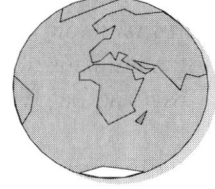

**freie und
festgelegte
Strahlung**

Sonne

**viel freie
Strahlung**

Organismus

 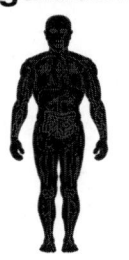

**viel
festgelegte
Strahlung**

© Dr. rer. nat. U. Warnke

bewußten, intelligenten Geist annehmen. Dieser Geist ist der Urgrund aller Materie. Nicht die sichtbare, aber vergängliche Materie ist das Reale, Wahre, Wirkliche (denn die Materie bestünde, wie wir es gesehen haben, ohne diesen Geist überhaupt nicht!), sondern der unsichtbare, unsterbliche Geist ist das Wahre. Da es aber Geist an sich nicht geben kann, und jeder Geist einem Wesen zugehört, so müssen wir zwingend Geistwesen annehmen. Da aber auch Geistwesen nicht an sich sein können, sondern geschaffen sein müssen, so scheue ich mich nicht, diesen geheimnisvollen Schöpfer ebenso zu nennen, wie ihn alle Kulturvölker der Erde früherer Jahrtausende genannt haben: Gott!"

D. H. Lawrence sagt: *Es gibt keinen Gott, keine Vorstellung eines Gottes. Alles ist Gott.*
Und weiter sagt er: *...die gesamte Bemühung im Leben des Menschen war darauf gerichtet, sein Leben in Verbindung zu bringen mit dem elementaren Leben des Kosmos, dem Leben der Berge, der Wolken, des Donners, der Luft, der Erde und der Sonne, um Energie, Macht und eine Art geheimnisvoller Freude zu gewinnen. Diese Bemühungen um reinen, unverhüllten Kontakt, ohne Vermittler oder Mittler, ist der Ursinn von Religion.*

In der buddhistischen Philosophie und Psychologie werden (z.B. in den 11 Qualitäten von *rupa*) immer wieder Beziehungen zwischen Elementen, Formen, Farben, Weltenebenen und verschiedenen Bewußtseinsstufen aufgezeigt. Daraus mag sich die Bedeutung der Amulette und heiligen Gegenstände wie Reliquien ableiten. Wird geistig-bewußte Kraft auf die Materie konzentriert, immer und immer wieder, dann reichert sie sich in der Materie an.

Maya

Maya kann in subjektiver mikrokosmischer Projektion wiedergegeben werden. Es ist die psychisch-kosmische Macht der Unwissenheit und Täuschung, die Illusion.
Die Unwissenheit entsteht nach vedantischer Lehre durch *adhyaropa* „Überlagerung".

Bild 23

Verdichtung von Kraftfeldern
(Photonengewitter)
Weg zur Materie

**Verursacher
Auswirkungen**

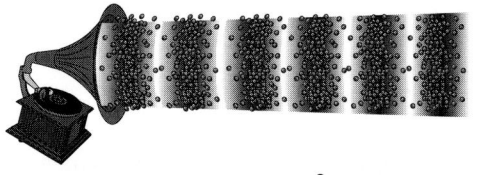

Druck / elektro-
magnetische Kraft

Druck / elektro-
magnetische Kraft
u.a.

Druck / elektro-
magnetische Kraft
Gravitation / Schwerkraft
Zentrifugalkraft

Druck / elektro-
magnetische Kraft
Gravitation / Schwerkraft
Zentrifugalkraft
DNA / Geist

© Dr. rer. nat. U. Warnke

109

Tatsächlich ist unser subjektives Wissen ein Glaubensmoment durch Überlagerung von Wille, Gefühl, Erfahrung und deshalb objektiv Unwissenheit. Für unser Menschleben hat es sich dennoch wohl bewährt.

Maya bedeutet von objektiver makroskopischer Seite die schöpferische Macht (identisch mit *shakti*), feinstofflich, jenseits aller Wahrnehmung, das ganze Weltall, das raum-zeitliche Sein hervorbringend (Vivekacudamani, Vers 20).

Die Philosophie in uns

Was den Geist betrifft, da hat die moderne Naturwissenschaft nicht viel zu bieten. Es ist durchaus sinnvoll, sich in diesem Bereich alten Überlieferungen anzuvertrauen. Sie sind erstaunlich plausibel.

Früheste buddhistische Schriften bezeichnen den Geist als den Vorläufer aller Dinge und die Grundessenz alles Existierenden. Wir haben bereits festgestellt, daß diese Aussage richtig ist, wenn wir den Geist mit der Urform der Energie gleichsetzen. Das gibt uns Mut, auch die weiteren Aussagen aus uralten Zeiten anzuführen.
Die Überlieferung sagt: Nachdem die Urspaltung aufgetreten ist (offensichtlich der Urknall), besteht eine Spannung, die ausgeglichen werden muß (die Urform der Energie kondensiert sich in viele Einzelteilchen und Kräfte). Der „göttliche" (Universelle) Geist entwickelt deshalb weitere Aktivitäten, es wird eine Kettenreaktion von Bewegungen in Gang gesetzt (was wir Schöpfung nennen). Der Tantrismus beschreibt „die Schöpfung als Illusion" durch eine Aufeinanderfolge von 36 Emanationsebenen (die Emanationen der Urform der Energie gibt es tatsächlich), den *tattvas* mit den 3 Klassen rein (*suddha*), rein-unrein (*suddhasuddha*), und unrein (*asuddha*), die von der absoluten Einheit (*para-samvit*) (das ist die Urform der Energie) bis zur Materie (*prthivi*) reichen. Die Erscheinungen werden durch stufenweise Entfaltung der Einheit erreicht (Untereinheiten der Urform der Energie, die wir subatomare Teilchen nennen). Geist, Natur und Materie sind verwandt.
Geist formt Materie nach seinem Bild. Die Natur ist durch geistige Betrachtung ins Dasein getreten.

Das Modell der Körperfunktions-Beeinflussung durch die Psyche

- Jedes subatomare Teilchen ist gekoppelt an die Urform der Energie.
- Jede Urform baut um sich herum ein Pilotfeld auf.
- Jedes Pilotfeld enthält eine Wellenfunktion mit „allen Frequenz-Möglichkeiten".
- Jeder Schwingungsfrequenz innerhalb „allen Möglichkeiten" entspricht eine Quanten-Energiegröße.
- Die Urform gibt virtuelle Quanten aus, die verschiedene Größen, verschiedene Reichweiten und Abgabezeiten haben. Die niedrigste Quantenenergie hat die größte Reichweite. Diese virtuelle Quanten können als Kräfte festgelegt werden.
- In unserem Körper sind Quantenenergien (subatomare Teilchen) unter Kontrolle; sie sind eingebunden in Materie-Molekül-Kopplungen. Das bedeutet, daß alle derart betroffenen Teilchen resonant angeregt sind und dadurch eine Frequenz festgelegt ist, die sich als Quanten-Kraftbrücke auswirkt.
- Alle Quanten-Kraftbrücken sind pulsierend etabliert.
- In den Pulspausen haben Urformen Gelegenheit, ihr Pilotfeld mit der Wellenfunktion „aller Möglichkeiten" zu präsentieren.
- Das ist der Augenblick, wo eine Energiegröße aus dem Bündel „aller Möglichkeiten" über das Glaubens- und Bewußtseinsmoment „Welcher-Weg-Information" ausgewählt wird und an das angesteuerte resonante Ziel koppelt. Die Funktion ist beeinflußt.

Im Falle der Körperrelaxation entstehen pro Zeiteinheit deutlich mehr Freiheitsgrade, da viele Kopplungen und damit Festlegungen gelöst werden. Dadurch ist die Auswahl und das Festlegen einer Energiegröße durch „Welcher-Weg-Information" erleichtert.

Der Geist baut mit sich selbst die Substanz auf, er verdichtet sich darin und wird somit real. Die Folge ist die Polarität (eher eine Komplementarität) von Geist und Materie. (Tai-Chi-Symbol). Geist und Materie sind Pole einer Ganzheit.

Der Geist ist zweifach wirksam:
a) von außen und objektiv, das sind alle Kräfte der Natur und des Kosmos,
b) von innen und subjektiv, das sind wir selbst als Dirigenten körpereigener Kräfte.

Alles, was in Raum und Zeit existiert besitzt „Name" (indisch: *nama*) und „Form" (*rupa*). Die reale Erscheinungswelt heißt deshalb *namarupa* im Gegensatz zum Ungeschaffenen, dem *Brahman*. „Name" entspricht der geistigen Welt des Menschen (abgeleitet vom Universellen Geist) und erklärt den Sinn des Existierenden. „Form" ergibt sich als die Schöpfung des Universellen Geistes; mit anderen Worten: Geist ist Bedeutung; Sinnlichkeit ist Anschauung. Beide Aspekte sind aufeinander angewiesen und verbunden.
Namen und Sprache waren in ihrem Ursprung die Essenz der geistigen Anschauung. Die magische Kraft der Worte – in der archetypischen Ursprache weit stärker als heute – im Zusammenhang mit der Geste des Sprechenden, läßt sich mit der doppelten Geistpräsenz erklären (*Nomen est omen*).
Die *Samkhya*-Philosophie spricht von 3 Urqualitäten, den *gunas* (heute: 1. Membran, 2. String, 3. Punktstruktur), die das ganze Universum durchziehen. In einem gegenseitigen Gleichgewicht der *gunas* bilden sie mit Hilfe eines erkennenden Prinzips (*sattva*) die Maya (die Illusion, die Materie darstellt). Die Störung des Gleichgewichts erlaubt immer komplexere Gebilde, die zuerst die geistig-bewußte Welt (*nous*), dann die seelische (*psyche*) und schließlich die materielle Welt (*hyle*) aufbauen. Das alles zusammen ist das *saguna brahman*, das „Brahman mit Eigenschaften", das eben das Maya ist.
Die tiefere Bedeutung von *lung-gom* ist, daß Materie dem Geist unterworfen werden kann.

Sobald die Produkte unseres Geistes materielle Form angenommen haben, gehorchen sie den Gesetzen der Materie. Letztlich wirkt aber nur Geist auf Geist, denn die Materie ist geisthaltig.

Einige wichtige Erfahrungsentitäten, die „Welcher-Weg-Information" ermöglichen
durch
Informationsspeicherung in subatomaren Teilchen

- **Gedankenentitäten,** aktuelle Einflußnahme vieler Funktionen, wie Tonuserhöhung, z.B. Verspannungen

- **Gedächtnis-, Erinnerungsentitäten,** Kopplungen an Entitäten der „Vergangenheit"?

- **Gefühlsentitäten,** mischen sich in alle neuronal-hormonal relevanten Funktionen

- **Glaubensentitäten,** mischen sich in alle körperrelevanten Funktionen

In uns finden dauernde Wechselwirkungen zwischen Geist und Materie statt, die letzten Endes nichts anderes sind, als die Neuknüpfung der Kräfte zwischen Quelle und Ziel und die Lösung gebundener (stabilisierter) Energiezustände und ihre erneute Verknüpfung

Die alchemistische Anleitung zur Umwandlung des Individuums heißt: Solve et coagla!, Löse und verbinde! Das in-dividuum ist das Un-teilbare.

Was erkannt und akzeptiert ist, kann (auf)gelöst werden, Voraussetzung zur Neuknüpfung einer neuen Konstellation.

Da der Erfolg der Wechselwirkung zwischen Geist und Materie also offensichtlich in der Wechselwirkung zwischen verschiedenen Molekülen, also verschiedener Formen materieller Aggre-

113

**gate, deutlich wird, deshalb scheint das Wirken geistiger Kräfte
mit dem Wirken physikalischer Kräfte Hand in Hand zu gehen.**

Materialisierung (Bildungsvorgang) ist demnach geistig beeinfluß-
bar und modifizierbar.

Magie ist die Kraft, die sowohl formt wie verwandelt. Sprul-sku ist der
durch geistige Kraft geschaffene oder verwandelte Körper.

**Wenn der Geist nicht bloß ein Produkt physischer Funktionen
oder chemischer Reaktionen ist, sondern das Gestaltungsele-
ment von allem, auch vom Leben, dann können wir auch
Gesundheit einem Geist zuschreiben, der die Möglichkeit hat,
unseren Körper harmonisch zu dirigieren.**
Der spirituelle Weg ist Psychoanalyse und -therapie.

Verwandlung und Veränderung ist das Gesetz des Geistes. Geistiges
Leben ist vor allem auf innere Wahrnehmungs- und Erlebnisfähigkeit gegründet, die kein Aufwand an Denken nötig macht. Denken
ist die Konsequenz eines geistigen Prozesses.
Wir denken an die Dinge, die Dinge (lat. res) sind Realität. Wir
denken, um Realitäten zu schaffen.
Ich denke über das Wirkliche, Denken selbst ist aber nichts Wirk-
liches.

Gedanken sind Abbilder des Universellen Geistes, wodurch Dinge
geschaffen werden, die die Orientierung in der Welt für ein Leben
überhaupt erst ermöglichen.

Die Tibeter ziehen es vor, statt der physischen Symptome den Geist zu
heilen durch gläubige Hingabe, die Kräfte stimuliert, mittels geweihter
Objekte, Symbole und Riten, die durch Glauben dem Geist Macht über
den Körper geben.
Wenn die materielle Form der Bewegung des Geistes nicht mehr zu folgen vermag, setzt Verfall ein. Der Tod ist das Ergebnis von Stillstand,
Stagnation und Verfall der geistig nicht mehr veränderbaren (durchdrun-
genen) Materie.

114

Der Kosmos, einschließlich unsere Welt, beherbergt die Naturkräfte und Naturgesetze, er beherbergt deshalb auch den Universellen Geist, denn die **Naturgesetze sind Abkömmlinge der Urform der Energie, und die ist in unserem Modell identisch mit dem Geist.**
Da alles Wissen und alle Theorien auf den Naturgesetzen und -kräften aufbaut, sind alle nur möglichen Theorien über uns bereits da, ist alles Wissen potentiell vorhanden.

Konnten die Alten Wissen an dieses Wissen ankoppeln?
Können wir wieder lernen, an dieses Wissen anzukoppeln?

Vivekacudamani, Vers 250: *„Die erleuchteten Seher erkennen Brahman als höchste, unendliche, absolute, ungeteilte Wirklichkeit, als reines Bewußtsein. In ihm erfahren sie, daß der Wissende, das Wissen und das Gewußte eins geworden sind."*

Brahman und Atman

Dieser Abschnitt besteht aus frei wiedergegebenen Zitaten der Alten Überlieferungen und einigen Interpretationen dazu. Wer noch nicht mit den Weisheiten östlicher Traditionen vertraut ist, und wer ausschließlich in naturwissenschaftlicher Denkweise geübt ist, für den sind dieses und folgende Kapitel befremdlich. Aber man sollte sich ernsthaft Gedanken zu den zitierten Aussagen machen; hier sind kaum bekannte Wahrheiten genannt.

Jedes Denken und Sprechen über Maya verfestigt die äußerliche Ebene um den Kern der Urform der Energie, die Materie bildet. Setzt man den Fokus der Aufmerksamkeit dagegen auf *Atman*, dann hat man Chancen, *Atman* zu erleben.
Der Kern aller Bauelemente unseres Körpers ist *Atman*, der individuelle Geist der Einheit, der dem Universellen Geist *Brahman* gleichkommt.

Die Vedanta-Philosophie (Vedanta heißt „das Ende alles Wissens", ca. 4000 Jahre alt) entwickelte sich auf der Basis der Geheimlehre der Upanishaden (Upanishaden heißt „in Ergebenheit daneben sitzen").

115

Die Lehre der Vedanta entwirft ein spirituelles Welt- und Menschenbild und enthält alle Eigenschaften, die wir verloren haben: zugleich Kosmologie, Psychologie, Theologie, Anthropologie, Physik, Metaphysik, Epistemologie, Ethik.

Veda, Vedas, Veden (Sanskrit) heißt Wissen, speziell göttliches Wissen. Die älteste Literatur der Inder liegt vor als Rig-Veda, Sama-Veda, Yajur-Veda und Atharva-Veda. Das Alter kann nur geschätzt werden; es liegt zwischen 5000 und 25 000 Jahren.

Der Vedanta unterscheidet 3 Hüllen, die die Erfahrung des *Atman* zunächst verhindern. Die Hüllen bilden 5 Unterklassen.

Der Mensch als Gesamtwesen ragt in alle Hüllen hinein.

Die 1. Hülle ist die grobstoffliche rein materielle Hülle (*sthula sarira*), die aus Nahrung gebildete (*anna maya kosa*).

Die 2. Hülle ist die aus Lebenskraft gewobene (*pranamaya kosa*), sie bestimmt Stoffwechsel, Wachstum, Reproduktion und erhält die Form des Organismus aufrecht.

Die 3. Hülle ist die der Sinnlichkeit, Empfindung, Gefühle, Triebe, Wünsche und Wille (*mano maya kosa*). Hierin steckt viel archaische Erfahrung und Instinkt

Die 4. Hülle ist die Erkenntnishülle (*vijnan maya kosa*). Der Geist erlebt den Vorgang des Erkennens mit Hilfe vielfältiger subtiler Bewußtseinsebenen.

Die 5. Hülle ist die Seligkeitshülle (*ananda maya kosa*). Diese Hülle ist überbewußt, d.h. sie ist ein Zustand außerhalb der Bewußtseinsebenen, ein reines Erleben, die Ur-Angelegenheit (*karana sarira*), falls keine Ablenkungen in Äußerlichkeiten stattfindet.

Alle Hüllen sind nur relativ wirklich und sind illusionäre (also Maya-) Abstufungen des Seins.

Der Mensch ist Teil der Natur, denn auch die Natur ist aus *Atman*-Emanationen aufgebaut. Unser *Atman* ist identisch mit dem Natur-*Atman*.

Alle früheren Traditionen behandelten die Natur ehrfurchtsvoll und mit großer Achtung. Die Menschen fühlten instinktiv, daß sie von den Kräften der Natur mitgetragen wurden. Die heutige Gesellschaft hat diesen Instinkt beiseite geschoben. Sie meint in einer verhängnisvollen Hybris, die Natur beherrschen, zerstören und ausbeuten zu müssen, und dadurch mehr Geld und Macht zu erreichen.

Die Politik ist ohne jede geistige Erfahrung und indem die Gesellschaft der Politik folgt, schädigt sich die Menschheit selbst. Das durch und durch parasitäre Verhalten des Menschen zur Natur muß sich vollständig wandeln, in ein wieder kultivierendes Verhältnis wechseln.

Die Natur ist nach dem Prinzip „Gleiches kann Gleiches erkennen" – wie oben ausgeführt – eine enorme Kraftquelle auf der geistig bewußten Ebene und gleichermaßen auf der körperlichen Ebene für den Menschen, solange sie noch dazu in der Lage ist.

Die Überlieferung sagt: *Brahman* ist das wahre Sein (und die seiende Wahrheit) aller Dinge, auch aller geistigen Prozesse, die mit Hilfe der Bewußtseinsmomente wahrgenommen werden. (Bewußt-Sein, also Wissen also Selbst-Gewahr-Sein (*cit*).

Sein ist, weil es sich weiß.

Wir meinen die reale Welt zu sehen, sie ist aber nichts als Täuschung (*Maya*); die Gegenstände sind lediglich Projektionen. Dagegen ist das Licht (die elektromagnetische Energie) in uns wirklich. Die grundlegende Wirklichkeit, der *Atman*, besitzt das „Alle-Möglichkeiten-Licht". Die innerste Substanz aller Formen ist *Brahman*. Das *Maya* verdunkelt das Geisteslicht durch begrenzende Formen.

Das Vedanta sagt dazu „*Brahman mit Eigenschaften*" (*saguna brahman*) im Gegensatz zu *nirguna brahman*, dem „*eigenschaftslosen brahman*", das aus nichts als Licht besteht (gemeint sind elektromagnetische Schwingungen).

Nähert man sich der Einheit, dem Universalen Geist, von der Objektseite, als das wahre Sein des Kosmos, heißt es im Vedanta *Brahman*, nähert man sich von der subjektiven Seite als mein wahres Sein, heißt es *Atman*. Letztlich geht beides ineinander über. Es entsteht die absolute Einheit des Geistes, die *unio mystica* (Christentum), *Heniosis* (Platon), *Samadhi* (vedantische Yoga), *Satori* (Zen-Buddhismus).

Auch folgender überlieferter Gedanke erscheint richtig, wenn wir aus heutiger Sicht subatomare Teilchen betrachten: Die Teile einer Ganzheit sind nicht beliebig entfernbar, sondern ergänzen sich zum Ganzen, wobei die Teile selbst wieder individuelle Ganzheiten darstellen. Es ist wie bei der Urzelle, die zu einem Organismus differenziert wird.

Der Kosmos und wir als Teil und als untergeordnete Ganzheit davon sind Selbstdifferenzierungen der Einheit, des *Brahman*. Aber alles hat denselben Ursprung.
Die Vedanta sagt: *„Wer Brahman erkennt, wird selbst zu Brahman"* (Mundaka Upianisad, 3.2.9. (zit. in Jongen). Geist richtet sich aus auf sein Ziel, bis es mit dem Ziel verschmolzen ist und seine Form angenommen hat.

Ich bin, was ich erkenne.

Das wahre Selbst des Menschen ist der *Atman*, der Kern aller Bewußtseinsakte. Erfahrbar, aber nicht sinnlich wahrnehmbar.

Im Vedanta ist *Brahman* die innerste und letztlich einzige Wirklichkeit des Kosmos.

Bewußtsein – die vertraute Instanz der Urform der Energie

Der Sitz des Bewußtseins ist bisher von keinem Neurochirurgen gefunden worden, auch die Neurologen tun sich schwer, ein Bewußtsein aus der Anatomie und Physiologie der Neuronenkonglomerate herauszuschälen.
Es hat nach allem, was wir bisher zusammengetragen haben, eher den Anschein, als ob das Bewußtsein das Ergebnis des Zusammenwirkens der Energiefelder und Quantenenergien der Materie des Körpers, insbesondere des Gehirns ist.

Wir haben im Kapitel „Glaube verwendet Bewußtsein als „Welcher-Weg-Information" die Wirkungsweise des Bewußtseins zur Modulation unserer Körperfunktionen bereits eingehend im Modell dargestellt.
In diesem Kapitel wollen wir nun die Verbindung von Geist und Bewußtsein untersuchen.

Laut alter Überlieferungen ist der Geist als Urform der Energie „Gefäß" des materiellen Universums.
Auch in der Materie (der Energie) unseres Körpers spielt der Geist die zentrale Rolle.

Eine Zentralstelle im Weltgeschehen, wie die beschriebene Urmembran braucht zur Realisierung der innewohnenden Kräfte eine Transformation (wir wissen dies analog vom Elektron).
Zu diesem Zweck werden Botenteilchen rekrutiert, um schalten und wirken zu können. **Bild 24.**
Beim Elektron sind das die Photonen bzw. Quanten; wir sehen Licht niemals als Elektronen, aber wir sehen die Wirkung der Kräfte, die von Elektronen mit Hilfe der Photonen ausgehen: es wird hell oder farbig.
Die Urmembran ist weit wichtiger als ein Elektron, denn sie ist die Quelle von allem, auch von Elektronen. Sie hat viel mehr zu schalten und zu wirken, grundlegend alles, was es gibt.

Damit wir uns überhaupt in etwa die Wichtigkeit dieser absoluten Zentrale einigermaßen vorstellen können, denken wir uns die Urmembran als eine Sonne.
Und so wie die Sonne laufend dienende Energieteilchen ins Weltall und zu uns auf die Erde schickt, womit die ganze Natur und wir Menschen existieren können, so wird auch die Urmembran ununterbrochen Diener und Boten benötigen, um in ihrer Umgebung wirksam zu sein.
Wir wissen inzwischen, daß auch die Urmembran u.a. mit elektromagnetischen „Lichtteilchen" arbeitet, u.a. mit Photonen bzw. Quanten. Um aber die richtigen Teilchen für die richtige Operation jeweils richtig festzulegen (Auswahl der „Welcher-Weg-Information"), benötigt es einer sehr vertrauten Instanz. Die Urmembran muß sich auf diese Instanz absolut verlassen können und wird engsten Informationsaustausch mit ihr pflegen.
Diese bevorzugte Instanz für die jeweils adäquate „Welcher-Weg-Information" heißt – so behaupten wir hier spekulativ – Bewußtsein.
Was zeichnet diese Instanz aus?

Bewußtsein ist eine fließende kontinuierliche Energie, die aufs engste mit der Körperfunktion verbunden ist. Gemäß alter Lehre ist das Bewußtsein das alles bewegende kreative Prinzip.

Hier eine Zusammenfassung, wie ich mir die Aufgabe des Bewußtseins vorstelle:

- Bewußtsein arbeitet ausschließlich für den Geist.
- Bewußtsein steuert Ziele an und kontrolliert seine Aktion reflexiv (Feedback).
- Bewußtsein ist über Erfahrung lernfähig, kann also Information speichern.
- Bewußtsein selbst besteht aus Entitäten (Entität heißt, es besitzt ein Sein).
- Die Entitäten arbeitet in bestimmten Bewußtseinssphären – in allerkleinsten Dimensionen bis zu universalen Räumen, also subelementar bis universell.
- Bewußtseinssphären gehören dem Geistraum (Energieraum) an.
- Bewußtheit befindet sich auch in jeder Struktur meines Körpers wie Gehirn, Zelle, Molekül, Atom.
- Bewußtsein in Kombination mit archaischer Erfahrung ist Intuition.
- Das Bewußtsein wird verwendet, um die Energien des Geistes mit der materiellen Realität zu verknüpfen und gegebenenfalls die Materie in Aufbau und Funktion zu modulieren.

Das wußten auch die ostasiatischen Weisen. Der Begriff *brahman* bedeutet neben dem Inbegriff des Universellen Geistes auch die allgegenwärtige Macht des Bewußtseins. Ebenso bedeutet *manas* Geist oder Bewußtsein.

Die Upanischaden unterscheiden 4 Bewußtseinszustände:
1. Wachbewußtsein, in dem die Seele Information der Innen- und Außenwelt wahrnimmt.
2. Traumzustand, in dem die Seele die Welt ohne Vermittlung der Sinnesorgane erschafft.

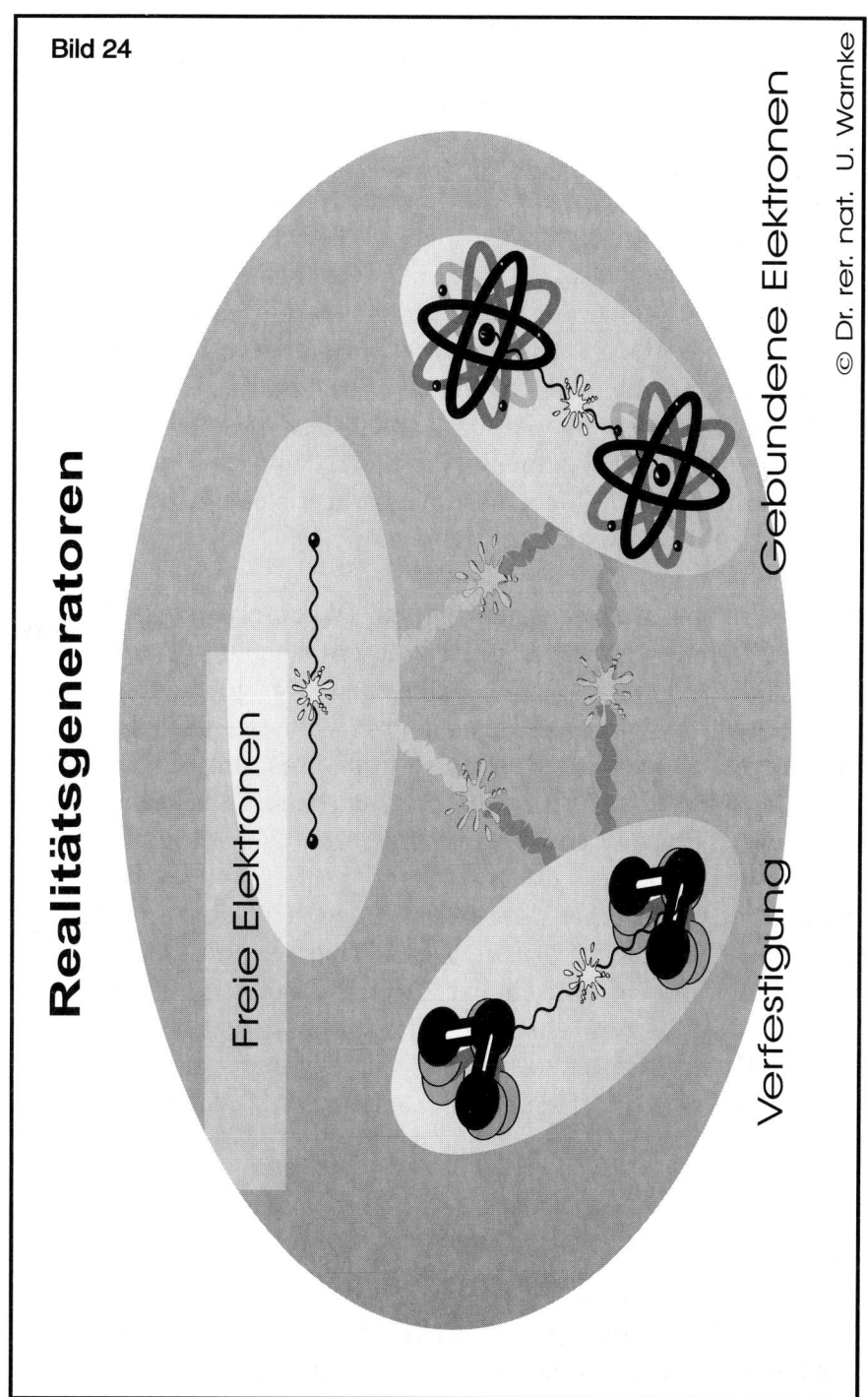

Bild 24

Realitätsgeneratoren

Freie Elektronen

Gebundene Elektronen

Verfestigung

© Dr. rer. nat. U. Warnke

121

3. Tiefschlaf, ein Zustand, in dem die Seele die ganze empirische Welt („Name und Form") unbeachtet läßt und deshalb frei wird, sich eng mit dem Universalen Geist zu fühlen.
4. Turija (auch Caturtha), ein Zustand, in dem die höchste Verwirklichung eingetreten ist, in dem Erkenner und Erkenntnis zusammenfließen, in dem es keine Spannung, keine Polarität mehr gibt – der Buddhi-Zustand.

Bewußtsein ist primär ein Wellenreiten auf dem unendlichen Energiemeer des Geistes. **Der Geist erschafft unsere Welt mit Hilfe seines energetischen Zielstrahls „Bewußtsein" in jedem Augenblick unseres Lebens.** Ist das Alltagsbewußtsein sich dessen bewußt und erneuert regelmäßig die Ziele, dann leben wir lebendig, ignorieren wir diesen Mechanismus, dann fristen wir unser Dasein in Erfüllung fremdgesteuerter Pflichten.

Es findet in uns zweifellos eine dauernde Wechselwirkung zwischen Geist und Materie statt, wobei Bewußtsein, auch das Unterbewußtsein eine Schlüsselrolle spielt. (Der heute viel gebrauchte Begriff Unterbewußtsein wurde ehemals dem Buddhismus entliehen.) **Bewußtsein ist der Steuerungsmechanismus unserer Materie.**
Wenn Bewußtsein – oder sollte man hier besser Bewußtheit sagen – eine Kraft ist, die jedem Atom eigen ist, dann kann sie jeweils lokal an der Stelle des Atoms wirken.
Wenn in meinem Körper Bewußtsein dennoch makroskopische Auswirkungen hat, dann müssen Mechanismen dafür existieren. Das Kapitel über das Bewußtsein der Zelle gibt Hinweise dafür.
Wille benutzt das Bewußtsein, Gefühl verwendet das Unterbewußtsein. Wille und Gefühl lassen sich im Glauben zu einer Einheit zusammenfassen. Der Glaube kann also auf Bewußtsein und Unterbewußtsein zurückgreifen zur Steuerung der Energien.
(**Bild 19**).

Nach buddhistischer Auffassung ist der gesamte Organismus das Produkt des Bewußtseins, materialisiertes Bewußtsein auch vergangener Leben. Unter Beteiligung der universellen Urkräfte, ausgehend von der Urform der Energie, kann das Bewußtsein mit spezifischen Eigenschaften verschiedener Ebenen eine direkte Beeinflussung körperlicher Organe und Funktionen bewerkstelligen.

Das Bewußtsein als ausführendes „Organ" – wie könnte das funktionieren?

Um diese Zusammenhänge zu verstehen, ist es hilfreich zu bedenken, daß Materie letzten Endes nichts anderes ist, als gebundene und stabilisierte Energiezustände. Da diese Energien Emanationen, also Ableitungen der einheitlichen Urform der Energie, der Urmembran sind, und da wir die Urform der Energie identisch mit dem Universellen Geist ansehen wollen, deshalb können wir konform mit östlichen Überlieferungen sagen:

Das Materielle ist das sinnlich spürbar (sichtbar und tastbar) gewordene Geistige. Die wirkende Urform der Energie des Universums hat mit Hilfe mehrerer Bewußtseinsebenen Sinn und Gestalt angenommen.

Im Buddhismus gibt es den Begriff der 6 Bardos. Verschiedene Bardos sind verschiedene Bewußtseinszustände. Unterschieden wird das Wachbewußtsein, das Traumbewußtsein, das Versenkungsbewußtsein, der Zustand des Todeserlebnisses, der Zustand des Erlebnisses der Wirklichkeit, der Zustand des Wiedergeburtsbewußtseins.
Alle Bewußtseinszustände beeinflussen nuanciert die Materie. Zu jedem Bardo gehört deshalb ein anderer Körper.

Das Bewußtsein mit seinem Denken und seinen Gedanken operiert im geistigen Raum (also im Energie-Raum). Dieser Raum ist von potentiell „lebendigen" Geist-Bewußtsein-Entitäten (Entität ist das, was ein Sein besitzt) erfüllt, identisch mit unserer physikalischen Vakuumenergie. Wie anders könnte sonst der Geist mit Hilfe des Bewußtseins die Materie steuern?
Das Wesen des Menschen wird nicht durch das Material, was aus der Umgebung zum Aufbau eines Organismus genommen wird, geprägt, sondern es ist die formende Kraft eines ihm innewohnenden Bewußtseins, die das Rohmaterial verwandelt.
Bewußtsein ist nur möglich, wo Beziehungen sind.
Was ich mit dem Bewußtsein nicht ansteuere und fokussiere, existiert für mich nicht. **Bewußtsein ist die Fähigkeit, Ziele zu set-**

zen. Aufgrund seiner selektiven Fähigkeit der Wahrnehmung und der Koordination, bestimmt es die Welt in der wir leben. Es schafft die zum Leben notwendige Ordnung. (Bild 24, 25).

Ein individuelles Bewußtsein (als Integration mehrerer kooperierender Bewußtseinsebenen) hat die Fähigkeit zu reflexivem Denken, zu sinnvollen angepaßten Aktionen und zu der Erkenntnis des eigenen Seins.

Unser Bewußtsein, wie wir es gewöhnlich benutzen, beschränkt sich auf die Auswahl zeitlicher Ziele und Wünsche.

Die Zielstrebigkeit unseres Bewußtseins ist einerseits von der Resonanzstärke unseres ausgewählten Ziels abhängig, andererseits auch von der Qualität und Intensität unserer momentanen Gefühle. Da Gefühle dem Unterbewußtsein zuzuordnen sind, spielt das Unterbewußtsein in jeder Phase des Alltagsbewußtseins eine wichtige Rolle.

Die Verarbeitung der Eindrücke durch das Bewußtsein hängt wiederum von der momentanen Einstellung, der Glaubenssituation ab. Die daraus resultierende Entscheidung ist die Tat, das vielzitierte Karma, das schließlich als Wirkung in Erscheinung tritt.

Pali-Kanon Majjhima-Nikaya 43: *„Was immer es an Empfindung, Wahrnehmung und Bildekräfte gibt, das ist miteinander verknüpft, nicht geschieden, und es ist unmöglich, das eine vom anderen zu trennen und seine Verschiedenheit aufzuzeigen. Denn was man empfindet, das nimmt man wahr, und was man wahrnimmt, dessen ist man sich bewußt."*
Im Vijnanavada-Buddhismus wird ausgeführt, daß Bewußtsein mit zwei Hauptfunktionen arbeitet: Wahrnehmung und Bewahrung der Erlebnisse und der Erfahrung (Gedächtnis).
Das Bewußtsein der Wahrnehmung ist geringer ausgeprägt, aber universell und nicht zeitgebunden. Das Bewußtsein das Erfahrungen speichert, beschränkt sich auf Objekt und Zustände in Raum und Zeit.
Im Speicherbewußtsein (*alaya-vijnana*) sind nicht nur die Erfahrungen unseres jetzigen Lebens, sondern auch diejenigen aller Vorfahren oder Vorexistenzen erfaßt, die bis zum Anbeginn der Zeit zurückreichen. Das Speicherbewußtsein ist deshalb auch ein Tiefenbewußtsein und verbindet das Individuum mit allem Bestehenden und je Gewesenen oder Wiederkehrenden.

So könnte Wille und Gefühl (der Glaube) funktionieren

Alles ist aus der Urform der Energie aufgebaut. Die Urform ist als Wahrscheinlichkeitsfeld verbreitet.

1. Den Wahrscheinlichkeitsfeldern muß immer etwas in den Weg gestellt werden, damit sie kollabieren und sich in Realität wandeln. Geeignet sind resonante Strukturen. Elektronen können über ihre Geschwindigkeit unterschiedliche Energiegröße einnehmen.

2. Je näher „ich" am Ursprung der Aussendung eines Wahrscheinlichkeitsfeldes bin, desto höher die Energie, die Kraft.

3. Bei größter Nähe manifestiert sich das Feld als Urmembran mit beinahe unendlich vielen Schwingungsmoden.

4. Die DNA gibt Moleküle vor. Die Moleküle geben über ihren Aufbau (Schwingungsmuster und Spins) die Abstände zur Urform der Energie vor.

5. Die Steuerung der Vakuumfelder wird möglich durch Festlegung bestimmter Energiestufen (durch variierbare Näherung an den Ursprung).

6. „Erfahrungen" zeigen, daß ein spezifischer Prozeß der Vakuumsteuerung wiederholt wird. Das setzt Speicherung der „Welcher-Weg-Information" voraus.

7. Buddhismus sagt: An nichts denken bringt unsere Gedankenträger näher an die Urform der Energie; die Folge ist die Erleuchtung.

Mögliche Erklärung von Punkt 7.: durch Nichtsdenken ergibt sich eine Vergrößerung der Freiheiten ehemals eingebundener Teilchen. Nicht mehr gebundene Teilchen verlieren ihren Teilchencharakter und kehren wieder zurück ins Wahrscheinlichkeitsfeld. Alles wird erneut möglich.

Die alte Darstellung ist für uns heute nachvollziehbar, denn wir gehen davon aus, daß unsere angeborenen Gefühle die Erfahrungen unserer Vorfahren repräsentieren.

Vererbung ist im Prinzip die Erhaltung und Kontinuität erfolgreicher Eigenschaften und mündet schließlich in der Fähigkeit bewußter Erinnerung und bewußter Willensäußerung und Richtungsbestimmung. Die dabei entstehende angewandte Erfahrung kulminiert im organisierten und organisierenden Wissen. **Vererbung ist also ein bewußtes Gedächtnis: es ist die formende und stabilisierende Kraft und wirkt Auflösung und Unbeständigkeit entgegen.**

Alle wesentliche Erfahrung verwertet das Leben zur Selbstergründung und konsequenten Optimierung.

In den Überlieferungen der Buddhisten ist das Universum eine Emanation oder Projektion einer geistigen Kraft, die subjektiv als ein allumfassendes universales Speicherbewußtsein (*alaya-vijnana*) erlebt wird.

Ob wir bewußtes Gedächtnis als Eigenschaft des Geistes oder der Materie oder als ein biologisches Urprinzip ansehen, ist unwesentlich, denn geistig, materiell, biologisch sind nur verschiedene Ebenen, auf denen dieselbe Kraft wirkt und sich manifestiert.

Buddha sagt: die Welt ist das, was uns als Welt zum Bewußtsein kommt.

Dem ist zuzustimmen, denn nur was unser Bewußtsein aufnimmt, kann von uns als Welt betrachtet werden. Alles besteht nur als Inhalt meines Bewußtseins. Alles, was ich erkenne und erfahre ist nur in mir. Da das Sein nicht vom Bewußtsein getrennt werden kann, kann für Menschen nichts sein ohne Bewußtsein.

Was wir als die Welt erleben ist das Resultat unserer Erfahrung, unseres Denkens, Fühlens und Handelns.

Wenn die Welt aber ein Produkt unseres Bewußtseins ist, dann haben wir sie selbst geschaffen. Das bedeutet – nach dem Prinzip Gleiches erkennt Gleiches – wir leben genau in der Welt, die unserem jeweiligen Bewußtseinszustand entspricht, sonst könnte die Welt uns nicht erschaffen und wir nicht die Welt.

Je nach dem Grad der Nähe meines Bewußtseins zum Universalen Geist (wir sagen geläufiger Weise: der Entwicklung meines Geistes) erlebt mein Bewußtsein eine andere Welt, eine andere Wirklichkeit. Das Gleiche gilt für die Gesellschaft und ihre wirtschaftliche und politische Welt. Das kollektive geistige Erlebnis der Menschheit macht die Welt.

Warum sollte das Universum individualisiertes Leben und Bewußtsein hervorbringen, wenn diese nicht dem Wesen des Universums entspräche oder dem Geist der Natur inhärent wäre?

Wenn das Individuum innerhalb unserer heutigen Gesellschaft seine bewußte Beziehung zu seinem universellen Zentrum verliert und versucht, seine beschränkte Persönlichkeit zum Mittelpunkt zu machen, stagniert das wahre Leben und verkommt zu Automatismus.

Das Gegenmittel ist nicht die Unterdrückung der Individualität, sondern die Erkenntnis, daß Individualität nicht dasselbe ist wie Ichheit, und daß Loslassen und Neuknüpfung, als eine natürliche und notwendige Bedingung allen Lebens, weder willkürlich noch sinnlos ist, sondern aufgrund eines innewohnenden Bedürfnisses vor sich geht, welches die innere Kontinuität und Stabilität aufrechterhält.

Das wahre Leben besteht aus dauernden Beobachtungen und Reflexionen; Geist und Sinne verfeinern sich dabei, eine höhere Wahrnehmungs-Fähigkeit und eine tiefere Einsicht in die wirkliche Natur der Welt und seiner selbst sind die Folge. Es ist eine Illusion anzunehmen, daß die Welt etwas von uns Getrenntes sei.

Gleiches wirkt nur auf Gleiches.

Wenn Bewußtsein unsere Materie verändert, dann nur, weil sie Zugang zum potentiell geistigen der Materie hat.

Individualität ist das komplementäre Gegenstück der Universalität. Nur durch Individualität kann Universalität erlebt werden. Nur durch Universalität entsteht Individualität.

Die Zentrum-Nähe

Bewußtsein ist eine real gewordene intelligente „Welcher-Weg-Information" für die Festlegung der Emanationen des Universellen Geistes (der Urform der Energie). Laut alter Vorstellung verbreiten sich die Emanationen kugelförmig um den Kern des Geistes. Ist das Bewußtsein auf der äußersten Kugel aktiv und legt die dort ankommenden Emanationen fest (physikalischer Prozeß der Verfestigung), dann entspricht das in der Konsequenz den Gedanken des Alltags, die jeweils nur kurz aufflackern und dann Vergangenheit sind.

Das Bewußtsein taucht mehr und mehr ins Jetzt, in die Gegenwart, die Zeit löst sich mehr und mehr auf. Die Zeit verschwindet, wenn wir dagegen in die Nähe des Zentrums kommen, aber nicht die Dynamik. Zeit ist also bewußtseinsabhängig, da das Bewußtsein den Transfer vornimmt. Je weiter wir vom Zentrum der Urform der Energie entfernt sind (also vom Universellen Geist), desto mehr spielt die Zeit eine Rolle, desto schneller differenziert sich die Zeit, desto flüchtiger das Erleben.

Mit dem Übergang von einer Emanationsschale zur nächsten, Richtung Zentrum, verändert sich die Welt.

Das Sein – die sich in der Zeit nicht verändernde Energie – gerät in den Vordergrund.

Erkenntnis des Seins gleich Selbsterkenntnis gleich Selbstverwirklichung gleich Seelenheil gleich Wahrheit.

Das *dharma* ist in der buddistischen Lehre das Vehikel zur Überfahrt von der äußeren Emanationsschale zum Zentrum.

Der Ursprung, Kern, das Zentrum, die Einheit, die Urform der Energie ist der Geist, das „Selbst-Sein". Ichbewußtsein, Alltags-, Traum-, Tiefschlaf- sind beschränkte Vermittelnde des Geistes.

Der Ursprung hat laut östlicher Tradition folgende Eigenschaften:
- ist eine vollkommen gestaltlose Einheit
- kann aus sich heraustreten
- differenziert sich

Die Annäherung des individualisierten Bewußtseins an seinen Ursprung ist die Initiation. Dabei nimmt es immer „lichtvollere" Formen ein. Gemeint ist, die Frequenz des Wellenfeldes nimmt zu und damit auch die Quantenenergie. Auf diesem Weg zur Urform der Energie, dem Universellen Geist, wird auch das, was wir mit Licht bezeichnen überschritten. Wohl deshalb sprechen die Überlieferungen von „Erleuchtung".

Gleiches wird durch Gleiches erkannt, Resonanz ist Kräfterealität. Wir könnten kein Licht sehen, wenn unsere Augenrezeptoren nicht Licht-gleich wären. Keine Psyche könnte sich freuen, wenn sie nicht selbst Freuden-teilhaftig wäre. Wir müssen erst ein bestimmtes Niveau des Geistes (eine bestimmte Bewußtseinsstufe) einnehmen, um den Geist zu erleben. Alle Erkenntnis ist eine Funktion des Bewußtseins, also sind alle für die Erkenntnis vorgesehenen Bewußtseinsstufen selbst Erkenntnisartig.

Solange wir alles über den Filter des Menschen-Bewußtseins sehen, ist der Kosmos ein menschlicher. Bewußtsein schafft Ordnung („Kosmos" heißt „Ordnung").

Rudolf Steiner: *„Das Universum ist die Frage und die Antwort darauf ist der Mensch"*

Vergegenwärtigen Sie sich, was wir bisher ausgeführt haben, die folgenden Aussagen sind dann tatsächlich stimmig.

Wir erschaffen den Kosmos und der Kosmos erschafft uns.

Wir erschaffen die Realität und die Realität erschafft uns.

Wir erschaffen das Bewußtsein und das Bewußtsein erschafft uns (Selbstbewußtsein).

„Wahr-Nehmung" ist relativ, das absolut Wahre ist allein in der „Alle-Möglichkeiten" Phase im Vakuum, in der Leere unseres Körpers und im ganzen Universum. Wir sind auf Wahrnehmung (Beobachtung) aufgebaut und deshalb nur relativ real, wir sind laut Überlieferung eine Illusion und vergänglich, aber das Sein in uns ist absolut wahr und unvergänglich.

Das „Tibetische Totenbuch" schreibt: „... *die erschreckenden Projektionen und alle sichtbaren Phänomene sind ihrer wahren Natur nach illusorisch. Wie immer sie auch erscheinen mögen, sie sind nicht wirklich. Alles Stoffliche ist falsch und unwahr. Es ist wie eine Luftspiegelung, nicht dauerhaft, nicht unvergänglich. Was für einen Sinn hat da Begierde? Was ist der Nutzen von Furcht? Sie beweisen nur, daß das Nichtexistente für existent gehalten wird ...*"

Im Dzogchen ist geschrieben, daß die grundlegende und deshalb wahre Natur von allem die Urstrahlung ist. Sie ist Bestandteil unserer Gefühle, unserer Erfahrung, eben von all unserem Bewußtsein.

Padmasambhava schreibt.
„Gegenwärtig ist unser Geist in ein Netz eingebunden, das Netz des ‚karmischen Windes'. Dieser ‚Wind des Karma' ist wiederum im Netz unseres physischen Körpers eingeschlossen."

Materie ist ein Meer von elektromagnetischer Strahlung und energetischen Brücken, die Weisen sprechen von „gefrorenem Licht". Licht ist ein Teilbereich der elektromagnetischen Strahlung. Dieses „Licht" steckt in jeder Materie.

Einstein:
„*Materie ist eingefrorene Energie.*"

Newton (in Optik):
„*Wäre es nicht denkbar, daß die Stoffe und das Licht sich ineinander verwandeln?*"

Das Tibetische Totenbuch: „*Alle Materie ist mein eigener Geist, und dieser Geist ist Leere, nicht entstanden, unbehindert.*"

Wenn wir die ausführlich dargestellte Sichtweise in unserem täglichen Leben berücksichtigen, erfahren wir eine laufend sich vergrößernde Sicht der Ganzheitlichkeit und Einheitlichkeit zuerst des Körpers, dann des Wesens, dann der Natur und des Kosmos; deutlich wird dies durch Aufhebung jeder Begrenzung.

Die Stupa

In allen Kulturen des Ostens gibt es eine architektonisch symbolträchtige Form von Monumenten, die *Stupa* (auch *Dagoba*, *Pagoda*, *Tschorten*) genannt. Diese Denkmäler sind das Vermächtnis der Alten Weisen, eine Verkörperung einmaligen umfassenden Wissens, wie es heißt.
In einem Stupa sind laut Tradition enthalten: die natürlichen Gesetze des Universums, der Weg zur Erweckung des höheren Bewußtseins, eine transzendierende Psychologie.
Die japanische Shingon-Weltanschuung errichtet noch heute Stupas (*sotoba*) exakt so, wie die Tradition des indischen *Mantrayana* sie beschreibt.
Alle Stupa haben einen prinzipiell ähnlichen Aufbau. Die Basis besteht aus einem Kubus, darüber befindet sich eine Kugel oder Halbkugel, darüber ein Konus und die Spitze besteht aus einer Schale wie ein Halbmond mit einem flammenden Tropfen. **Bild 25.** Der flammende Tropfen ist identisch mit dem blauen Punkt (*bindu*) oder dem Samenkorn (*bija*); es ist das potentielle Erleuchtungsbewußtsein (*bodhicitta*).

Aus den Erkenntnissen der modernen Physik heraus würde man diesen flammenden Tropfen als die Urmembran identifizieren können.
Das Erleuchtungszentrum ist laut Überlieferung in einem Raum lokalisiert, der im Sanskrit *akasa* (tibetisch *nam mkhah*) bezeichnet wird. Dieser spezielle Raum wird mit zwei Eigenschaften belegt:
1) dem Fehlen materieller Hemmnisse,
2) den „elementaren Vibrationen infinitesimaler Einheiten unsichtbarer Energie, die das gesamte Universum und alle Natur und Lebewesen durchdringen".

Es ist schon überraschend, wie gut diese Beschreibung auf die Eigenschaften einer Urform der Energie zutrifft.

Zu 1) Die elementare Urform der Energie besitzt alle Möglichkeiten, da sie in ihrer Urform durch keine „Welcher-Weg-Information" festgelegt ist, also keinerlei materielle Realität erhält, „Fehlen materieller Hemmnisse", wie die Überlieferung sagt.

Zu 2) tatsächlich besteht die Urform der Energie aus „Vibrationen infinitesimaler Einheiten unsichtbarer Energie, die das gesamte Universum" und auch uns durchdringt; man kann es kaum besser beschreiben, als die Alten Weisen es taten.

Mehrere übereinanderliegende Terrassen oder horizontale Einkerbungen des unterhalb des Flammentropfen liegenden Konus stellen die verschiedenen Bewußtseinsebenen psychischer Fähigkeiten dar, die durchlebt werden müssen, um an das Zentrum der Urform der Energie zu kommen, an den Universellen Geist. Zwischen 3 und 13 derartiger Ebenen sind in den Stupas verwirklicht.

Weisheit, Initiation, Imagination

Das geistige Erleben wird in Form einer Spirale laufend reicher an Erfahrung und Information.
Weisheit ist zeitlos und schließt das Uralte ein.
Weisheit macht Wissen zur Heilquelle. Wissen ohne Weisheit erzeugt auch Unheil.
Wir glaubten uns innerhalb unserer heutigen Gesellschaft den Alten Weisheiten überlegen und dennoch sind sie nicht auszulöschen.
Überbleibsel aus alten Zeiten sind die Einweihungen, Riten, die rituellen Handlungen, die zahlreichen Symbole für Geistiges.

Bild 25 Der Borobodur-Stupa auf Java (Indonesien) bringt architektonisch den zehnstufigen Weg (Bodhisattva-Weg) bis zur „Erleuchtung", d.h. die größte Nähe zur Urenergie und der Verschmelzung mit ihr. Der Besucher ersteigt das Steinmonument (123 m breit, 42 m hoch) über insgesamt 10 Etagen. Die untere Plattform gibt die Weltebene wieder, die weiteren 6 quadratischen Ebenen kennzeichnen den Weg der Bewußtseinstransformationen und die anschließende 7. Ebene symbolisiert den transzendenten Übergang zu den weiteren 2 rein geistigen Ebenen, die ebenfalls rund angeordnet sind. Der Stupa im Zentrum kennzeichnet die geistige Vollendung.

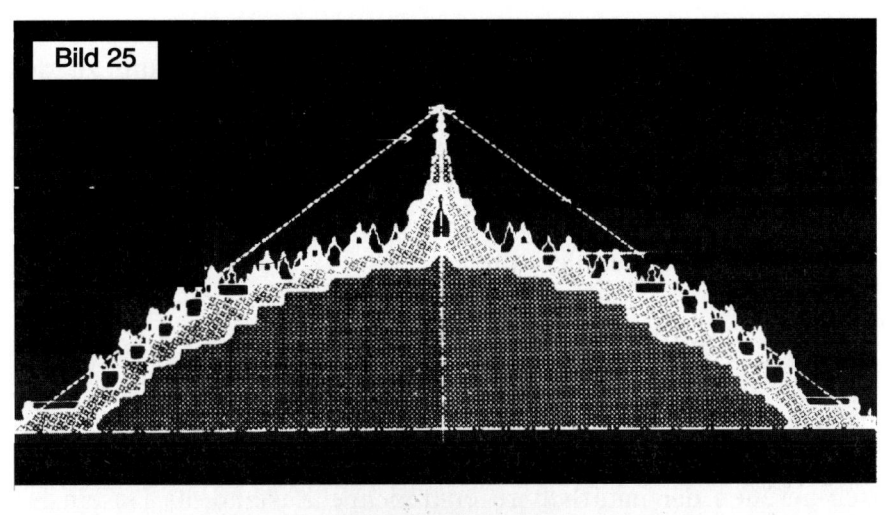

Bild 25

133

Weit mehr als wir zugeben sind sie Teil des modernen Lebens und der Gesellschaft. Es fehlt aber jegliche Beziehung zu den Ursprüngen.

Ohne Rückbeziehung (religio) werden Rituale wertloser.

Gefördert wird in dieser Gesellschaft das Ego. Nicht alleine die Förderung des Ego sollte im Vordergrund stehen, sondern auch das Erlangen der Weisheit der Alten.

Der Weg ist beschrieben. Wir müssen versuchen, zu unserem Sein, also zum Zentrum der Urform der Energie, zum Universellen Geist, zu gelangen. Haben wir dieses Zentrum erfahren, dann sind wir – laut Überlieferung – ein Heiliger im Sinn von heil und selig; archaisch gesehen der natürlich zu erstrebende Zustand als Daseinsbegründung des einzelnen Menschen.

Initiation ist laut Überlieferung Seelenheil, ist Abkehr von der Täuschung, ist Wahrheit, ist Selbstverwirklichung.

Erinnerungen, Gefühle, Gedanken, Vorstellungen sind Nachbilder sinnlicher Erfahrungen. Sie berühren bereits tiefer gelegene Ebenen, sind aber noch weit von der Initiation entfernt: dem Eingehen des Geistesbewußtsein ins Innere seiner selbst.

Prinzip der Initiation:

Wahrheit ist für mich nur das, worin ich initiiert bin, was ich unmittelbar erfahren habe.

Ich weiß nur das wirklich, was ich erlebe. Wer geistige Erfahrungen macht, den Geist erlebt, erlebt das Wahre in sich, im Grunde sich selbst, denn der Geist ist das Selbst.

Wahrer Glaube (*sraddha*) ist körpereigenes Wissen, Bindeglied von profanem Wissen und initiatischem Wissen

„Gleiches erkennt Gleiches"

Gleiches wirkt nur auf Gleiches, das kennen wir von dem physikalischen Prinzip der Resonanz. Wenn Bewußtsein im geistigen Prozeß unsere Materie verändert, dann logischer Weise nur, weil sie resonanten Zugang zum potentiell Geistigen der Materie hat.

Meister Eckart: *„Das Auge, in dem Gott ich schaue, ist dasselbe Auge, in dem mich Gott schaut."*

Goethe: *„Wär nicht das Auge sonnenhaft, nie könnt die Sonne es erblicken, wär nicht in uns Gottes Kraft, wie könnt uns Göttliches entzücken?"*

Visualisieren bedeutet den Aufbau einer Kraft durch die Bilder innerer Schauung, den Aufbau einer Bildekraft, die geeignet ist, unsere Materie und Funktion zu beeinflussen.

**Achte auf Deine Gedanken
denn sie werden Deine Worte.**

**Achte auf Deine Worte
denn sie werden Deine Handlungen.**

**Achte auf Deine Handlungen
denn Sie werden Gewohnheit.**

**Achte auf Deine Gewohnheiten
denn sie werden Dein Charakter.**

**Achte auf Deinen Charakter
denn er wird Dein Schicksal.**

Klosterschrift in England
zur Kenntnis gegeben durch Hermann Faust, Lathen

Wenn wir uns über Weisheit, Initiation und Imagination Gedanken machen, kommen wir auch auf folgende Idee.
Etwas durchaus Mystisches innerhalb der Quantenelektrodynamik ist die „Nichtlokalität". Eine Welle kann durch bestimmte Gewebeeigenschaften gesplittet werden. Wird dann einer der Strahlen durch „Welcher-Weg-Information" zum definierten Quant umgewandelt,

passiert das auch mit dem anderen Strahlteil; dies selbst dann, wenn dieser Strahlteil inzwischen auf einer anderen Galaxie angekommen ist. Wir müssen annehmen, daß „Nichtlokalität" sowohl innerhalb unseres Körpers unentwegt vorkommt, als auch außerhalb unseres Körpers wirksam ist, gesteuert aus unserem Körper heraus. „Intelligente" Quantensysteme, das Bewußtsein als „Welcher-Weg-Information" können somit Ziele und Beziehungen ansteuern, die durch den vorher gesplitteten Strahl verbunden sind. Mit meinem Bewußtsein beeinflusse ich auf diese Weise zwar bevorzugt meine Körperfunktionen, da hier Verstärkerstrukturen die Information aufnehmen, aber ich beeinflusse auch meine Umwelt.

Im Vorgängerbuch zu diesem Thema, in „Gehirn-Magie", habe ich relativ einfach dargestellt, wie Elektronen sowohl in die Zukunft als auch in die Vergangenheit kommunizieren können (Wheeler-Feynman-Absorber-Theorie). Da wir innerhalb der Quantenelektrodynamik inzwischen schon an revolutionäre Vorgänge – verglichen mit unserem gängigen Wissen – gewöhnt sind, deshalb wage ich eine weitere faszinierende Spekulation. Wie alle Spekulationen, hat die folgende Konstruktion erst einmal keinen Wahrheitsgehalt, aber vielleicht wird sie irgendwann plausibel.
Bis heute ist unbekannt, wie unsere Erinnerung an vergangene Geschehnisse im Gehirn abgelegt wird. Es hat etwas mit dem Mechanismus zur Neubildung von Proteinen zu tun, aber alle Versuche zum Nachweis sogenannter Gedächtnisproteine scheiterten bisher.
Wie ich immer wieder ausführe, ist jede Funktion primär eine quantenphysikalische, das heißt Quanten werden zur Kraftbildung und Informationsübertragung bevorzugt zwischen Elektronen eingesetzt. Sollte so auch unser **Gedächtnis** funktionieren?
Ist es möglich, daß in dem Augenblick, in dem wir uns an ein Geschehnis erinnern, eine Kommunikation zwischen meinen Bewußtseinsentitäten (von der Urform abgeleitete Schwingungsmoden, z.B. Elektronen) und den Elektronen des in der Vergangenheit autentischen Geschehnisses stattfindet (**Verschränkungs-Wiederbelebung?**).

Sollen wir den Physikern Glauben schenken, die sagen, alles ist parallel vorhanden, Zeit existiert nur – wie wir erklärt haben – als Bewußtseinskontakt mit äußeren Emanationsschalen einer Urenergie? Tatsächlich kennen Quanten mit Lichtgeschwindigkeit weder Zeit noch Raum. Sie können aus sich heraus jeden Fleck des Universums beliebig aufsuchen. Letztlich sind sie überall gleichzeitig. Die Festlegung der lokalen Kraft in der Zeit geschieht von außen. Von außen betrachtet können Quanten so festgelegt werden, daß sie in der Vergangenheit den Zustand der Elektronen abtasten und als Information ins Heute bringen. Gleiches funktioniert auch in die Zukunft. Dabei entstehen verwickelte Phasenverschiebungen der übertragenden Wellen, wobei ein großer Teil der Information sich selbst auslöscht. Aber vielleicht besitzt die Entität „Bewußtsein" auch hier die Möglichkeit, steuernd einzugreifen. **Auf jeden Fall ist die Vorstellung sehr attraktiv, daß jedesmal, wenn wir uns erinnern, auch tatsächlich die Geschehnisse der Vergangenheit real aktuell neu erleben.**

Wie übersetzt sich subatomare Kraftwirkung in makroskopische Struktur?

Elektronen lassen sich durch elektromagnetische Wellen nur anregen, wenn die Richtung der Elektron-Spinachse mit der Kraftrichtung der Welle (dem Kraftvektor) übereinstimmt.

Der Organismus ist so konstruiert, daß Elektronen in bestimmten Molekülstrukturen mit ganz bestimmten Spinachsenrichtungen eingebaut werden.

Ein weiteres Prinzip der Bauteile des Organismus ist die Polarsierbarkeit von Dipolen in elektrischen Feldern.

Das beste Beispiel für beide Eigenschaften ist der Einbau von Wassermolekülen in Proteine zu kristallingleichen Strukturen (Clathratwasser).

Wenn diese ausgezeichneten Elemente dann immer wieder aneinandergereiht oder geschichtet werden, entstehen schließlich makroskopische Strukturen mit einheitlichen Eigenschaften, die sehr gut auf elektromagnetische Wellen reagieren.

Derartig ausgezeichnete Elemente befinden sich im Bausatz der Zellmembran, aber auch in vielen Fasern, in der Muskelfaser, der Nervenfaser und ganz besonders in den Mikrotubuli, auf die wir im nächsten Kapitel zurückkommen.

Es wurde schon früh erkannt, daß diese Strukturen das Licht verändern, meistens wird eine Schwingungsebene herausgefiltert oder die Schwingungsebene wird gedreht oder einfallende Schwingungen werden punktförmig fokussiert oder gesplittet und vieles mehr. **Für unser Thema hier ist wichtig, daß bestimmte Gewebestrukturen aus elektromagnetischen Einzelereignissen Sammelereignisse mit identischen Eigenschaften machen können. Das Ganze mündet dann in einen Zustand der Kohärenz, einer Gleichschaltung der elektromagnetischen Parameter in Raum und Zeit.** Genau das braucht das System, um aus subatomaren Kraftmomenten in makroskopische Kraftmomente zu übersetzen. Mit diesem Mechanismus funktioniert auch die Kraftentwicklung jedes Muskels.

Schauen wir uns in diesem Zusammenhang die Funktion der „Bewußtheit" der Zelle an und wählen dafür als Beispiel ein besonders lebloses Gebilde, eine Knochenzelle aus.

Bewiesen ist das anschließend dargestellte Modell noch nicht in allen Punkten, es ist lediglich plausibel.

Die Bewußtseinsstruktur der Zelle

Der Knochen erscheint uns in seiner verdichteten mineralischen Struktur eher einem Lavastein ähnlich, also eher passiv und tot als lebend. Der Augenschein trügt. Das System arbeitet hochintelligent und registriert energetische Momente seiner Umgebung.

- Osteoklasten (abbauende Zellen) und Osteoblasten (aufbauende Zellen) achten in engster Kooperation auf feine Ausgewogen-

138

heit von Aufbau und Abbau der Knochensubstanz. Die Heilung einer Fraktur wird erst durch dieses Zusammenspiel möglich.

- Mit Hilfe des Knochenstoffwechsels wird der Mineralhaushalt des ganzen Körpers ins Gleichgewicht gebracht.
- Auffällige Knochenstrukturen (Knochenbälkchen) richten sich nach den Belastungslinien als Trajektorien aus.
- Lokale mechanische Belastungsmomente ergeben über piezo-elektrische Knochengewebe eine Verdichtung des Knochenmaterials gerade dort, wo es notwendig ist.
- Knochen sind nicht nur Stützelemente, sondern sie sind auch die „Behausung von Knochenmark und Zentralnervensystem".

Wo liegt der Steuermechanismus für diese fein abgestimmten Aktivitäten?

Wir betonen hier immer wieder: Unsere vitalen Formationen, Aufbauten und Funktionen werden vielfältig durch elektrische und elektromagnetische Energien und Kraftkomponenten gesteuert. Auch Knochen und Wirbelsäule funktionieren mit Hilfe dieser Kräfte. Folgende energetische Einflußgrößen sind in Experimenten isoliert worden:

Die alltägliche mechanische Belastung der Knochensubstanz beim Laufen generiert auf der Knochenoberfläche elektrische Ladungen (0,22 pC/N). Diese Piezoelektrizität des Knochens wurde bereits 1950 entdeckt. Das mit der piezoelektrischen Polarisation korrelierte elektrische Kraftfeld setzt einen Ionenstrom in Gang. Dazu addiert sich bei mechanischer Kompression ein Strömungspotential in Knochenkanälchen (Conliculae) proportional zur Belastung.

Offensichtlich wird das Wachstum des Knochens und seine Regneration durch diese elektrischen Potentiale gesteuert. Natürlicherweise entstehen die Potentiale während des Laufens pulsförmig. Gepulst codierte Energie ist Information, d.h. die Knochendichte und Regeneration wird über die räumlich lokale Belastung formiert. Zusätzlich moduliert werden diese elektrischen Größen durch den pulsierenden Blutfluß und weitere elektrische Effekte im Knochengewebe und in der unmittelbaren Umgebung – wie durch den pyroelektrischen Effekt (Temperatur erzeugt Polarisation), den photoelektrischen Effekt (Lichteinfluß erzeugt Potential), die Zeta-Potential-Einflüsse (ansteigende Phosphatkonzentration läßt Zeta-Potential ansteigen), und die p-n Halbleiter-Effekte.

Die Wirkung aller elektrischen Energieeinflüsse liegt einerseits in einer verstärkten Hemmung der Osteoklastentätigkeit, andererseits gleichzeitig in einer verstärkten Osteoblastenproliferation und -differenzierung und außerdem in einer Verstärkung und Optimierung folgender Faktoren:

- der extrazellulären Matrix,
- der Calzifizierung,
- der Aufnahme von Thymidin,
- der Makrophagen-Aktivität.

Mechanische Minderbelastung (mangelnde Bewegung) fördert im Gegensatz dazu die pathologische Formation.

Die elektrischen Parameter können auch von außen über biomedizinische Gerätemethoden zugeführt werden (galvanisch oder induktiv zugeführte Stromdichten um $0,4~\mu A/mm^2$, 10–30 Hz) und z.B. Osteoporose, Osteomalazie (unverkalkte Knochensubstanz) und Frakturen günstig beeinflussen. Parallel zu diesen Maßnahmen ist eine wohl dosierte UVB-Bestrahlung sehr hilfreich.

Dieser von der Wissenschaft bereits in den 60er und 70er Jahren erkannte Mechanismus wird nun durch neuere Untersuchungen und Theorien, die in den Quantenbereich ragen, ergänzt.

Wie sieht das Modell dazu aus?

In einer Zelle gibt es zwei verschiedene Managementzentralen, eine dieser Zentralen wird geläufiger Weise übersehen:

1. Zellkern mit Erbsubstanz; Aufgabe: Replikation und Synthese der Moleküle, also Baustein-Herstellung und Weitergabe.
2. Centrosom mit Centriolen- und Mikrotubuli-Kooperation; Aufgabe: Schaltstelle zur Steuerung aller funktionellen dynamischen Prozesse. Hier wird die Bewegung der Zelle, die Bewegung der

Organellen in der Zelle und vor allem die Struktur der Zelle den Erfordernissen angepaßt.

Mikrotubuli sind zelluläre Automaten mit einer Art „Bewußtsein".

Sie interagieren mit vielen Proteinen und bauen in der Zelle ein netzartiges Proteingerüst. Dieses ist in der Zellmembran verankert. Mikrotubuli, ebenso wie Aktinfilamente, sind an einer Vielzahl zellulärer Funktionen beteiligt, insbesondere bei der Bewegung der Zellorganellen.
Es lohnt sich, einen kurzen Blick auf den Aufbau zu werfen.

Der Aufbau wird durch gewebespezifische Tubulingene ermöglicht. Unter Energieverbrauch entstehen aus globulären Untereinheiten durch Polymerisation die Röhren.

In Gegenwart von GTP setzen sich Tubulin-Dimere zusammen, die jeweils aus einer globulären α-Einheit und einer β-Einheit bestehen. Die beiden Tubuline werden von zwei nahe verwandten Genen codiert.

Die Tubulusstruktur ist polar, weil die Untereinheiten asymmetrisch sind. Am sogenannten Plusende findet Anlagerung (Wachstum) oder auch Abgabe (Verkürzung) statt. Mikrotubuli können also wachsen oder schrumpfen und sie sind kontraktil. Eng verbunden arbeiten Mikrotubulus-assoziierte Proteine (MAPs). Sie bewirken Stabilität, und Interaktion mit anderen Proteinen.

Man kann die Funktion der Mikrotubuli in vitro nachvollziehen. Dafür werden isolierte Mikrotubuli auf Objektträger adsorbiert. Gibt man nun Latexkügelchen dazu und das Protein Kinesin als molekularen Motor (eine Mikrotubulus-aktivierbare ATPase), dann werden die Kügelchen auf dem Objektträger transportiert Richtung (+) – Ende der Mikrotubuli. Ist genügend Kinesin vorhanden, dann werden selbst die Mikrotubuli auf der Glasoberfläche herum wandern, dies aber nur dann, wenn ausreichend ATP vorhanden ist.

Will man die Richtung des Transports entgegengesetzt verlaufen lassen, also Richtung (–) – Ende, dann braucht man statt Kinesin einen separaten Motor, das Protein Dynein.

Der Transport innerhalb der Röhren benötigt weitere Komponenten, Motorrezeptoren und zytoplasmatische Proteine.

Zahl, Lage und Anordnung der Mikrotubuli innerhalb der Zelle bestimmen den intrazellulären Transport. Der Austausch von Ca^{++}-Ionen zwischen Aktin und Mikrotubuli-gebundenen Calmodulin bestimmt, ob das Cytoplasma eher einen Sol- oder eher ein Gelzustand einnimmt, ob also mehr flüssig oder mehr gelatinös wird. Dafür wird ein Protein aktiviert, das sinnvoll Gelsolin genannt wird. Gelsolin bewirkt eine Polymerisation von Aktin. In diesem eher Solzustand wird die Mitose hochgefahren. Sinkt die Ca^{++}-Konzentration, dann tritt Repolymerisation ein und der Gelzustand überwiegt.

Die elektrischen Polarisationszustände der Cytoskelette stehen in Wechselwirkung mit elektrischen und elektromagnetischen Außenfeldern. Derartige Wechselwirkungen laufen als Wellen über die Strukturen der Mikrotubuli und übertragen Signale. Das Ergebnis davon sind Konformationsänderungen, wobei van-der-Waals-Kräfte moduliert werden. Eine wichtige Rolle bei der Konformationsänderung spielt der Platzwechsel des Elektrons in den Untereinheiten.

Die Frage ist nun, wie kann die Polarisation des Cytoskeletts und seine Veränderung Information für die ganze Zelle darstellen.

Die Natur hat wahrscheinlich aus gutem Grund hohle Röhrchen als Cytoskelette gewählt. Dennoch sind Mikrotubuli nicht leer, sondern sie enthalten pures Wasser, in dem nicht einmal Ionen gelöst sind. Wasser innerhalb eines Mikrotubuli ist etwas völlig anderes als Wasser, wie wir es gemeinhin erleben. Die Bewegung der Wassermoleküle kann in diesen Röhrchen vollkommen geordnet werden. Man spricht von vicinalem Wasser oder von Kristall- bzw. Clathratwasser.

Welchen Vorteil hat derartig strukturiertes Wasser?

Die ganze Anordnung wird zyklisch zu einem streng kohärenten System mit ausgezeichneten Eigenschaften. Es ist für quantenkohärente Schwingungen (Super-Radiance) prädestiniert und kann somit Information verarbeiten und weiterleiten. Die Eigenfrequenz des Systems liegt nach einheitlicher Auffassung bei 50 GHz.

Schon 1974 hatte Hameroff behauptet, Mikrotubuli sind dielektrische Wellenleiter. Es spricht viel dafür, daß wir die physikalische Eigenschaft, die wir mit Bose-Einstein-Kondensat bezeichnen, tatsächlich auf Mikrotubuli anwenden können.

Welche Information kann mit diesem System geleitet werden?

Laut Emilio del Giudice, Universität Mailand werden innerhalb des Cytoplasmas der Zellen elektromagnetische Signale selbstfokussiert; und dies gerade genau auf die Größe eines Durchmessers von Mikrotubuli. **Das heißt, die Nachrichten und Energien, die sich aufgrund der jeweiligen Zelltätigkeiten und Einkopplungen an verschiedenen Stellen ergeben, können als Information den Mikrotubuli eingegeben werden, hier gesammelt und koordiniert werden und schließlich als kohärente Quantenenergie zur Steuerung des gesamten Zellgeschehens verwendet werden. Nicht anders scheint unser Bewußtsein zu funktionieren.**

Wir hatten oben unter 2. die Centriolen und Centrosomen erwähnt. Centriolen sind zentrale Steuereinheiten des Cytoskeletts. Dabei ist das Centrosom die Steuereinheit der Mikrotubuli. In einer kritischen Phase der Zelle passiert etwas ganz Außergewöhnliches: Aus dem Zylinder, der das Centriol repräsentiert, wächst ein weiterer Zylinder heraus. Beide Zylinder, d.h. beide Centriolen trennen sich voneinander und ziehen dabei jeweils ein Bündel von Mikrotubuli mit sich. Schließlich sieht das Ganze aus wie zwei Brennpunkte, von denen Strahlen ausgehen. Die betroffenen Mikrotubuli enden an den beiden DNA-Strängen im Kern und ziehen sie diametral voneinander weg. **Ein absolut wundersamer Mechanismus.** Wir beschreiben hier gerade den Vorgang der Zellteilung, die Mitose, die nur in einem ganz bestimmten Cytoplasma-Milieu auftreten kann.

143

Nicht der bisher zur Erklärung einer Selbstoptimierung des Knochens und der Wirbelsäule herangezogene Begriff „Piezoelektrizität" ist die Quintessenz des Geschehens, sondern die durch piezoelektrische Phänomene vermittelte quantenkohärente Konsequenz einschließlich der Konformationsänderung der Mikrotubuli des Cytoskeletts, die das Milieu steuern.

Alles spricht dafür, daß weit subtilere Energien, wie wir sie für den Vorgang der Akupunktur postulieren, hier eine ihrer Schaltstelle haben.

Energie – Materie – Sinn

Wir haben ausführlich dargestellt, daß Materie und Energie sich gegenseitig bedingen. Damit eins ins andere übergeht, dafür ist laut Wheeler Information notwendig („*the it from the bit*").
Wir haben deshalb ein Modell aufgezeigt, wonach unser Bewußtsein die Funktion der Verfestigung von Energie und somit Realitätsbildung hat.
David Bohm (Schüler Einsteins) sieht das Universum und alles, was dies hervorgebracht hat, in drei sich wechselseitig entfaltenden Aspekten: Energie, Materie, Sinn.
Bohm sagt sinngemäß: Materie und Sinn ist in Energie eingefaltet, und in der Materie ist Energie und Sinn eingefaltet; schließlich besteht Sinn letztlich aus Materie und Energie. Jeder Aspekt ist in jedem vorhanden. **Sinn, Materie, Energie ergeben das Sein. Da in uns der Sinn durch unsere Bewußtsein gegeben ist, geben wir uns selbst den Sinn.**

Bohm, (1988) sagt:
*„In gewisser Hinsicht könnten wir sagen, daß wir
die Gesamtheit des Sinnes sind, den wir uns geben."*

Energie und Materie sind von Sinn durchdrungen, der schließlich Materie erzeugt und ihr Form verleiht.

Alle Energie stammt vom Urgeist (identisch mit Urform der Energie), deshalb ist alle „Geist-Energie" vom Sinn durchdrungen, wodurch die Materie unseres Körpers und unser Gehirn als Form entsteht. Allein die Form wiederum macht es möglich, daß unser Organismus so aktiv sein kann, wie er es nun einmal ist.

Da das Bewußtsein, also der Sinn, eine Funktion des Geistes ist, und der Sinn in Energie und Materie eingefaltet ist, deshalb ist alle Energie und Materie gleichermaßen vom Geist durchdrungen.

Im Buddhismus gibt es die 3 *Kayas*, die verblüffende Ähnlichkeit in der Interpretation mit den 3 Aspekten Bohms haben:
Da ist zuerst *Dharma-kaya*, eine grenzenlos schöpferische, ungeformte Totalität, aus der alle Dinge entstehen (der Sinn als Teil des Geistes).
Als zweites wird *Sambhoga-kaya* genannt, dem unmittelbaren, dauernden Aufblitzen von Energie aus dem Grund der Leere (die Energie, wodurch Sinn und Materie einander beeinflussen).
Als drittes haben wir *Nirmana-kaya*, das immer wieder Verdichten von Energie zu Form und Manifestation (die Materie).

Bohm ist ein bekannter Physiker mit bestem Ruf; er eröffnete schon in den 70er Jahren den Dialog zwischen Mystik und Naturwissenschaft.

Großen Zuspruch erhielt er auch durch sein sozialkritisch-politisches Engagement (Bohm, 1987):

„Um die Welt politisch, ökonomisch und sozial zu verändern, müssen wir den Sinn anders begreifen. Dieser Wandel muß aber im Individuum beginnen; für den einzelnen selbst muß sich der Sinn ändern... Wenn Sinn wirklich ein wesentlicher Teil der Wirklichkeit ist, hat sich grundsätzlich erst dann etwas geändert, wenn der Sinn von Gesellschaft, Individuum und Beziehungen in einem anderen Licht gesehen wird."

Ergänzung zur Wissenschaft

Wissenschaft ist das Vornehmste, was eine Gesellschaft sich leisten kann. Der Fortschritt, den wir verzeichnen und mit Wonne genießen, ist der Wissenschaft zu verdanken. Aber wir müssen auch erkennen, daß die Wissenschaft uns in eine Menge Probleme gestürzt hat, die wir mit dem Schlagwort Umweltverschmutzung bezeichnen. Dadurch ist die Menschheit in ihrer Existenz tatsächlich ernsthaft bedroht. Das ist allerdings nicht das Thema dieses Buches.

Noch hat die Wissenschaft mehrheitlich die Tendenz in immer weitere Einzeldisziplinen zu zerfallen und Konkretes zu fördern.

Marc Jongen:

„Die Wissenschaft, die bloß eine organisierte, zum System ausgebaute Verlängerung des gewöhnlichen Alltagsbewußtseins darstellt, beschränkt sich im wesentlichen darauf, das Buch der Natur exakt zu vermessen und zu wägen, seine Buchstaben zu zählen und in Statistiken zu erfassen, kurz, alles dem Wesen des Buches Äußerliche bis ins kleinste zu erforschen, um es für menschliche Zwecke nutzbar zu machen…"

Die Bemühung, den Geist zu erkennen, wird dabei mehr und mehr vertrieben, die Philosophie abgekoppelt.

Sunryu Suzuki (Zen Meister)

„Nur ein Geist, der nichts glaubt und weiß, ist wirklich frei; im Anfänger-Geist sind viele Möglichkeiten enthalten, im Geist des Fachmannes nur wenige."

Man bemerkt eine Bewegung innerhalb der Wissenschaft. Eine Erneuerung der Wege zur Wissenserlangung greift um sich, die gerne mit dem Begriff Paradigmenwechsel tituliert wird, und die das Uralte wieder einbezieht, wenn es mit den modernen Theorien der Wissenschaft Schulterschluß zeigt.

Nikola Tesla:
„An dem Tag, an dem die Wissenschaft beginnen wird, nichtphy-
sikalische Erscheinungen zu untersuchen, wird sie in einem Jahr-
zehnt größere Fortschritte machen als in allen vorhergehenden
Jahrhunderten ihres Bestehens."

Wird an alten Kräftekopplungen (Wahrnehmungen) festgehalten,
können sich keine neuen knüpfen. Lebendig kann nur sein, was sich
die Möglichkeit laufender Wandlung, Erneuerung, Erweiterung
offenhält.
Intellekt kommt von *intus legere,* das innere Lesen. Wir sind intellektuell, wir lesen im Innern, aber wir sind nicht intuitiv, wir sind
nicht selbst im Innern *(intus-eor,* ich bin drinnen, bin hineingeführt).
Wir lesen über die Natur und reflektieren das Gelesene, aber wir
sind nicht selbst in der Natur. Intuitiv Schauen ist wirklicher und
wahrer als intellektuell zu differenzieren, also die Einheit zu zerlegen.

Marc Jongen:
„Daß das Buch der Natur auch gelesen werden kann, daß es also
einen Sinn enthält, dem die Seiten und die Druckerschwärze nur
als Transportmedium dienen, dafür ist die Wissenschaft, dafür
sind wir in unserer Alltagsverfassung blind."

Jedes Wissen des Menschen ist immer ein Glauben.
Was ist der Unterschied zwischen der intellektuellen Betrachtung
und der spirituellen?
Intellektuelle Betrachtung: Ansammlung von konkreten, also in
Raum und Zeit definierten Einzelfakten und deren Kombination.
Die Ganzheit wird zerstückelt, gegliedert und katalogisiert.
Z.B. die Medizin: sie sieht nicht die Gesamtwesenheit des Men-
schen. Denn diese paßt nicht in die Objektivität, die oberste Prä-
misse der Wissenschaft, die Gesamtwesenheit ist rein subjektiv.
Spirituelle Betrachtung: Wissen um archetypische Gestaltungs-
kräfte in allen Erscheinungen. Alles galt früher genauso wie heute
und wird immer so weiter gelten. In allen Teilen steckt ein gemein-

sames steuerndes geistiges Band. Der Geist in meinem Inneren ist nicht verschieden vom Geist in allen Dingen.

Dem Wissenschaftler sträuben sich die Haare, wenn die spirituelle Betrachtungsweise berücksichtigt wird, aber es gibt andererseits nicht wenige Wissenschaftler, die der Meinung sind, wir kämen ohne die spirituelle Betrachtung des Menschen in der Medizin nicht weiter.

Einstein:
„Wissenschaft ohne Religion ist wie ein Lahmer; Religion ohne Wissenschaft ist wie ein Blinder."

Früher war die Wissenschaft stolz auf eine neutrale Objektivität, heute ist sie Spielball von einer starken Interessenlobby, die eher einseitiger Subjektivität zuzuordnen ist, das gilt ganz besonders für die Medizin.

Einstein (New York Times 25.5.1946, 13:)
„Ein neuer Denktypus ist unentbehrlich, wenn die Menschheit fortleben und sich höher entwickeln will."

Die verschiedenen Schichten der Psyche sind weit mächtiger als das rationale Alltagsbewußtsein. Dennoch verhält sich der Mensch im sozialen und politischen Gesellschaftskontex, als ob die Psyche nicht vorhanden wäre.
Je mehr die Psyche negiert wird und die Technik auf Kosten einer gemeinsamen Kultur wächst, desto mehr verlangt die Psyche nach ihrem Recht.
Welche enormen Konsequenzen die Psyche für die Gesundheit bedeutet, erfahren Sie in Teil II.

Theoria heißt übersetzt die Schau. Die Wissenschaft, die sich höchst erfolgreich der Theorie bedient, erhält nur einen Teil der Schau: das Reale, Immanente, Vergängliche, Konkrete, Anschauliche. Es gibt aber eine dazugehörige zweite Hälfte: das Transzendente, Ewige, Unveränderliche, Abstrakte, Ideale.

Diese heute immer wieder vollzogene Trennung könnte bald der Wortbedeutung entsprechend diabolische Formen in unserer Gesellschaft einnehmen (trennen, auseinanderwerfen heißt *diaballein* im Gegensatz zu *symballein,* zusammenwerfen, was im Wort Symbol deutlich wird).

Der Ruf wird lauter nach einer Synthese von objektiver Wissenschaft und Philosophie im Sinne von Re-ligio Wieder-Vereinigung.

Einstein:
„Phantasie ist wichtiger als Wissen."

Alle Standpunkte des Menschen sind relativ, da geistig gefiltert, da also subjektiv, da erfahrungsabhängig, da paradigmenabhängig, keinesfalls sind sie objektiv und unerschütterlich.

Wenn alles durch uns Menschen wahrgenommen wird, ist dann die vermeintlich wahre Wirklichkeit wirklich eine entseelte, entgeistete, objektiv gemessene Welt, vom Sein völlig abgekoppelt?

In der manifestierten Welt gibt es laut Überlieferung fünf Grundzustände:
• Urzustand: *Akash* oder *Akasha*
daraus wird durch Verwandlung:
• Erde als feste Materie: *Prithvi,*
• Wasser als flüssiger Zustand: *Jal,*
• Feuer als Strahlung: *Agni,*
• Luft als Gas: *Vayu,*

Akash ist in jedem Menschen als Realität des Lichtes, der Liebe, der Seligkeit und als reines Bewußtsein.

Im **Sanskrit** findet sich ein ähnliches Konzept als *Mulaprakriti.*

Upanishaden (*Mundaka Upanischad*): das Universum ist eine spontane Emanation des Brahman, der unveränderlichen unzerstörbaren Existenz. Brahman macht Materie, Leben, Geist, Wahrheit und Unsterblichkeit.

Raja-Yoga: *Akasha* ist die fundamentale Substanz alles Existierenden, und *Prana* ist die höchste Energie, die alles bewirkt und alles formt. *Prana* ist eine unendliche allgegenwärtige Kraft, die auf *Akasha* wirkt. *Prana* befindet sich in den Nervenströmen und in der Kraft der Gedanken, in der menschlichen Tätigkeit. Am Ende werden sich die Kräfte

wieder in *Prana* auflösen, so wie alle Dinge ins *Akasha* hinein er-
sterben.

Im erweiterten Bewußtseinszustand haben wir laut dieser Weisheiten
Zugang zu Informationen, die nicht in unserem Gehirn gespeichert ist,
sondern im universellen Energiefeld, dem Urgeist.
Der Ursprung der Religion war nicht die Furcht vor dem Tod, sondern
die Anerkennung des Todes als des großen Verwandlers und Initiators in
die wahre Natur des Menschenkerns.

**Wie können wir das, was hier bisher beschrieben wurde, in
unserem täglichem Leben verwerten?**

Teil II macht Vorschläge dazu.

	Urenergie	**Urgeist**
Ur-eigenschaft	Elementar-Membran Ursprung jeder Existenz	Identisch mit Elementar-Membran Ursprung jeder Existenz
neue Eigenschaft	abgeleitete Energie: String, Elektronen, Photonen u.a.	abgeleitete Geistqualitäten intelligente Zielsetzung
neue Eigenschaft	Welle-Teilchen-Transformation	Realitätsbildung Krafterscheinung
neue Eigenschaft	Kohärenz, Interferenz Summenwirkung z.B. Supraleitfähigkeit	Kräfte innerhalb eines weiten Spektrums, Kraftverstärkung
neue Eigenschaft	Feedback-Kommunikation Info-Abstimmung	Feedback-Kommunikation Sensibilität
neue Eigenschaft	Kraftkombinationen Hologramme räumliche/zeitliche Verstärkung, Auslöschung	Assoziationsnetz Regelkreise Reflexe, Orientierung
neue Eigenschaft	Molekülaufbau komplexe Verbindungen	Lernen, Speicherung z.B. in DNA
neue Eigenschaft	Anatomie Morphologie	Matrix, Form Gefühl Emotionen
neue Eigenschaft	Physiologie (Funktion) Grundprogramme	Urverhalten „Friß, Greife an, Fliehe Paare dich"
neue Eigenschaft	Speicherung aller Information	Erfahrungssammlung Lebensplanung
neue Eigenschaft	Wheeler-Feynmann-Absorbertheorie, Nichtlokalität	Denken in Raum und Zeit über den Körper hinaus

Darstellung der Begriffe der modernen Physik:

Urfeld, aufgezweigt in verschiedene Felder (nach Urknall).
- darin: **Urform der Energie**, aufgezweigt in verschiedene Energien als Schwingungen und Wahrscheinlichkeiten nach Urknall.
- – dies entspricht bei Realitätsbildung durch Kraftübertragung:
- Urform der Energie als **Membran,**
- im Abstand als **String,**
- und aufgezweigte Energien als **200 Elementarteilchen,** wie z.B. Quant oder Photon
  virtuell
  real
  = Kraftboten

Feldausbreitung und Energietransfer im Vakuum, dem Raum zwischen den Massen. **Massen sind Feldverdichtungen als „Knoten".**

Differenzierte Felder:
- Higgsfeld,
- Skalarfeld,
- Subquantenfeld,
- Gravitationsfeld,
- elektromagnetisches Feld (beinhaltet elektrisches- und magnetisches Feld),
- starkes Feld, schwaches Feld des Atomkerns

elektromagnetisches und schwaches Feld zusammengefaßt in elektroschwaches Feld

Übersicht 6

Traditionen

z. T. aus Laszlo, 1995, S.287

Hindus: *Leela* **(Spiel)**
= **Verfestigung** und Destillation **der Urform der Energie,** die aus der Ureinheit herabsteigt
– tiefe **Einheit spaltet sich** auf **in** manifestierte **Vielheit:** in
– **reine Energie**: *Adi Shabd*
– daraus wird **wahres Sein** *Sat Purush*
– und kommt zur Ruhe **am wahren Ort** *Sat Lok*
– weitere **Emanation**: ausströmende Energie *Par Brahm*
– erschafft eine Region des Geistes, die von einer verfeinerten **primären Materieform** durchdrungen ist: *Pakriti*
– dann tunnelt die Primärenergie in den niederen Bereich des *Par Brahm*, der *Daswan Dwar* heißt
– erste Schritt führt zu *Maha Sunna*, **der großen Leere,** der grundlosen Tiefe, der dichten Finsternis
– von dort strömt die Energie durch einen Kanal, durch die „die zehnte Tür" zum *Mansarova*, einem **großen Speicher**
– dann verläßt sie den Bereich der reinen Spiritualität und erreicht den des Universellen Geistes *Brahm oder Kal.*
– Von hier aus **projiziert** sich die aktive kosmische Energie gemeinsam mit ihren empfangenden (weiblichen) Partner *Maya* **in die niederen Ebenen**
– hier nimmt die Energie die **Hüllen individueller Körper** an und schafft den individuellen Geist.
Nun gibt es die Zeit und die Dinge sind den Gesetzen von Ursache und Wirkung unterworfen; die Welt enthält die Dualität, in der die positive aktive Macht durch den negativen empfangenden Pol ausgeglichen wird (also entsprechend Yin/Yang).

Reduzierung des Universum und des Menschen auf die Urform der Energie

Aufbau des Systems „Universum"

| 1 Einheit Universum |

| $10^{??}$ Einheiten Galaxien.....//........ |

| $10^{??}$ Einheiten Sonnen..............//........... |

| $10^{??}$ Einheiten Planeten.....................//........... |

| $10^{??}$ Einheiten Asteroiden...............................//............ |

| alles aus Energie-Urform |

Aufbau des Systems „Mensch"

| 1 Einheit Mensch |

| 10^{13} Einheiten Zellen........//..... |

| 10^{22} Einheiten DNA...............//......... |

| 10^{28} Einheiten Atome..........................//........... |

| 10^{30} Einheiten Subatomare Teilchen..................//............ |

| alles aus Energie-Urform |

Teil II

Praxis

Physiologie

Pathologie

Strategien

Die Psyche ist das Ergebnis
des Spielens auf der Tastatur
der Bewußtseinsebenen

Faktoren zur Steuerung des Körpers durch die Psyche

In Teil I wurde versucht, im Modell deutlich zu machen, wie unser Bewußtsein die Materie unseres Körpers steuert und sogar außerhalb unseres Körpers wirken kann.
Teil II nun soll in der ersten Hälfte plausibel darstellen, warum eine Psychohygiene in unserem täglichen Leben unbedingt notwendig ist. Sie ist – wenn ich den vielen Gesprächen mit Betroffenen trauen kann – weit dringlicher, als heute allgemein bekannt ist.
In der zweiten Hälfte dieses Teils werden einige Strategien und Ansätze für eine wirksame Psychohygiene andiskutiert.

Körper und Informationstransfer

Die Psyche kann nur da schalten und dirigieren, wo Struktur und Resonanzkörper zur Kraftübertragung vorhanden sind und auch als Verstärker wirksam werden. Wir müssen uns klar darüber sein, daß jede, absolut jede Funktion in unserem Körper quantenphysikalisch eingeleitet wird. Dabei werden immer bestimmte Weichen gestellt,
a) durch die angeborene weise Funktionsautomatik,
b) durch bewußte und unterbewußte psychische Momente.

Die Weichenstellungen in uns werden nicht nach den Regeln „digitalen Denkens" aktiviert (ein/aus, ja/nein, schwarz/weiß), sondern – und das ist keine Überraschung – entsprechend der „Fuzzy Logic", also eben entsprechend dem „gesunden Menschenverstand". Dabei werden alle als relevant für eine Funktion durch das Bewußtsein erfahrenen (konditionierten, gelernten) Parameter – nach Wichtigkeit für die augenblickliche Situation geordnet und hierarchisch neu bewertet. Eine enorme Rechenleistung erzeugt immer wieder neue Meßdaten, und jede Situation gibt unter Berücksichtigung der dauernden Meßdaten-Anreicherung Anlaß zur Aktualisierung. Mit der Wahrscheinlichkeit, mit Versuch und Irrtum werden die vermeintlich optimalen Reaktionen eingeleitet.

Hier nun ist leicht erkennbar: spielt das Bewußtsein die falschen Daten ein, wird das System falsch programmiert. Am Anfang unmerklich und beliebig nivellierbar, dann aber stärker und stärker, bis die Funktion gestört ist. Die Folge davon ist ein Teufelskreis.

Wir müssen also unter allen Umständen immer und immer wieder eine Kontrolle unserer Bewußtseinsinhalte vornehmen und notfalls durch Bewußtseinstransformation ein „Reset" erzwingen.

Die Frage dabei ist nur: Wie schaffen wir das?

Versuchen wir uns pragmatisch Klarheit über die Abläufe der Psyche im Alltag zu verschaffen.

Welche Mechanismen koppeln an den oben beschriebenen Quantenmechanismus, um über die Quantendistanz hinaus innerhalb und außerhalb des Körpers Information zu verbreiten, die selektiv von dem jeweiligen Empfänger verstanden wird?

Alle Prozesse in der Natur laufen über ein Feedback ab. D.h., die abgesandte Energie wird von einem Sender angeboten, von einem Empfänger aufgenommen und leicht verändert wieder abgestrahlt zurück zum Sender als Bestätigung. (**Bild 20**). Dieses Prinzip ist in der Wheeler-Feynmann-Absorber-Theorie (vergl. Gehirn-Magie) dargestellt und kann als Grundlage jeden Geschehens angesehen werden. Es funktioniert im Quantenbereich und reicht weit ins Makroskopische.

Das Bewußtsein (Glaube, Vorstellung als Abkömmling des Geistes) dirigiert das Ziel der Kommunikation, also das Feedback. **Bild 26**. Alles im Organismus ist gesteuert durch Regelkreise. Jeder Regelkreis ist ein Feedback-System. Alle Regelungen haben in der Quantenphysik ihren Ursprung.

Das Wichtigste zur Verknüpfung von Quanten und Molekülen in unserem Körper und in Verbindung mit der Umwelt noch einmal in aller Kürze:

- Botenstoffe werden in den Blutkreislauf und Lymphfluß gestreut. Jeder Botenstoff ist Quelle einer Wellenfunktion und kann durch die Umgebung (Kollabieren der Wellenfunktion) zu einer definierten Kraftquelle gemacht werden. Das passiert z.B. durch Rezeptoren. Botenstoffe werden durch Rezeptoren quantenmechanisch aus dem Fließmilieu herausgesiebt. Ihre als potentielles Kraftfeld mitgebrachte Information wird übertragen.

- Nervenstränge durchziehen den Körper, deren Oberflächen quantenmechanisch höchst aktiv sind. Mit Hilfe dieser Stränge und der Kommunikationssubstanz (Neurotransmitter) gelangt Information sowohl aus der Peripherie zum Zentralcomputer Gehirn, als auch vom Gehirn zu den Organen.

- Pheromone und flüchtige Duftstoffe des eigenen Körpers werden bevorzugt bei anderen Individuen, also außerhalb des eigenen Körpers, wirksam und finden quantenmechanisch ihre Rezeptoren.

- Auf der Distanz der Zelle sind die Mikrotubuli offensichtlich Favoriten zur Informationsspeicherung (siehe Extrakapitel „Bewußtheit der Zelle").

- Eine Welle kann durch bestimmte Gewebeeigenschaften gesplittet werden, wodurch die „Nichtlokalität" greifen kann. Wird dann einer der Strahlen durch „Welcher-Weg-Information" zum definierten Quant umgewandelt, passiert das auch mit dem anderen Strahlteil; dies selbst dann, wenn dieser Strahlteil inzwischen auf einer anderen Galaxie angekommen ist.

- Wir müssen annehmen, daß „Nichtlokalität" sowohl innerhalb unseres Körpers unentwegt vorkommt, als auch außerhalb unseres Körpers wirksam ist, gesteuert aus unserem Körper heraus. „Intelligente" Quantensysteme können somit Ziele und Beziehungen ansteuern, die durch den vorher gesplitteten Strahl verbunden sind. Die Speicherung aller Geschehnisse dient als Erfahrung und findet auf der Struktur statt, die aus der „Urmembran" selbst entsteht, z.B. in den Dimensionen des Strings.

Bild 26

Codierung allen Geschehens, einschließlich der Sinnesansteuerung ist:

1. die Menge der gleichzeitig rekrutierten Quanten (Amplitudenfenster),
2. Veränderungsgeschwindigkeit der jeweiligen Quantenmenge (Amplitude/Zeit).
3. Nähe des Quantenprozesses zum Zentrum (der Urmembran).

Dominanz der Psyche

Bei allgemeiner Körperschwäche ist die Psyche eine weitaus stärkere Macht in der Körpersteuerung als bei stabiler Konstitution (**Bild 27**). Das gilt sowohl für positive als auch für negative Emotionen und Gedanken.

Grund: bei Energiemangel (häufige Ursache der Körperschwäche) ist bereits eine zu niedrige Polarisation der Zellmembran (Hypopolarisation) eingetreten mit Anreicherung von Natrium und Calcium einerseits und Mangel von Kalium und Magnesium innerhalb der Zelle andererseits. Dadurch verstärkt sich der Energiemangel (vergleiche „Risiko Wohlstandsleiden", 4. Auflage) und die Erregungen brechen gebahnt durch.

Lernen (auch das Etablieren von Neurosen) ist in diesem Hypopolarisationszustand besonders leicht. Die vitalen Regelkreise im Organismus werden auf diese Weise labil. Die Stabilität der „weisen" Funktionsautomatik wird abgebaut.

Negative Gefühle im Psychegeschehen wirken im allgemeinen Schwächezustand besonders destruktiv.

Man fragt sich, warum die Evolution einen derartigen Mechanismus, wie die Psyche-Dominanz etabliert hat. Über die Antwort kann nur spekuliert werden:

Bild 27 Wenn die Regelkreise labil werden, hat die Psyche einen größeren Einfluß auf die Körperfunktionen. Oft entstehen dann Funktionsstörungen.

160

Bild 27

Wirkung psychischer Einflüsse auf Körperfunktionen in Abhängigkeit von Regelkreisentkopplungen

Psychische Einwirkung auf die Funktion

Überreaktion bei jeder Reizkonstellation
Folge: **Extremes Fluchtverhalten** oder **Totstellreflex**

- "Topfit"
- hohe Erlebnis-
      fähigkeit

Stabilität der physiologischen Regelkreise
Langfristiger Energielevel

Eher
- depressiv
- "stahlhart"
- wenig Erlebnisfähigkeit

© Dr. rer. nat. U. Warnke

161

Ein geschwächter Mensch ist in 2 Richtungen steuerbar:

a) Die Psyche sorgt dafür, daß die angeschlagene Person – archaisch gesehen – die herumziehende Horde als Gemeinschaft nicht länger belastet; sie stirbt. Der Psychotod existiert nicht nur bei Tieren und Naturvölkern, sondern ist auch in unserer Gesellschaft beschrieben worden („vorzeitige Rentnertod").

b) Die Psyche nutzt ihre Dominanz über die Regelkreise für die Heilung und kann nach Genesung die Gemeinschaft erneut unterstützen.

Folgen von Energieproblemen

Wir haben parallel zu den alten Überlieferungen dargestellt, daß alle geistigen Prozesse und Bewußtseinsmomente ihren absoluten Ursprung in den Elementarstrukturen haben. An diesen Ursprüngen finden die Weichenstellungen für unser Verhalten statt.

Aber allein der Steuermechanismus reicht für ein Verhalten des Menschen im täglichen Leben nicht aus.

Was kommt hinter den Weichen?

Hier schließen sich unzählige Verstärker an (z.B. Neurone, Synapsen), die den ursprünglichen Energietransfer auf Kohärenzstrukturen (z.B. Muskeln) für die makroskopische Effektivität der Psyche leiten. Alle Verstärker und Kohärenzbildner sind Elemente der Regelkreise, auf die auch die Psyche für ihre Wirksamkeit zurückgreifen muß.

Nun etwas sehr wichtiges: **Die Bausteine dieser Regelkreise dürfen nicht beschädigt sein.**

Sind die Bausteine unserer Regelkreise defekt, kann weder die Psyche noch die weise Automatik ihre Funktion erfüllen.

Faktoren zur Steuerung des Körper durch die Psyche

1. Auslösefaktor zur Körperbeeinflussung

Gedanken
Bewußtsein
Glaube
Psyche ebnet Weg für Außenenergie-Einfluß

2. Verfestigungsfaktoren

2.1 Sensibilisierungsfaktor

circadiane Rhythmen
Hypogykämie (PED, Pathologisches Energiedefizit)
Amine in der Nahrung
Freie Radikale
Blut-Hirn-Schranke
Elektro/Magneto-Smog

2.2 Lernfaktor

verstärkende Effekte, wie Duft und Pheromone

2.2.1 Konditionierungsfaktor

Multi-Reiz-Erregungskopplungen

3. Strategien zur Modulation von 1 und 2.

Leerdenken
Meditation
Musik
Tanz
Yoga

Wollen wir gesund leben, dann ist unbedingt dafür zu sorgen, daß die physiologischen Komponenten der Zellen, der Gewebe, der Organe und aller Kommunikationsbahnen regelmäßig regeneriert werden.

Übermäßige Erregung

Wir alle sind manchmal übermäßig nervös. Lärm, Hitze, Termindruck, Stau – das alles bringt uns an den Rand der Verzweiflung. Nicht schön, aber in unserer manchmal überdrehten Welt weitgehend normal. Schlimm wird die Angelegenheit, wenn die Nervosität uns regelmäßig überfällt – auch ohne Anlaß – und sich dann in einen übermäßigen Erregungszustand steigert, der in massive Ängste und schließlich sogar in Panik mündet.

Wer sehr viele Streßsituationen kurz hintereinander erlebt, kommt schließlich zu einem Punkt, wo sich ein quälendes Erleben als Angst, Unruhe, Schreckzustände, Negativgedanken selbständig macht und das Bewußtsein nicht mehr verläßt.

Dadurch bricht schließlich die Gesundheit zusammen.
Medizinisch heißt dieser quälende Zustand *panic disorder*.

Jeder Vierte leidet in seinem Leben irgendwann einmal an derartigen Syndromen. Die Attacke dauert oft nur 5–10 Minuten, aber die Erwartungsangst kann sofort einen neuen Anfall auslösen.

Eine vermeintliche psychische Bedrohung wandert schließlich als Organfunktionsdefekt im Körper herum:
a) Über bestimmte Stammhirnzentren (Medulla oblongata) ist die gesamte Skelettmuskulatur betroffen,
b) über den Parasympathicus/Sympathicus und Hypothalamus/ Hypophyse das ganze Vegetativum.

Dort, wo akut ein pathologisches Energiedefizit (PED, vergleiche „Risiko Wohlstandsleiden") herrscht, beginnt die Funktionsstörung, die ersten Sensationen treten auf. Alle Reflexe und alle Reaktionen sind bei Energiemangel (z.B. Unterzuckerung) übersensibel. Wird nun noch eine komplizierte Aufgabe gestellt und damit psychische Belastung ausgelöst, steigert sich Unkonzentriertheit und Nervosität. Im schlimmsten Fall wird eine Flut von Corticotropin releasing Hormon (weiter unten werden die für unsere Gesundheit extrem wichtigen Folgen der Dysregelung dieses Hormons erklärt) und Adrenalin für die unangemessene Übererregtheit sorgen. Wollen wir den quälenden Zustand meiden, ist eine Möglichkeit ein zuckerloses Frühstück, aber wir können noch mehr tun. Die wichtigste Gegenstrategie bei Übererregtheit heißt: Energie aufbauen und alle Ursachen für ein Energiedefizit (PED) abbauen:

Gegenstrategie I: Energie aufbauen

- nicht zu spät ins Bett gehen, da nur um Mitternacht vollständige Regeneration möglich ist (Ursache: Wachstumshormon),
- Mangel an Melatonin und Wachstumshormon (Somatotropin) durch „Elektro/Magnetosmog" verhindern,
- Mangel an Serotonin durch richtige Nahrung verhindern (Tryptophan ist Vorstufe und durchdringt im Gegensatz zu Serotonin die Bluthirnschranke), deshalb
- Mangel an Tryptophan (Mangel an Niacin) verhindern (Tryptophan ist in Milch, Käse, Quark, Fisch, Geflügel),
- Magnesium-Mangel verhindern,
- Kohlenmonoxid (CO)-Vergiftung verhindern, (wenn möglich – dichten Autoverkehr, Stau meiden),
- Met-Hämoglobin-Vergiftung (durch zuviel Nitrat-gedüngte Nahrung und gepökeltes Fleisch wie Schinken, sowie schlechtes Leitungswasser) verhindern,
- Schwermetalle (Amalgam) ausführen,
- Darmflora aufbauen und pflegen,
- Alkohol höchstens pro Tag zwei Gläser (Wein, Bier, Schnaps) und dies vor 20 Uhr (ansonsten wird nicht ausreichend Melatonin gebildet).
- Räume meiden, die mit vielen Menschen besetzt sind und die gleichzeitig schlecht gelüftet werden (hoher CO_2-Partialdruck reizt „blauen Kern" (Locus coeruleus) mit nachfolgender Übererregung),

- richtiges Atmen lernen, damit sowenig wie möglich Laktat entsteht (dies ist angstauslösend, wenn Bikarbonat als Puffer fehlt, ausgelöst z.B. durch emotionelle Hyperventilation),
- Entgegenwirken bei zu hohen sympathikotonen Phasen, wie bei prämenstruellen bzw. postovulativen Phasen, bei Hypoglykämie mit der Folge eines zu niedrigen Kaliumspiegels in der Zelle (ausführlich siehe unten).

Gegenstrategie II: strenge Psychohygiene

- Entspannungstraining,
- Meditation,
- Entkonditionierung angstgenerierender Situationen (schwieriges Verfahren, aber unumgänglich),
- körperliche Aktivität (u.a. für Endorphinstimulierung).

Gegenstrategie III: Angepaßte Ernährung

Vor allem müssen wir Gewohnheiten ablegen. Das fängt mit dem Frühstück an:
Wir essen unsere geliebte Semmel mit viel Marmelade und Honig. Dazu trinken wir selbstverständlich unseren starken Kaffee mit ein bis zwei Teelöffeln Zucker.
Und damit nimmt das Erregungssyndrom seinen Lauf. Haben Sie Ihr Frühstück gegen 8 Uhr eingenommen, werden Sie gegen 11 Uhr eventuell zittrige und feuchte Hände spüren, kalten Schweiß auf der Stirn haben, innere Unruhe bemerken und sehr unkonzentriert sein.
Das sind die noch akzeptablen Phänomene. Ist das Syndrom richtig eingefahren, dann kann es auch vorkommen, daß Sie fluchtartig den Raum verlassen müssen; alles wird zu eng und extrem belastend. Wehe, wenn jetzt ein Vorgesetzter etwas von Ihnen fordert. Sie sind ziemlich hilflos.
Was hat ein süßes Frühstück mit Nervosität und Übererregung zu tun?

Einige Ursachen für das
Erregungssyndrom (Panic disorder)

- **Vorschädigung der Membranen.**
  Ursachen: Alkohol, Freie Radikale, Lipidlöser aus Geschirrspülmitteln, erbliche Vorbelastung.
  Folgen: Senkt Schwellenwert der Erregung; starke Nervosität.

- **Fehlen freier Fettsäuren** (2 Stunden nach Nahrungsaufnahme), dadurch keine Aminbindung mehr. Amine stammen aus Abbau von Proteinen und Bakterien. Amine durchdringen Blut-Hirn-Schranke und sind psychogen wirksam; starke Nervosität.

- **Fehlen von Glucose,**
  bzw. Glucose kann wegen Azidose nicht ausreichend verstoffwechselt werden (Hypoglykämie).
  Folgen: Energiemangel und Adrenalinausschüttung. Senkt Schwellenwert der Erregung; starke Nervosität.

- **Ansammlung saurer Metaboliten** durch Bewegungslosigkeit (vorwiegend sitzende Lebensweise), flache Atmung (geringer CO_2-Ausstoß).
  Folgen: Senkt Schwellenwert der Erregung; starke Nervosität.

- **Hoher Arousalzustand (hohe Reizempfangsbereitschaft)** mit hohem Muskeltonus, viel ATP-Verbrauch. Senkt Schwellenwert der Erregung; starke Nervosität.

Zuerst einmal wird Zucker aus Marmelade, aus Honig, aus süßem Kaffee schnellstens resorbiert und erzeugt eine Hyperglykämie-Welle im Blut. Die Verdauung des Weißbrots dauert nur wenig länger, dann wird auch aus dieser Quelle die reine Glucose in das Blut schwemmen.

Zusätzlich setzen die Inhaltsstoffe des Kaffee den Zuckerreservestoff Glykogen frei, der sich in Zucker umwandelt und auch im Blut auftaucht. Die Zuckerwelle im Blut wird immer größer.

Die Zuckerresorption vom Darm ins Blut vollzieht sich morgens besonders schnell. Dafür sorgt erst einmal das Hormon Cortisol, das morgens immer den höchsten Level aufweist. Zum anderen sorgt für eine schnelle Resorption bei Männern der morgendliche hohe Sexualhormonspiegel (Testosteron).

Glucose in dieser Menge ist Gift für das Blut. Es muß umgehend gereinigt werden.

Die Gefahr ist groß, daß wichtige Vehikel für bestimmte Stoffe, wie Sauerstoff oder Minerale verzuckern. Das gleiche Schicksal kann die verschiedensten Rezeptoren treffen, die eine bestimmte Ordnung im Stoffwechsel gewährleisten sollen. Ist also der Glucoselevel über längere Zeit im Blut zu hoch, dann kann sich Zucker mit Eiweiß zu unlösbaren Konglomeraten verbinden und wichtige Funktionen blockieren. Um das zu verhindern, wird vom Organismus sofort eine Säuberungsaktion gestartet: Insulin wird in hohen Mengen ausgeschüttet.

Kaffee forciert die Insulinausschüttung und das ist nicht der einzige Insulinaktivator. Auch der morgendliche hohe Parasympathicustonus (Nervus Vagus) stimuliert die Insulinsekretion. Und da die Nachtruhe mit Nahrungskarenz einherging, sind morgens die Insulindrüsen besonders ergiebig.

Doch das ist noch nicht alles – auch die Insulinrezeptoren sind morgens ganz besonders aufnahmebereit für die Botschaft, die Insulin mitbringt, d.h. die Empfindlichkeit der Rezeptoren für ausgeschüttetes Insulin ist morgens am höchsten. Aus allem ergibt sich nun ein Zustand, den man **Hyperinsulinismus** nennt. Die übermäßige Ausschüttung von Insulin aufgrund der übermäßigen Glucosewelle im Blut infolge des süßen Frühstücks säubert das Blut restlos von Zucker. Es kommt daraufhin zum **Hypoglykämieanfall**, also zu einer Unterzuckerung. **Bild 28**.

Jetzt ist es ungefähr zwei Stunden nach Frühstücksaufnahme. Der immer noch hohe Cortisolspiegel forciert den Zuckermangel im Blut durch seine Funktion, Energie in den Zellen aufzubauen.
Haben wir am Vorabend Alkohol und vielleicht auch noch Kaffee getrunken, wird die Angelegenheit nun kritisch. Sowohl Alkohol als auch Kaffee verhindern den Aufbau des Zuckerreservestoffes, dem Glykogen in der Leber. Wo nichts aufgebaut wurde, kann auch nichts abgegeben werden. Unser Hypoglykämieanfall fordert aber dringend das Glykogen, um im Blut den Sollwert einzuhalten.

Passiert hier nichts, setzen nun die Notmaßnahmen ein und diese Notmaßnahmen sind genau das, was unsere Übererregung ausmacht: Es wird nun massiv Adrenalin ausgeschüttet. Dies wiederum stimuliert das Hormon Glucagon, wodurch die letzten Reserven Glykogen aus der Leber herausgepreßt werden sollen.

Da unsere Nerven für ihre eigene Funktion nur Glucose zur Energiegewinnung verstoffwechseln, und da bei zu wenig Glucose und dementsprechend bei zu wenig Energie unsere Nerven sehr viel schneller und leichter aktiv werden, steigert sich Unkonzentriertheit und Nervosität. Da gleichzeitig unser Organismus mit Adrenalin überschwemmt wird, ist die Bereitschaft zu Unruhe, Angst und Panik latent vorhanden. Alle Reflexe und alle Reaktionen sind übersensibel, weil bei Unterzuckerung Kalium aus der Zelle ins Blut strömt. Wird nun noch eine Aufgabe gestellt und damit psychische Belastung ausgelöst, sorgt das Corticotropin Releasing Hormon für panikartige Verhaltensweisen mit unangemessener Übererregtheit. Wir provozieren diese Zustände mit einer falschen Lebensweise innerhalb einer psychisch belastungsreichen Umgebung. Um das zu verstehen, brauchen wir genauere Kenntnis darüber, wie wir funktionieren.

Was passiert in diesen Momenten mit dem Körper? Wodurch werden diese Attacken primär ausgelöst?

Checkliste zur Verhinderung einer Übererregung

Erregungen werden von Membranen der Nerven erzeugt. Damit Erregungen an Membranen entlanglaufen können, müssen Ionen transferiert werden. Zur Wiederherstellung einer Ordnung der Ionen werden funktionierende Pumpen (ATPasen) und Energie benötigt. Sind Membranen schlecht aufgebaut oder verletzt, oder fehlt Energie, dann kann die Folge eine zeitweise unkontrollierbare Übererregung sein.
Da der Aufbau der Membranen in der Hauptsache von unserer Ernährung abhängt, spielt eine richtige Ernährung auch eine Rolle bei panic disorder.

Psychische Belastung zwingt die Aktivität der Schilddrüse auf Hochtouren. Nun werden sehr große Mengen von Vitamin A gebraucht, damit das Schilddrüsenhormon Thyroxin nicht toxisch wirkt: Vitamin A ist Antagonist zu Thyroxin.
Unglücklicherweise hemmen die immer häufiger in unserer Nahrung auftauchenden Nitrate die Bildung von Vitamin A aus seiner Vorstufe Carotin.

Die Bildung und Bioverfügbarkeit von Vitamin A ist durch Vitamin E deutlich verbessert.
Da ohne ausreichende Vitamin E-Versorgung Vitamin A durch Freie Radikale zerstört wird, zieht Vitamin E-Mangel automatisch Vitamin A-Mangel nach sich, selbst dann, wenn genügend Vitamin in der Nahrung enthalten ist.
Hohe Dosen von Vitamin C verhindern, zusammen mit dringend erforderlichen Flavonoiden, die für Membrankanäle gefährliche Cortisolausschüttung (abbauende, katabole Wirkung, Auslösung von Kapillarblutungen). Genaueres über Cortisol ist später zu lesen. Außerdem löst Vitamin C Blei aus dem Körper. Blei wirkt stark psychogen (Angstauslöser).

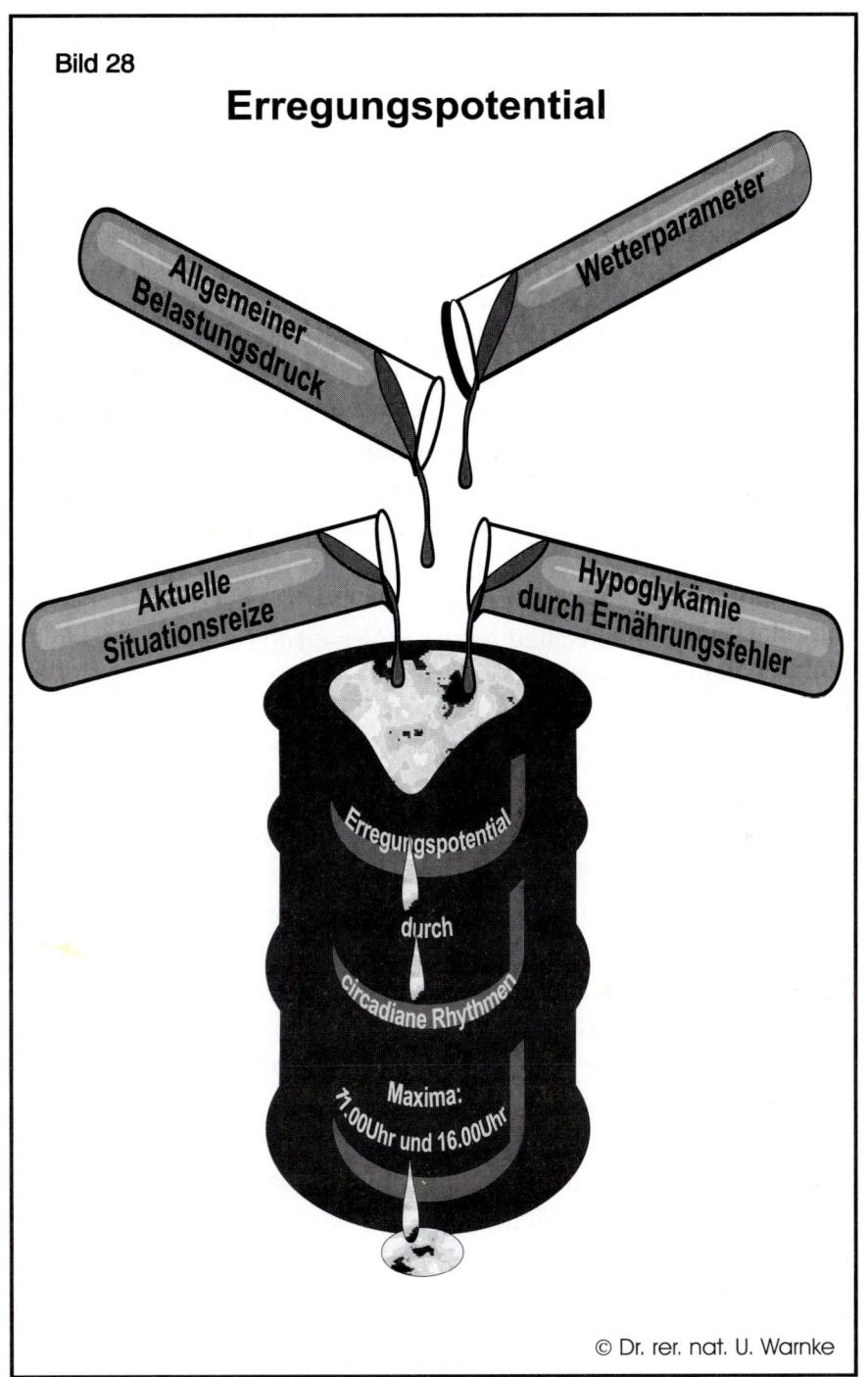

Bild 28

Erregungspotential

© Dr. rer. nat. U. Warnke

Psychische Belastung verlangt eine etwa 20-fache Erhöhung der Zufuhr von Vitamin C.

Magnesium:

Freie Fettsäuren sind bei langer Anwesenheit im Blut schädlich. (Normale Halbwertszeit: einige Minuten.)
Die Zirkulation der Fettsäuren ist an den Transporter Albumin gebunden. Werden diese Fettsäuren im Herzen, im Muskel oder im Gehirn benötigt, dann lösen sie sich vom Albumin und können unter Energiegewinn oxidiert werden. Voraussetzung für diesen Prozeß ist Magnesium, denn die verantwortlichen Enzyme, die Thiokinasen brauchen Magnesium als Cofaktor. Ebenso ist das Enzym zur Erzeugung der Zellenergie (ATP-Synthetase) auf Magnesium angewiesen.
Fehlt Magnesium, so stauen sich freie Fettsäuren im Blut und es kann durch Membranschädigungen (Verseifung) unter anderem zu Herzrhythmusstörungen kommen.

Freie Fettsäuren:

Die stark oberflächenaktiven freien Fettsäuren zerstören aufgrund ihrer Seifenwirkung Blutgefäßwände und Membranen.
Viele freie Fettsäuren schwimmen im Blut bei hohem Zuckerkonsum.
Außerdem werden schädliche Triglyzeride im Übermaß gebildet und ins Blut geschüttet, wenn zuviel Zucker aufgenommen wird, und wenn gleichzeitig ein zu niedriger Sauerstoffgehalt der Gewebe vorhanden ist (Bewegungsmangel).

Zuviel Triglyzeride im Blut haben Auswirkungen auf die Psyche: es entstehen „feindliche" Gedanken, offene Aggression, dominantes Verhalten.
Triglyzeride müssen schleunigst in die Zellen hinein verschwinden. Das funktioniert nur durch Aktivierung des Enzyms Lipoprotein-lipase. Dieses Enzym wird allerdings gehemmt bei:

Bewegungsmangel,
Alkohol,
psychischer Belastung,
Salz,
zuviel Glucose und Insulin im Blut.

Ungesättigte Fettsäuren

Gehirn- und Nervengewebe bestehen zum größten Teil aus bestimmten ungesättigten Fettsäuren (zu 70%).
Auch die Nervenscheiden (Myelin) bestehen hauptsächlich aus ungesättigten Fettsäuren.

Je nach Angebot mit der Nahrung werden die benötigten Fettsäuren für die Neubildung von Membranen und die Neubildung der Hormone selektiv vom Organismus ausgewählt.

Der tägliche Bedarf liegt etwa bei 1 % der täglichen Energiezufuhr, das sind umgerechnet ca. 3–4 g. Wir nehmen mit Getreide, Gemüse, Fleisch, Eiern, Milch und Butter, Ölen und Bratfetten täglich ca. 8–16 g ungesättigte Fettsäuren auf, also eigentlich zuviel. Ob dies schädlich ist oder nicht, hängt davon ab, ob es die **richtigen Fettsäuren** sind. Mehr als 300 sind heute bekannt.
Prinzipiell gehören die ungesättigten Fettsäuren einer von 3 möglichen Gruppen an:

* einfach ungesättigte (eigene Biosynthese möglich, z.B. Ölsäure aus gesättigter Fettsäure Stearinsäure)
* zweifach ungesättigte (Linolsäure, essentiell)
* dreifach ungesättigte (Linolensäure, essentiell)

Einige ungesättigte Fettsäuren sollten nicht erhitzt werden, sie wirken sonst toxisch auf Herz und Blutgefäße, wie Maisöl, Baumwollsamenöl, Sojabohnenöl (mit ca. 50 % Linolsäure).
Empfehlenswert ist Hanföl, da alle Fette ausgewogen vorhanden sind (12% einfach ungesättigt, 50 % zweifach ungesättigt, 18 % dreifach ungesättigt und 3 % Gamma-Linolensäure.

Die ganze Welt beneidet Eskimos und Japaner wegen ihrer Gesundheit. Gemeinsam ist Eskimos und Japanern, daß ihre Nahrung einen hohen Gehalt an ungesättigten Fettsäuren des Omega-3-Typs aufweist (verglichen mit Omega-6-Typ, 3x mehr). Wir dagegen ernähren uns empfohlenerweise fast ausschließlich mit ungesättigten pflanzlichen Omega-6-Fettsäuren (verglichen mit Omega-3-Typ 8x mehr). Omega-3-Fettsäuren bringt gute Laune durch Stimulation des „Glücklichsein"-Hormons Serotonin.

Außer in Meeresfischen aus kalten Regionen (Makrelen, Dorsch, Lachs, Hering, Steinbutt, Anchovis, ist der Omega-3-Typ enthalten in: manchen Muscheln, Leinöl, Moosen, Farnen, Algen.

Das Gehirn und die Myelinscheiden der Nerven, sowie die Membranen der energieerzeugenden Kraftwerke bevorzugen alpha-Linolsäure der n-3-Familie.

Antioxidantien

Alle Zellmembranen sind aus ungesättigten Fettsäuren aufgebaut. Diese Fettsäuren sind besonders anfällig für das Ranzigwerden, also für die Oxidation. Ranzige Fettsäuren können ihre Funktion in der Membran nicht mehr erfüllen, da Freie Radikale gebildet werden. Freie Radikale legen die Enzyme lahm, die die Membran schön biegsam halten. Dadurch wird die Membran nun unflexibel (rigide). Als Kampf gegen die Freien Radikale wird vermehrt das natürliche Antioxidans Cholesterin in die Membranen eingelagert.

Fettsäuren-Radikale mit drei und mehr Doppelbindungen setzen einen Stoff (Malondialdehyd, MDA) frei, der die Zelle funktionsuntüchtig macht: MDA bewirkt Quervernetzung von Proteinen und Lipiden, wodurch schließlich die Membran für Calzium durchlässig wird und ernste Schwierigkeiten auftauchen.

Einhalt bieten hier nur Antioxidantien, wie: Selen, Cholesterin, Gluthation, SH-Gruppen-Aminosäuren, Beta-Carotin, Vitamine A, Teil der Vitaminfamilie B, Vitamine C und E, Flavonoide und vieles mehr.

Das überaus wirksame Gluthation und die von ihm abhängigen Enzyme werden vermehrt gebildet durch Nahrungsbestandteile, wie Teile von Zitrusfrüchten (Zitrone, Apfelsine, Mandarine, Grapefruit), Stoffe im Kohlgemüse, Knoblauchknollen, Zwiebeln, Aminosäuren Cystein und Methionin, Liponsäure, Ubiquinol (Q_{10}).

Wichtig ist, daß alle Antioxidantien gleichzeitig in ausreichenden Mengen vorhanden sein müssen, denn sie regenerieren sich gegenseitig und erleichtern den Arbeitsaufwand des jeweils anderen, ohne sich gegenseitig ersetzen zu können.
Ohne Regeneration werden die einzelnen Antioxidantien in kürzester Zeit selbst zu Freien Radikalen und dann wird alles noch schlimmer.

Nervenernährung

Nervengewebe (und der Herzmuskel) haben den höchsten Glucoseumsatz. Da Zucker nur mit Hilfe der Vitamine der B-Gruppe umgesetzt werden können, brauchen und binden Nerven sehr viel Vitamin B. Ist gleichzeitig die Schilddrüse hoch aktiv, wie bei psychischer Belastung, dann ergibt sich bei Mangel an Vitamin B_1 eine katastrophale Lage. Denn der durch Thyroxin bedingte generelle Anstieg des Stoffwechsels benötigt auf der ganzen Linie die Vitaminfamilie B, selbst zur Zellenergiebildung (ATP-Synthese) sind die B-Vitamine unersetzlich wichtig.

Bei Mangel kommt es zur ganzen Palette der „Vegetativen Dystonie" mit Angst, Schlaflosigkeit, im schlimmsten Fall mit Nervenentzündungen.

Vitamine der B-Gruppe werden vernichtet durch:
- Lebensmittelzusätze, wie Sulfite (Salze der schwefligen Säure), auch im Wein,
- Schwarztee (Polyphenole binden B_1),
- kupferhaltiges Wasser aus entsprechenden Wasserleitungen im Haushalt,
- Vitamin C (Konkurrent in der Verwertung).

Da die B-Gruppe in der Zelle immer an Eiweiß gebunden ist, verstärkt Eiweißmangel den B-Mangel.
Dadurch wird die Glykogenreserve geplündert und es kommt vor allem morgens zu Unterzuckerung (Hypoglykämie-Anfall mit Angst-Zuständen).

Folgende Stoffe sind für eine gut funktionierende Membran unersetzlich:
Cholin und Inositol (im Lezithin enthalten) und Paraaminobenzoesäure (PABA).

Lernen und Konditionieren

Was in unserem Körper als häufige Wiederholung in Form elektrischer Aktivität über Nerven- und Muskelmembranen läuft, wird automatisch gelernt. Jedes oft wiederholte Gefühl, jede wiederholte Handlung, jede wiederholte Sinnesreiz-Antwort, alles wird gelernt und ist dann besonders leicht wieder auslösbar.

Das ist nicht alles. Sind die gelernten Situationen unangenehm und bedrohend, dann wird die normalerweise beliebig einsetzbare Kompensierung dieser belastenden Situation nicht nur blockiert, sondern auch noch die Höhe der Reaktionserregung gesteigert.
Archaisch gesehen, ist dies durchaus sinnvoll. Bei Bedrohungen durften wir keinesfalls adaptieren, sondern mußten im Gegenteil immer wieder besonders achtsam reagieren, um bessere Überlebenschancen bei Gefahr zu haben.
Bei heutigem subjektiv verspürtem Dauerstreß ist das Lernen der Reaktion oft die Ursache einer sich laufend verschärfenden Belastungsspirale. Die Reaktion selbst auf weitgehend normale Reize wird schließlich unangemessen beantwortet. Im fortgeschrittenen Stadium führen allein Gedanken an bestimmte Situationen zu vegetativen Überreaktionen. Oft sind Konditionierungen beteiligt.

Konditionierungen finden bei uns täglich statt. Man meint damit die Summation von zwei ca. gleichstarken Reizen, die kurz hinter-

Bild 29

Angstwirkung

Situationsfaktor

Lernfaktor

Konditionierungsfaktor

Sensibilisierungsfaktor

Akku leer

Energiemangel senkt Schwellenwert

© Dr. rer. nat. U. Warnke

177

einander oder auch gleichzeitig einwirken. Der zweite Reiz hat dabei mit dem ersten inhaltlich nichts zu tun, er ist meistens rein zufällig zugegen.

Das besondere der Konditionierung ist nun, daß sich die Reaktionen auf die beiden Reize mit einer Antwort koppelt. Es spielt dann keine Rolle mehr, welcher der beiden Reize auftaucht, die Antwort ist immer die gleiche.

Ein Beispiel: Angenommen, eine Person wird durch die schlechten Nachrichten im Fernsehen geängstigt, während sie in ihrem gewohnten Sessel sitzt. Nach ca. 10 Tagen Wiederholung dieser Kombination reicht das Hineinsetzen in den Sessel alleine aus, um ängstliche Gefühle zu verspüren, dies auch dann, wenn der Fernseher noch gar nicht eingeschaltet ist. **Bild 29**.

Unsere Psyche ist mit diesen Konditionierungen aufs engste verbunden. Die verschiedensten Bereiche des Lebens werden auf diese Weise gesteuert.

Typische Beispiele sind auch aus dem Medizinbereich bekannt. Die Behandlung mit Zytostatika hat als Nebenwirkung Übelkeit und Erbrechen. Eine Reihe von Patienten zeigt diese Nebenwirkungen nach mehrfacher Applikation schließlich schon vor der Spritze, z.B. wenn die Tür des Krankenhauses geöffnet wird. Auch die Übelkeit im Bus ist oftmals eine Sache der Konditionierung.

Seltsam werden die Wirkungen von Drogen verarbeitet. Eine für den Süchtigen völlig „normale" Dosis, wie er sie sich in seiner Wohnung regelmäßig spritzt, wird in unbekannter Umgebung, wie auf der Bahnhofstoilette, zur Überdosis, manchmal mit tödlichem Ausgang. Diese Reaktion wurde auch an Ratten in kontrollierten Versuchen getestet mit identischem Ergebnis. Eine in gewohnter Umgebung verabreichte unkritische Dosis Heroin, hatte in ungewohnter Umgebung tödliche Wirkung.

Gelernte und konditionierte Falschreaktionen sind die sichersten Faktoren für die Dysfunktion der Psyche und am schwierigsten zu löschen.

Gute Erfolge sind mit der induzierten Bewußtseinstransformation zu erreichen. Beispiel dazu sind weiter unten aufgeführt.

Gesellschaftsbedingte Probleme für die Psyche-Dysfunktion

Unsere Gesellschaft suggeriert über alle Medien eine wachsende Gefährdung durch Unglück, Gewalt, Terror, Armut, Krankheit, Unfähigkeit der politisch Verantwortlichen. Damit verbunden ist mehr und mehr Angst bei gleichzeitig immer weniger Hoffnung.

Der Blick der Politik ist ausschließlich auf die jährliche Steigerungsrate des Bruttosozialprodukts gerichtet. Zur Erreichung dieses Phantomziels müssen wir funktionieren.

Die bisherige Politik ist nicht geeignet, uns das Erreichen des wirklichen Wohlstandes, den der Psyche und des Körpers deutlich zu machen.

Die Ruhe vermittelnde, höchst befriedigende Erkennung eines friedvollen Bewußtseins in mir, ist keinesfalls von der Steigerung des Wachstums meiner Finanzen abhängig. Oder umgekehrt: Reichtum schützt keinesfalls vor lebensbedrohlichen Bewußtseinsmomenten. Daß wir nicht allesamt in Panik ausbrechen, z.B. aufgrund des laufend stärker ansteigenden UV-Pegels, aufgrund des Jahr für Jahr stärker ansteigenden Ozonpegels – beides extrem lebensfeindlich – liegt an dem relativ ausgleichenden Moment, alle im gleichen Boot zu sitzen. Eine gemeinsame Bedrohung erzeugt ein Gefühl des solidarischen Erduldens innerhalb des allgemein suggerierten materiellen Wohlstandes.

Innerhalb der Masse empfinden wir gegenseitig besonders suggestiv, das heißt in der Masse werden unsere Bewußtseinsebenen leicht interindividuell gleichgeschaltet.

Dennoch: immer mehr besonders sensible Menschen erfassen eher intuitiv das Unnatürliche unserer Lebensweise und reagieren psychosomatisch negativ.

Das etwas falsch läuft, wird deutlich an den statistisch ausgewerteten Selbstmordraten. Sie sind weltweit immer dort am höchsten, wo das Pro-Kopf-Einkommen am höchsten ist.

Fremdbestimmung

Unser Selbstgefühl wird durch die Gesellschaft vorbestimmt. Der Wert des Menschen ist abhängig von Geld, Macht, Haus und Auto. Selbst, wenn wir meinen, sozial Gutes zu tun, sind wir gesteuert vom Glauben an die eigene Fähigkeit, etwas „zu Wege" zu bringen, was anderen nützt und was andere loben und das bezieht sich ausschließlich auf materielle Taten.

Das geht soweit, daß wir überzeugt sind, Krankheiten und deren Heilung kommt von außen und muß von außen erledigt werden: Macht doch endlich was!

Eigeninteressen werden nicht definiert und aktiv vertreten. Wir sind nicht fähig, nein zu sagen. Gefügig erledigen wir unsere Pflicht und opfern dafür einen großen Teil unseres Lebens. Eigene Erfolgserlebnisse, die dringend notwendig für eine Stärkung des natürlichen Selbstbewußtseins sind, bleiben aus. Ein zu geringes Selbstvertrauen führt in einen Teufelskreis, der positive Erfahrungen endgültig verhindert: Schwierige Umstellungen meiner Lebensweise und Aufgaben werden vermieden (das kann ich ja doch nicht) und damit auch die Erfahrung, möglicherweise noch schwierigere Situationen zu bewältigen. Die negative Einschätzung der eigenen Begabung kann schließlich dazu führen, völlig den Boden zu verlieren. Zur Steigerung des Selbstwertgefühls müssen von außen kommende Dinge herhalten: Geld, Drogen, Vergnügen. Die Medien, die Politik, die Gesellschaft sagt mir, was gut und richtig für mich ist.

Haben wir genug Geld und Spiele, sind wir kritiklos und ruhiggestellt.

Die Fremdforderungen an uns übergehen die Notwendigkeiten und Nöte des Individuums.

Der Sinn-Aspekt

Das „Losigkeitssyndrom" ist weit verbreitet: Aussichtslosigkeit, Sinnlosigkeit, Lustlosigkeit, Freudlosigkeit, Energielosigkeit. Verbunden und teilweise ausgelöst ist das Losigkeitssyndrom durch die moderne Leistungsgesellschaft mit Einsamkeit, Alltagsroutine, eigenen Fehlern und Niederlagen, beruflichen und privatem Fehl-schlägen, Reiz- und Informationsüberflutung. Unser höchstes Gut ist die Freiheit, aber unsere Zeit wird von anderen als uns selber diktiert. Unseren angelernten Gewohnheiten sind wir sklavisch ergeben.

Welche Kraft treibt uns an, täglich unsere Pflicht zu erledigen? Wir brauchen Antrieb, Motivation. Fehlt dies, versinken wir in voll-kommener Unlust, meist verbunden mit unsäglicher Müdigkeit.

Alle gesellschaftlich bedingten Faktoren zusammen erzeugen starke Orientierungsschwierigkeiten zur Zielfindung, da ohne Ziele posi-tive Rückmeldungen ausbleiben.

Je größer unsere eigene Unvollkommenheit, desto mehr sind wir geneigt, die Fehler anderer zu sehen, während diejenigen, die eine tiefe Einsicht gewonnen haben durch diese Fehler hindurchsehen können in die wahre Natur anderer Wesen.

Das Leben fließt nicht kontinuierlich, sondern in Phasen. Erfah-rungsmomente sind nicht unentwegt gleich, sondern dichter und verdünnt. Konflikte kommen, werden gelöst, Ziele werden ange-peilt und erreicht. Auf diese Weise erreichen wir Stufen, die jeweils höher liegen, falls die Erfahrung uns etwas gelehrt hat, oder wir retardieren, falls wir keinen Nutzen aus der Erfahrung ziehen, oder wir fallen sogar regressiv auf die nächst niedrige Stufe zurück, falls wir uns dem Schicksal ergeben und keine Gegenstrategie ent-wickeln.

Dies alles entspricht einem Lernprozeß, der niemals von Kindheit an gleichmäßig verläuft, sondern in Sprüngen. Jede Stufe hat ihre Konflikte und Widersprüche, die zur Erlangung der nächsthöheren Einheit gelöst werden müssen. Der Übergang zu den Stufen sind Phasenübergänge.

Eine der stärksten Antriebe und Motivationen ist die Hoffnung.

Nietzsche:
„Die starke Hoffnung ist ein viel größeres Stimulans des Lebens als irgendein einzelnes, wirklich eintretendes Glück."

Hoffnung – aber auch das Gegenteil, die Hoffnungslosigkeit, ist in der Gemeinschaft ansteckend und breitet sich schnell aus. Besitzt der Hoffende eine natürliche Autorität, dann wirkt er auf die ihn Umgebenden wie ein Prophet einer anderen Welt. Er erzeugt bei den Unsicheren mit geringen Selbstwertgefühl den Glauben an ein Vertrauen, daß der Gewißheit entspricht. Im positiven Fall wird diese vertrauensvolle Gewißheit zum Antrieb der Lebensbewältigung.

Die große Gefahr liegt im Ausnutzen dieses Effekts für eigene Interessen, wie häufig bei traditionslosen Sekten.

Aber auch außerhalb von Sekten bleibt die Frage: auf was hoffen wir eigentlich, um motiviert zu sein und um uns wohl zu fühlen?

Der gewöhnliche Mensch ist ein „Herdentier". Er ordnet sich am liebsten unter in die Gewohnheiten der Gesellschaft. Innerhalb dieser Gewohnheiten ist seine größte Hoffnung, eine wichtige Rolle mitspielen zu dürfen, die dann Anerkennung und Lob der Mitmenschen auslöst. Das ergibt Befriedigung für vermeintliche Leistung. Die Stellung des Individuums innerhalb einer Gesellschaftshierarchie – die Existenz – spiegelt, für jeden offensichtlich, das Erreichen der „wichtigen Rolle" wider. Ist die Stellung innerhalb der Gesellschaft im Bewußtsein des Individuums zu niedrig, nagt diese Degradierung weiter am gesunden Selbstbewußtsein. Verbunden mit der kontinuierlichen Einschätzung der Lage trudelt das bereits niedrige Selbstwertgefühl in weitere Tiefen.

Angriff/Flucht oder Totstellreflex

Zur Kompensierung sind zwei psycho-physische Reaktionsantworten möglich; einerseits können Aggressivität (Frau/Mann) und/oder machtvolles Auftreten (bevorzugt Mann) oder andererseits „Totstellreflex" (bevorzugt Frau) auftreten.

Man könnte die zwei Reaktionstypen auch mit Sympathikotoniker Vagotoniker bezeichnen.

Der Sympathikotoniker – ist archaisch geprägt – auf Flucht und Kampf eingestellt, wobei folgende Funktionsstörungen auftreten: Bluthochdruck, Mobilisierung von Zucker und Fettsäuren, die heute den Organismus schwer schädigen, abnorme Hormonregulation, intellektuelle Ausfälle, Immunstörung.

Der Vagotoniker sucht – archaisch geprägt – seine Chancen im Umfallen und Flachliegen. Konsequenterweise ist dieses Verhalten dann ausgeprägt, wenn ein übermächtiger Gegner Flucht und Kampf nicht zuläßt. Das ist mangels Muskelmasse bei der Frau (ihr fehlt die ausreichende Menge vom anabolen Testosteron) besonders ausgeprägt. Bei diesem Streßreaktionstyp treten folgende Symptome in den Vordergrund: Hypotonie, Neigung zum Kollaps, Schwindelgefühl, Depression, gestörte Hormonsteuerung, Immunstörung, Magen- und Darmgeschwüre, Blasenentzündungen.

Dieser Typ möchte durch die Umgebung behütet und umsorgt werden. Unsere Gesellschaft und Umweltbelastungen produzieren laufend mehr dieser Reaktionstypen, inzwischen auch in der Männerwelt.

Dieses vereinfachte Konstrukt macht deutlich, wie sehr wir mit unserer Psyche an den selbstdefinierten Zielen der Gesellschaft hängen. Wir laufen dabei Phantomen nach.

Echte Hoffnung, echter heilbringender Glaube kann nur aus der Gewißheit der Erfahrung einer transzendenten Welt entstehen. Wer den Glauben an die Kraft der Transzendenz nicht erlebt hat, kann die wichtigste Quelle der Hoffnung und den Glaubens an einen Sinn des Lebens nicht widerspiegeln.

Die fehlende Hervorhebung der Abhängigkeit unseres Wohlbefindens und unserer Gesundheit von der selbstgesteuerten Psyche (nicht von der fremdgesteuerten) durch das Lernen einer heilenden Bewußtseinstransformation nach alten Weisheiten ist sicherlich mitschuldig an der ungünstigen Prognose zur Zukunft unserer Gesellschaft auf gesundheitlicher, sozialer und politischer Ebene.

Glaubt der Mensch fälschlich, alles Erreichbare erreicht zu haben oder das Erforderliche nicht erreichen zu können, schwindet der Sinn des Lebens und jede Aufgabe wird zur Qual; es entstehen Depression, Süchte und Neurosen.

Überlastungs-Depression

Die Überlastungsdepression ist ein Krankheitsbild, daß sich immer häufiger äußert und in einigen Bevölkerungsteilen rasant ansteigt. Ca. jeder Siebente unserer Gesellschaft zeigt die Symptome.

Die betroffene Person fühlt sich total erschöpft und schließlich kommt – wie beim Übererregungssyndrom – eine unerklärliche Unruhe und sehr häufig grundlos Angst auf, die sich auch zur Panik steigert.

Die Energie sinkt und alle Quellen zur Anhebung der Energie versagen. Die sich äußernde Krankheitsform, die sich entwickelt, ist verschieden und häufig abhängig von der Persönlichkeit, wie sie durch die Umwelt geprägt wurde: Schlafstörungen, Herzbeschwerden wie Herzrasen, Übelkeit, Schmerzen im Magen oder Darmbereich, später Appetitlosigkeit. Die entsetzliche Abgeschlagenheit zwingt die Person alle Aktivitäten auf ein Minimum zu reduzieren, meistens auf Kosten der sozialen Kontakte und des körperlichen Trainings.

Beide Verzichte verschlimmern die quälenden Zustände. Denn soziale Kontakte sind notwendige Gedanken-Ablenkungen und körperliche Aktivitäten schütten der Depression entgegenstehende Hormone aus. Eine konsequente Selbstisolation erzeugt in der Alltagsroutine schließlich eine völlig absurde Denkstruktur, die das abnorme Verhalten verstärkt. Alles wird feindlich gesehen und für den eigenen Zustand verantwortlich gemacht.

Das ganze System lernt seine Lektion. Je länger der Zustand andauert, desto eindrucksvoller wird das Übergehen in Fleisch und Blut und ein Umlernen immer schwieriger.

Schließlich fehlen im Leben die wichtigen Gefühle Freude und Zufriedenheit. Dies ist der kritische Punkt. Ohne jegliches Glücksgefühl ist das Leben nicht mehr lebenswert. Die Gefahr des Suizids liegt in der Luft. Er wird von der betroffenen Person durchaus als Entlastung in Erwägung gezogen.

Behandelt werden fast immer die Symptome, nicht aber die Ursache der Krankheit.

Die Vermittlung zwischen
Psyche und Körper

Dieses Kapitel zeigt sehr überzeugend, daß unsere Psyche verantwortlich ist für unsere Gesundheit und umgekehrt die Dysfunktion uns krank macht.

Alle nachstehenden Schlagworte, die eine Belastung des Körpers umschreiben, können durch psychische Auffälligkeiten eingeleitet werden und sind für den Körper funktionsschädigend.

1. **Burn out Syndrom**
2. **Chronic Fatigue Syndrom (CFS)**
3. **Freie Radikale – Überschwemmung**
4. **Redoxsystem-Ungleichgewicht**
5. **Katabole Stoffwechsellage**
6. **Hypophysen-Nebennieren-Dysfunktion**
7. **Bakterien/Viren – Attacken**
8. **Cytokin-Überproduktion**
9. **Übersäuerung**
10. **Fibromyalgie**

Der nachfolgende Text ist weitgehend stichwortartig abgefaßt, weil vieles bekannt ist und in entsprechenden Fachbüchern nachgelesen werden kann.

Neu ist hier aber die Betonung darauf, daß alle folgenden pathologischen Funktionen kausal durch die falsche Bewußtseinslage ausgelöst werden.

Die wichtigste Vermittlerhormon-Kaskade

Es gibt in unserem Körper einige Schlüsselhormone. Geraten diese Hormone außerhalb eines bestimmten Levels, gibt es für den Körper große Probleme.

Wie übersetzen sich psychische Beurteilungen in körperliche Funktionen?

Wir werden mit bestimmten Hormonen konfrontiert, die in Kaskaden arbeiten und unsere psychischen (belastenden) Zustände in die Funktion des Körpergeschehens übersetzen.

Es sind vor allem die Hormone CRH, ACTH, Cortisol und DHEA. Am Rande interessiert noch Androsteron.

Wir werden gleich verfolgen können, wie diese Hormone in Abhängigkeit ihrer Sekretionsmenge den Mineralhaushalt, den Basen- und Säurehaushalt, den Zuckerhaushalt mit allen Konsequenzen einer guten und schlechten Funktion unseres Körpers steuern.

In der Hierarchie ganz oben steht Corticotropin-Releasing-Hormon (CRH). Für die psychische Bewertung aller exogenen Energiegrößen ist dieses Hormon besonders ansprechbar:

Corticotropin-Releasing-Hormon (CRH)

CRH sorgt für die Synchronisation von der psychischen Belastungsreaktion mit dem vegetativen Nervensystem und der Immunreaktion.

Es wird in mehreren Hirnregionen gebildet. Die Menge, die im Hypothalamus ausgeschüttet wird, gelangt in die Hypophyse und stimuliert dort die Ausschüttung von ACTH. Dies gelangt zur Nebennierenrinde und setzt dort Hydrocortison frei, allgemein Cortisol genannt.

Cortisol ist ein Hormon mit großer Macht auf sehr unterschiedliche Funktionen.

CRH steht mit dem sympathischen Nervensystem in engster Kommunikation, da Nervenfasern der CRH sekretierenden Neuronen des Hypothalamus in den Hirnstamm auslaufen. Das sympathische Nervensystem inniviert seinerseits alle wichtigen Organe und alle Relaisstellen des Immunsystems, wie Thymus, Lymphknoten, Milz.

Auch der Locus coeruleus (Blauer Kern) erhält Information von CRH sekretierenden Neuronen und erhöht seine Aktivität.

Furcht und große Wachsamkeit sind die Folge. Die Stimulierung des Locus coeruleus wirkt zurück auf den Hypothalamus und stimuliert weitere Ausschüttung von CRH. Das System kann nun leicht überschießen. Damit das nicht sofort passiert, ist die eigene Erregung der beiden Zentren ein Hemmsignal auf sich selbst. Sicher ist diese Bremse allerdings nicht, wie die vielen Fälle von Panic disorder zeigen.

Die Information von CRH gehen an ACTH.

ACTH

ACTH ist ein Hormon, daß die Synthese von Nebennierenrinden-hormonen stimuliert. Das betrifft zwar vorwiegend die Glucocorti-coide, aber auch die Mineralcorticoid- und Androgensekretion wird gesteigert.

Das Vorläufermolekül ist Pro-opiomelanocortin. Aus diesem Mole-kül entstehen neben ACTH auch das α-, β-Melanophoren stimulie-rende Hormon (MSH), das β-Lipotropin (LPH), das β-Endorphin, das Metenkephalin.

Alle diese Hormone unterliegen der gleichen Stimulationsdynamik wie ACTH, werden also vorwiegend durch psychische Erregungen moduliert. Daneben können Infektionen, Traumen, Operationen, Geburt, Kälte, schwere körperliche Anstrengung auch eine Rolle spielen.

ACTH hat eine Halbwertszeit von 15 Minuten, täglich werden ca. 20 mg sezerniert. Die Ausschüttung unterliegt der Regelung durch CRH mit Verzögerungen von wenigen Minuten. Maxima der Sekretion sind morgens, Tiefstwerte finden sich abends.

Physiologisch gesehen baut ACTH das Cholesterin so um (zu Preg-nenolen), daß Steroide aufgebaut werden können. Weitere Effekte sind Freisetzung der Fettsäuren (Lipolyse), Hypoglykämie (schnel-ler Effekt), Insulinresistenz (langsamer Effekt). Schließlich entsteht hypokalämische Alkalose. Gleichzeitig werden vermehrt Andro-gene ausgeschüttet.

187

Cortisol

Ein Schlüsselhormon für unsere Körperfunktionen ist Cortisol. Dieses Hormon unterliegt einem angeborenen circadianen Rhythmus. Der Cortisolausstoß (täglich 12–30 mg) erfolgt in 8 bis 12 Fontänen innerhalb des circadianen Rhythmus. Minimale Werte sind zwischen 18 und 24 Uhr, maximale Werte von 3–9 Uhr vorhanden, gesteuert von ACTH. Die Halbwertszeit von Cortisol im Plasma beträgt 90 Minuten.

Unter psychischer Belastung nehmen Häufigkeit und Höhe der Sekretionsspitzen zu. Länger andauernder psychische Belastung unterbricht die negative Rückkopplung der Hemmung von ACTH durch seine Folgeprodukte. Offensichtlich erfolgt hier ein Lernen und eine Konditionierung, die angeborene Regelkreise hierarchisch überdeckt.

Die circadianen Rhythmen steuern auch die Empfindlichkeit des Hypophysenvorderlappens für CRH und die Empfindlichkeit der Nebennierenrinde für ACTH. Morgens ist die höchste Empfindlichkeit. Da auch hier Lernen und Konditionieren wirkt, kann bei psychischer Langzeit-Belastung die Empfindlichkeit morgens pathologische Zustände annehmen. Gleichzeitig ist die Empfindlichkeit des Systems für hemmende Rückkopplungen abends zwischen 18 und 24 Uhr besonders hoch.

D.h. abends ist der Erfolg der Aktivierung auch in psychischen Belastungssituationen weniger stark. Morgens dagegen wirken kleinste Reize seitens der Psyche überragend stark. Genau hier muß gegengesteuert werden.

Was passiert im Körper durch Cortisol?
- Energie wird schnell bereitgestellt.
- Die Stoffwechselwirkung des Cortisols liegt in der Bereitstellung von Kohlenhydraten (auf Kosten von Eiweiß; dieses wird abgebaut bei der Glukoneogenese) und Fett.
- Der Eiweißbestand wird abgebaut, was einige Organstrukturen schädigen kann (Osteoporose, dünne Haut, Muskelabbau). Eine Gegenregulation findet durch Androgene statt.

- Gleichzeitig wird die Verwertung vorhandenen Zuckers in der Peripherie gehemmt.
- Die Folge ist ein Anstieg des Blutzuckerspiegels.
- Cortisol bewirkt jetzt, daß die „Säuberung" des Blutes von Zucker (Clearance) über die Niere forciert wird. Das heißt, der Körper verliert jetzt Zucker.
- Die Glykogenreserven werden nun umgelagert, aus der Muskulatur heraus in die Leber (dies entspricht in der Wirkung einem Insulinmangel).
- Der Fettstoffwechsel ist gestört; das Körperfett wird abnorm verteilt; an einzelnen Stellen wird abgebaut, an anderen vermehrt eingelagert, z.B. in die Leber, im Nacken, im Gesicht.
- Cortisol hat direkten Einfluß auf die Bindegewebe. Die Vermehrung der Zellen der Bindegewebe wird gehemmt. Alle Reaktionen der Funktionen des Bindegewebes (mesenchymales System) werden ebenfalls gehemmt (fehlende Regeneration). Damit verbunden ist die antientzündliche, antiallergische, antirheumatische Wirkung von Cortisol.
- Kalium wird durch größere Cortisollevel vom Inneren der Zelle in den Außenraum verschoben, woraus eine metabolische Alkalose resultieren kann. (Archaisch wurde durch die morgendliche Bewegung zwecks Nahrungssuche mit Säurebildung im Blut gegenreguliert).
- Die Calciumresorption im Darm ist gehemmt (antagonistische Wirkung zu Vitamin D). Die Ausscheidung von Calcium über die Nieren ist erhöht.
- Cortisol führt zu einer Leukozytose, Verschwinden der Eosinphilen im Blut, zu einer Erhöhung von Thrombozyten und Erythrozyten und einer Verminderung des lymphatischen Gewebes. Der antithrombose Faktor (Antithrombin) wird abgesenkt. D.h. das Blut fließt schlechter und die Thrombosegefahr wächst. (Archaisch wurde dies ausgeglichen, weil wir für die morgendliche Nahrungssuche uns höchst sportlich und kreislauffördernd bewegen mußten).
- Verzögerung des Erythrozytenabbaus ergibt mehr Erythrozyten pro Volumen (Polyzythämie) und deutlich dickflüssigeres, also schlechter fließendes Blut.

- Die über die Lymphozyten bewirkte Hemmung des Immunsystems bewirkt erhöhte Anfälligkeit für Infektionen.
- Die Freisetzung von Cytokin IL-1 ist gehemmt
- Die Synthese von Tumornekrose-Faktor ist gehemmt.
- Die Zytotoxizität der T-Lymphozyten ist gehemmt.
- Cortisol fördert die NaCl-Einbringung in die Gefäße und erhöht deren Empfindlichkeit für Noradrenalin, so daß es zu Bluthochdruck und leicht zu morgendlichen Kopfschmerzen kommt. Umgekehrt hat ein Mangel an Cortisol einen Unterdruck zur Folge.
- Cortisol fördert die Säurebildung des Magens und baut den Säureschutz ab, es kommt leicht zu Geschwüren.
- ZNS: die Erregbarkeit des Gehirns ist gesteigert und die Reizschwelle für Stimulation wird gesenkt.
- **Cortisol veranlaßt psychisch auffällige Momente (Psychosyndrom). Je nach Dosis: Euphorie oder Dysphorie, Unruhe, Nervosität, Schlafstörungen, manisch-depressive Psychosen, Schizophrenie**
- Krampfanfälle bei Neigung zu Epilepsie sind vermehrt.
- Katarakte werden forciert ausgebildet.
- Regenerationshemmung auch bei Kindern.
- Brüchigkeit der Kapillaren ist erhöht.
- Die DNA-Synthese und die Zellteilung vieler Gewebe ist gehemmt. Im Zellkern gespeicherte Genfunktionen werden abgerufen.
- Osteoblasten werden gehemmt.
- Regelkreise sprechen schlechter an.
- Diese Wirkungen zeigen alle Corticosteroide in unterschiedlicher Stärke, wie Cortisol (1,0), Cortison (0,7), Corticosteron (0,3), Aldosteron (0,2).

Glucocorticoide besitzen mineralcorticoide Wirkung, d.h.
- Förderung der Natriumretention,
- vermehrte Kaliumausscheidung (Hypokaliämie),
- metabolische Alkalose,
- Erhöhung der Phosphatausscheidung.

Positive Wirkungen

- Entzündliche Ödeme werden durch Abdichtung der Kapillarwände normalisiert.
- Dadurch wird auch die Wanderung von Lymphozyten und Mastzellen ins Gewebe verringert.
- Glucocorticoide hemmen entzündliche Reaktionen,
- schützen die Integrität der Zell- und Plasmamembranen,
- stabilisieren die Membranen der Lysosomen (Freisetzung lysosomaler Enzyme ist gehemmt),
- hemmen die Synthese von Prostaglandinen, Leukotrinen und Thromboxanen.

Man sieht, die Liste der Nachteile überwiegt.
Warum hat die Natur ein derart abbauend wirkendes Hormon in unsere Funktion eingebaut?
Erstens war es notwendig, morgens, wenn wir – archaisch gesehen – auf Nahrungssuche gingen, Entzündungen abzublocken und weitgehend schmerzlos zu sein. Ansonsten wäre die Motivation zur Nahrungssuche sehr gering und dann bestände die Gefahr zu entkräften. Gleichzeitig brauchten wir für die Aktion der Futtersuche viel Energie, die nach dem Schlaf sozusagen sofort bereitstehen mußte. Schließlich lag es nahe, daß wir uns verletzen im Kampf um Nahrung. Damit wir keinen größeren Blutverlust hinnehmen müssen, werden die Gerinnungsfaktoren erhöht. Welch vorsorgende Intelligenz. Ein langsam fließendes Blut wurde ausgeglichen durch hohen Kreislaufantrieb während der zwangsweise verbundenen Bewegung. Und so könnte man noch viele weitere Beispiele für die zeitweise Nützlichkeit des „destruktiven" Systems anführen. Aber – wir haben zwar noch das System wie vor 30 000 Jahren, leben heute allerdings nicht mehr dem System angemessen.
Aber damit wir diesem System nicht unterliegen, hat der Körper eine wirksame Gegenregulation eingebaut, die immer gleichzeitig stimuliert ist und normalerweise mit Cortisol zusammen ausgeschüttet wird.

DHEA „die Mutter der Hormone"

Dehydroepiandrosteron (DHEA) ist mengenmäßig das häufigste Steroidhormon im Organismus.

Wir müssen vorab zwei verschiedene Formen des Hormons unterscheiden. DHEA und seine Sulfatierung DHEA-S.
DHEA-S wird sowohl in der Nebennierenrinde als auch in peripheren Nerven und im ZNS synthetisiert. Die Produktion ist abhängig von CRH, Corticotropin und ACTH. Wenn diese Hormone bei psychischer Belastung hoch auflaufen, erschöpft sich DHEA und DHEA-S. Hält dieser Zustand längere Zeit an, hat das fatale Konsequenzen.
Sehen wir uns die Funktionen im einzelnen an, es ist wichtig.
Man dachte bisher, DHEA und DHEA-S hätten hauptsächlich Prohormonfunktion. Aus DHEA-S entstehen die Geschlechtshormone (Androstendion, Testosteron, Dihydrotestosteron, und Östradiol, Östron).
Aber nur ein sehr kleiner Teil der Gesamtmenge wird so verarbeitet. **Der weitaus größere Teil dient der Homöostase und Optimierung der Körperfunktionen.** DHEA wirkt antagonistisch zu Cortisol und steigert die Aktivität der zellulären Immunabwehr.

- Ein ausreichender DHEA-Spiegel behindert Autoimmunerkrankungen
- DHEA fördert die Fettverbrennung (nur bei Männern.)
- Bei Frauen mit Östrogenmangel ergeben sich ungünstige Wirkungen, wie Fettansatz und Hyperinsulinämie. DHEA verstärkt diese Negativmomente.
- DHEA unterstützt die Wirksamkeit vom Wachstumshormon.
- Der altersbedingte Abfall von IGF-1 wird gehemmt und bringt Steigerung der psychischen Fitneß. IGF wird besser bioverfügbar.
- DHEA kann bei Männern Herzkrankheiten vermeiden (östrogene Wirkung), bei Frauen dagegen nicht (androgene Wirkung).
- DHEA senkt Cholesterin, erhöht HDL, erniedrigt LDL, bei Frauen das Gegenteil.

- DHEA-S erhöht die Wirksamkeit von Serotonin und steigert psychisch angenehme Gefühle.
- Interleukin 6, das Knochen abbaut, wird durch DHEA gehemmt.
- Biologische Abbau- und Folgeprodukte sind mitunter wesentlich potenter als DHEA. Die Lymphozytenvermehrung, die unter Cortisol gestoppt wurde, läuft bei Androstentriol wieder an. DHEA zeigte diesen Effekt nicht.
- DHEA hat antioxidative Eigenschaften.
- Hohe Insulinwerte verhindern die Ausschüttung von DHEA.

Verschiedene Reaktionsmuster bei psychischen Belastungen

Wir müssen bei psychischen Belastungen 3 verschiedene Reaktionswege des Körpers unterscheiden, die allein dadurch unterschieden sind, wie lange wir subjektiv die Belastung fühlen und erleben:

Psychisch bestimmte Stressoren stimulieren die CRH-, ACTH- und Cortisolsekretion und aktivieren das sympathische Nervensystem. Als Folgen dieser Belastungen sind 3 unterscheidbare Funktionsänderungen offensichtlich.

1. die akute Belastung
2. die kompensiert chronische Belastung
3. die dekompensierte Belastung

Während einer eher kurzfristigen psychischen Belastung wird gleichzeitig Cortisol und DHEA ausgeschüttet. Der Körper wird damit an die Belastungssituation optimal angepaßt.
Nicht so bei den Punkten 2. und 3.

Chronische psychische Belastung

In unserer Gesellschaft sind Störungen des Hypothalamus-Hypo-physen-Nebennierenrinden-Systems (H-H-NNR-System) durch die Psyche sehr verbreitet. **Die Störung des H-H-NNR-Systems ist nicht die Ursache, aber der Vermittler gravierender Funktionsstörungen.**
Änderungen des Lebensstils gelingen erst, wenn Stabilisierung der Funktionen durch externe unterstützende Maßnahmen eingeleitet wird.
Fast alle psychisch belasteten Menschen haben Defizite.
Durch chronische psychische Belastung und die damit verbundenen Anpassungsversuche des Körper- und Hormongeschehens werden die Rhythmen gestört. Auch gekoppelte Hormonproduktionen, wie das anabole Hormon DHEA sind davon betroffen.

Chronische psychische Belastung entsteht, wenn zu viele psychisch bewertete Stressoren hintereinander eintreffen, ohne daß sich der Organismus zwischendurch erholen kann.
Der Körper muß nun ununterbrochen die Aktivierung des H-H-NNR-Systems aufrechterhalten. **Nach wenigen Tagen erschöpft sich in diesem Fall die DHEA-Sezernierung und Cortisol wird alleine ausgeschüttet.** Das hat fatale Folgen (siehe unten). Zusätzlich wird das weitere anabole Hormon Aldosteron in seiner Ausschüttung ebenfalls reduziert.

- **Ein erhöhtes Verhältnis Cortisol zu DHEA weist immer auf eine ungünstige katabole Stoffwechsellage hin:**
- Das sympathische Nervensystem ist daueraktiviert. **In dieser Phase konditioniert und lernt der Organismus besonders intensiv Furcht- und Angstreaktionen und Belastungsmomente.** Die Haut ist eher blaß, der Magen-Darm-Trakt ist ebenfalls schlecht durchblutet.
- Insulin wird von den Rezeptoren nicht mehr voll akzeptiert, es staut sich Zucker und Insulin im Blut (Hyperglykämie und Hyperinsulinismus).
- Natrium sammelt sich an und dadurch wird Wasser gebunden,

- **Fett setzt sich vermehrt an**, da ein weiteres Hormon, das Wachstumshormon (STH) aufgrund der Überzuckerung (Hyperglykämie) nicht mehr ausgeschüttet wird.
- Nützliche Proteine, auch Enzyme werden vermehrt abgebaut.
- Vermehrte ACTH-Produktion und Kaliumüberschuß läßt Aldosteron ansteigen.
- **Cortison erhöht die Kaliumausscheidung** (Lakritz-Abusus erzeugt zusätzlichen Kaliummangel und führt dadurch zu Hypoaldosteron und auch zu ACTH-Mangel.)
- Gesteigerte Cortisol-Ausscheidung bzw. Aldosteronproduktion bewirkt eine gesteigerte Natriumrückresorption und vermehrte Kaliumausscheidung und Wasserstoffionenausscheidung.
- Eventuelle Durchfälle und Gastroenterismus, sowie Colitis ulcerosa – alles auch kausal psychisch bedingte Störungen – haben weiteren Kaliumverlust zur Folge.
- **Ein über lange Zeit hoher Cortisolspiegel schädigt Teile des Gehirns, insbesondere der dem Lernen zugeordnete Hippokampus. Aber auch die Nervenzellen, die den Level von Cortisol im Feedback prüfen und regeln, werden durch einen zu hohen Cortisolspiegel geschädigt und degenerieren. Die Folge ist eine erhöhte ACTH-Sekretion und eine weitere Erhöhung der Cortisolspiegel.**
- Dadurch wird die NNR überbelastet und entzieht dem restlichen Körper die Vitamine und Minerale, die zur Bildung des Hormons in diesen großen Mengen notwendig sind. Betroffen ist vor allem alle B-Vitamine (besonders B_5), und Vitamin C.
- Die erhöhten Cortisolwerte bleiben schließlich bestehen ohne jeden circadianen Rhythmus. Dies führt sehr häufig zur endogenen Depression die möglicherweise auch im Zusammenhang mit der beschriebenen Degeneration des Hippokampus zusammenhängt.

Nicht klassische Depression ist ein Zustand, auf den die beschriebenen Momente bei reduziertem Cortisolspiegel vorliegen.

Symptome sind:

Herabsetzung des eigenen Selbstwertgefühls und strukturierte Angst, auch Zukunftsangst.

Lösung der Probleme erwarten die Patienten von außen, keinesfalls bemühen sie sich selbst mangels eigenem Zutrauen. Gleichzeitig sind sie sehr leicht verletzbar und ziehen sich zurück. Wenn nun noch Schlafprobleme auftreten, was oft der Fall ist, dann werden diese Personen **schnell hypochondrisch, appetitlos, sexuell desinteressiert.**

Ursache hier: zuviel CRH und zuviel Cortisol.

(Über 95 % des Cortisols ist an Proteine gebunden und nicht bioaktiv.)

Mit einem Speicheltest ist der aktuelle Cortisolspiegel leicht meßbar. Wenn notwendig: Phosphatidylserin und Vitamin C in hohen Dosen senkt Cortisolwerte.

Was psychische Belastung mit hohem Cortisollevel alles anzettelt

- Immunstörungen
- Chronische Infektionen
- Autoimmunerkrankungen
- Osteoporose
- PMS
- Potenzstörungen
- Libidoeinschränkungen
- Schnelles Altern
- degenerative Erkrankungen
- Herzerkrankungen
- Morbus Alzheimer
- Malignom
- Depressionen
- Schlafstörungen
- (erhöhte ACTH- und Cortisolspiegel ergeben verminderte REM-Phasen)
- Konzentrations- und Gedächtnisstörungen
- Glukoseintoleranz, evtl. Diabetes mellitus
- Hypoglykämiesymptomatik
- Vegetative Dystonie
- Psychosomatische Störungen
- Verdauungs- uns Absorptionsstörungen
- Nahrungsmittelintoleranz, zu schnelles Essen und zu wenig Kauen
- Störung der Darmökologie
- geschwächte Darmimmunität
- Einnisten von Pilzen

- Entzündungsreaktion durch toxische Abbauprodukte, z.B. Indole in der Darmmukosa
- Erhöhte passive Durchlässigkeit von großen Molekülen, dadurch Allergie
- Gestörte Transportfunktion im Darm führt zu Mangel an Vitaminen, Mineralen, Aminosäuren und essentiellen Fettsäuren
- Freie Radikale werden immer weniger neutralisiert und überschwemmen den Organismus

Dekompensierte Adaptation mit unangemessener psychischer Belastungsreaktion

Wenn die Cortisolreserven durch die andauernde psychische Belastung aufgebraucht sind, dann wird bei weiter anhaltender oder erneuter psychischer Belastung nur noch **vermindert Cortisol ausgeschüttet. Damit wird ein neuer Weg eingeschlagen.**

Abrupt niedrige Cortisolwerte kommen dann vor, wenn vorher eine Phase andauernden psychischer Belastung dominierte. Die Folge davon ist sehr oft ein Abrutschen in CFS – **Chronic Fatigue Syndrom.** Auslöser sind auch Infektionen, Intoxikationen, Schwangerschaft.

Die hormonelle H-H-NNR-Belastungsachse arbeitet nun zu schwach, Immunreaktionen werden zu stark – **das ergibt diverse chronische entzündliche Erkrankungen und extreme Müdigkeit.**

Auch DHEA ist betroffen; niedrige DHEA-Werte ziehen niedrige Level von Sexualhormonen nach sich.

Werden Rezeptoren für Cortisol nicht ausreichend bedient, dann nehmen entzündliche Autoimmunprozesse zu.

Die beiden folgenden Störungen, die sich epidemisch in unserer Gesellschaft verbreiten, sind mit einer Belastung der H-H-NNR-Achse kausal korreliert:

- **CFS!** Für die erhöhte Immunreaktion spricht leicht erhöhte Temperatur, Gelenk – und Muskelschmerzen, allergische Symptome.
- **Fibromyalgie!** Muskel- und Gelenkschmerzen, übermächtiges Schlafbedürfnis, manchmal Rheuma und Arthritis.

Gemeinsame Ursache: Mangel an Cortisol oder Mangel an CRH durch psychische Überlastung.

Da Cortisol die Atemkette in den Mitochondrien zur Bildung von ATP, also Zellenergie stimuliert, wird bei fehlenden Cortisolleveln zu wenig Zellenergie aufgebaut. Es kommt zu
- **einer erworbenen mentalen Ermattung und körperlicher Mattigkeit,**
- **verlangsamter Gegenreaktion bei zu niedrigem Blutzucker,**
- **starken Stimmungsschwankungen,**
- **Immunstörungen,**
- **(Symptome analog denen bei verminderter Glykogenspeicherung).**

Symptome bei Reduzierung der Glukokortikoiden im Überblick:

Tendenzen zu:
- 'stark erniedrigtem Zuckerlevel im Blut (eine Insulininduzierte Hypoglykämie stimuliert die Cortisolsekretion).
- reaktive Hypoglykämie nach Kohlenhydratmahlzeit,
- starke Insulinempfindlichkeit,
- Hunger,
- Schwäche,
- Tachycardie,
- Kopfschmerzen,
- Apathie,
- Arhythmien,
- zerebrale Dysfunktion,
- Angst,
- Schweiß,
- Neurosen
- Azidose,
- Hyperventilation,
- Muskelkrämpfe,
- Hyperkalämie,
- evtl. Verwirrtheit
- durch fehlende Säure im Magen Appetitlosigkeit,
- Durchfälle,

- Gewichtsabnahme
- Atemstörung,
- Konvulsionen,
- Halluzinationen, Bewußtseinstörung
- endokrines Psychosydrom,
- vermehrte Ausschüttung von ACTH und MSH, Aldosteron ist weitgehend ACTH-unabhängig
- Vitiligo (Depigmentierung)

- Intrazelluläre Hydration
- extrazelluläre Dehydratation
- normozytäre Anämie,
- Lymphozytose, Eosinophylie, Leukopenie
- endokrines Psychosyndrom,
- Pigmentierung von Haut und Schleimhäuten,

Symptome bei Ausfall der Mineralkortikoide:

Tendenzen zu:

- Allg. Müdigkeit,
- Schwäche,
- Apathie,
- Bewußtseinsstörung, evtl. Verwirrtheit
- Hypotonie, Neigung zu Kollaps

- Muskelkrämpfe,
- Übelkeit,
- Tachycardie,
- Arrhythmien,
- Kopfschmerzen,
- Hyperventilation,
- Azidose

Einbeziehung des Immunsystems
in die CRH-Dysbalance

Auch das Immunsystem ist, wie bereits mehrfach angedeutet, durch eine übermäßige psychische Belastung mit negativen Folgen betroffen.

Die Aktivität der natürlichen Killerzellen ist vermindert und Cytokin-2 wird von T-Lymphozyten vermindert produziert. Folge ist eine verminderte Vermehrung der Lymphozyten, Verkleinerung des Thymus und der Lymphknoten und eine verminderte Abwehrkraft, gleichzeitig entsteht eine Erhöhung der Autoimmunaktivität.

Das heute weit verbreitete Fibromyalgie-Syndrom (Schmerzen der Muskeln und des Bindegewebes, besonders bei Druck auf bestimmte Punkte) hat viele Ursachen, die in diesem Rahmen nicht besprochen werden können. Interessant im Zusammenhang hier ist eine Minderdurchblutung durch Fehlen der Stickoxidproduktion. Dies ist bedingt durch Blockierung der Cytokin-1-Beta Sekretion. Cytokin-1-Beta stimuliert auch die Freisetzung von CRH bei psychischer Belastungsreaktion und kann sich bei Dauerstreßerschöpfen.

Neurone, die CRH im Hypothalamus sekretieren, haben Verbindung mit Regionen im Hirnstamm und dem Sympathicus des Vegetativen Nervensystems.

Das Sympathische NS innerviert Immunorgane wie Thymus, Lymphknoten, Milz und dämpft mit Hilfe dieser Stationen Entzündungsreaktionen.

CRH-Neurone haben weitere Verbindung zum Locus coeruleus (Blauer Kern). Aktivierung bedeutet Unruhe, Angst, „Hab Acht"-Reaktion.

Mandelkerne im Limbischen System tönen den Affekt ebenfalls zur Angst; auch hier wird CRH sekretiert. Von diesen Zentren gehen Fasern zum Hypothalamus, Locus coeruleus und andere Stationen im Hirnstamm.

Weiße Blutzellen produzieren kleine Proteine (Polypeptide), die das Immunsystem in seiner Aktivität koordinieren. Früher bezeichnete man diese Botenstoffe als Interleukine (von *inter,* lat., zwischen und *leukos,* griech., weiß). Schnell wurde herausgefunden, daß Interleukine nicht nur zwischen den weißen Blutkörperchen ihre Funktion ausüben, sondern die meisten Organe, auch das Gehirn ansprechen. Deshalb nennt man diese Moleküle heute Cytokine (von *kytos* griech., Höhlung der Zelle und *kinein* griech., bewegen), sie werden aber noch nach alter Nomenklatur abgekürzt zu IL.

Cytokin-1 (IL 1) wird von Monocyten (einer Sorte Freßzellen), B- und T-Zellen, Natural Killerzellen, Gliazellen und Hautzellen gebildet und stimuliert Immunzellen (Lymphocyten) zur Herstellung von Cytokin-2 (IL 2). Dadurch werden Plasmazellen zur Produktion von Antikörpern animiert und zur Vermehrung cytotoxischen T-Zellen. Morgens sind Killerzellen normaler Weise am stärksten angriffsbereit. Damit wird eine Abwehrbarriere gegen Viren, Bakterien Tumorzellen aufgebaut, die durch Nahrung in den Körper gelangen. Gleiches geschieht in der zweiten Hälfte des Menstruationszyklus bei der Frau. Nachts sind B- und T-Zellen maximal tätig und bei Frauen zur Zeit des Eisprungs am schwächsten. Das ist sinnvoll, weil die befruchtete Eizelle dann nicht angegriffen und abgestoßen wird. **Durch psychische Belastung gerät der Rhythmus durcheinander.**

Cytokine können stimulierend oder hemmend wirken. Die Entscheidung ist davon abhängig, welches Reizmoment und welche Stoffwechsellage gerade vorhanden ist.

Cytokine vermitteln genau das, was wir auch bei psychischer Belastung fühlen, z.B. Angst und Anspannung oder genau das Gegenteil, Müdigkeit und das Bedürfnis, sich flach zu legen. Die Induzierung von Müdigkeit bei Infektionen (Cytokine bedienen Rezeptoren in der Medulla oblongata) ist sinnvoll, da der Organismus bei Tonuserniedrigung Energien sparen kann, die der Heilungsaktivität zugute kommt.

Normalerweise gelangen nur dosiert wenige Cytokine ins Gehirn, da die Blut-Hirn-Schranke weitgehend undurchlässig für diese Moleküle ist.

Aber durch die zerstörende Arbeit von Freien Radikalen wird die Schranke durchlässig. Freie Radikale werden bei Entzündungen aktiviert, deshalb sind Entzündungen geeignet, Cytokine ins Gehirn zu schleusen. Was bewirken sie dort?

- Cytokine stimulieren andere Cytokine und bewirken eine kaskadenartige Reaktion.
- Cytokine verwenden bestimmte Nervenbahnen, um spezielle Information zu verbreiten. So wird der Vagusnerv (ein Teil des parasympathischen vegetativen Nervensystems) verwendet, um die Information der Cytokine in Muskeln und Drüsen des Brust- und Bauchraums zu verbreiten.
- Im Gehirn regulieren Cytokine das Wachstum und Absterben von Nervenzellen.
- Cytokine im Gehirn werden vom Immunsystem auch benutzt, um das Schlüsselhormon CRH freizusetzen.

Im Hinblick auf das Thema ist der letzte Punkt besonders interessant. Wenn Freie Radikale den Weg für Cytokine ins Gehirn bereiten und dadurch vermehrt CRH stimulieren, dann ist Folgendes von Bedeutung: **Es wird immer deutlicher, daß Freie Radikale auch durch technisch erzeugte elektromagnetische Schwingungen, wie z.B. bei der Kommunikation der mobilen Funkapparate (Handy) in ihrer membranzerstörenden Funktion aktiviert werden.** In diesem Fall kann Anspannung, Angst oder Müdigkeit allein durch Einwirkung technischer Frequenzen auftreten. Sollten die vielen Mitteilungen, die ich dazu erhalte, einen Kern Wahrheit enthalten, ist die Umsetzung dieses Mechanismus tatsächlich zu befürchten. Beweise dafür fehlen noch.

Zuviele Cytokine im Gehirn schaden direkt den Nerven. Ein Beispiel dafür sind AIDS-Patienten.

Chronische Erschöpfungssyndrom ist auch psychisch bedingt

Psychische Probleme machen sich bevorzugt in Schlafstörungen bemerkbar. Verantwortlich dafür ist wieder CRH, ACTH und Cortisol. Für die pathologischen Folgen sind nicht die Störung des REM-Schlafs (Traum-Schlafs) entscheidend, sondern eher die Störung des Tiefschlafs.

Nur im Tiefschlaf wird fontänenartig das außerordentlich wichtige Hormon Melatonin ausgeschüttet, das wiederum die Ausschüttung des für eine Regeneration des Immunsystems wichtigen Hormons STH (somatotropes Hormon oder Wachstumshormon) triggert. Gestörter Schlaf heißt gestörter Hormonhaushalt.

Wer schlecht schläft, muß mit einem supprimierenden Einfluß auf das Immunsystem rechnen. Erst nach 5 Tagen kehrt die Angriffsbereitschaft der Immunzellen wieder auf den Normpegel zurück. *„Schlechter Schlaf mündet in einer bakteriellen Verseuchung des Blutes"* **(Gesellschaft für Schlafforschung in Minneapolis).**

Normal ist: In der Nachtruhe treten die Cytokine in rege Aktion. Wellenförmig überschwemmen sie das Blut, einschließlich des Tumornekrosefaktors. Es besteht ein hektischer Funkverkehr. Bei zuwenig Schlaf passiert laut Experiment folgendes: Bereits nach 70 Stunden unregelmäßigen Schlafs verändert sich die Immunabwehr der Probanden chaotisch. Während die Anzahl der T- und B-Lymphozyten durchaus normal blieben, stiegen die Monocyten und Granulozyten in enorme Höhen. Monocyten und Granulozyten sind die Feindaufklärer der Abwehr. Sie kontaminieren die eingedrungenen Keime und schleppen diese zwecks Identifizierung in die Lymphknoten. Übermüdung versetzt diese Abwehr in permanente Alarmbereitschaft.

Ohne Schlaf gibt es keine Identifizierung und keine Elimination. Die Folge davon ist eine Anreicherung von Keimen im Blut. Das bedeutet, daß auch tagsüber Cytokine ausgeschüttet werden. Diese Cytokine koppeln an Rezeptoren der Medulla oblongata und erzeugen quälende Müdigkeit und legen den Menschen flach. Damit wird Energie gespart, die normalerweise im Tonus der Skelettmuskulatur

verbraucht wird (Heilschlaf). Das ist archaisch gesehen sehr sinnvoll, denn im Fall einer Bakterieninvasion braucht der Organismus alle Energie zur Bekämpfung durch das Immunsystem.
Auf Dauer geht die Überaktivität der Cytokinausschüttung nicht gut. Das System kann nicht unentwegt auf Hochtouren laufen. Irgendwann sind die Ressourcen erschöpft.

Das Immunsystem wird uneffektiv und erlahmt – die Bakterien, Viren, Keime und Mikroben können sich fast ungehindert ausbreiten und belasten den Organismus.

Das aber bedeutet weiter extreme Müdigkeit. Diese Phase wird oft als Ursache des CFS genannt, was nicht ausreicht.
Selbst dann, wenn sich das Immunsystem erholt, geht die Müdigkeit weiter. Warum?

Erholt sich das Immunsystem wieder, tritt ein neuer Mechanismus in den Vordergrund:
Die Bakterien werden nun erneut angegriffen. Wenn die Makrophagen die Bakterien dann angreifen und zerlegen, wird ein Stoff aus der Zellwand der Bakterien frei: das Muramyl-Peptid.
Das Peptid gelangt dann als mikrobieller Restmüll in das Blut und wird im Gehirn zur Müdigkeits- und Schlafdroge: dem Faktor S (für „Sleep").
Das Peptid Faktor S hat es in sich. Die winzige Menge von nur 7×10^{-6} g reichen aus, wie Versuche zeigten, um 500 Kaninchen 6 Stunden lang in Tiefschlaf zu versetzten.

Dieser Faktor ist von unserem Konstrukteur etabliert worden, um den Heilschlaf bei Infektionen einzuleiten.
Das mag auch der Grund dafür sein (spekulativ), warum wir normalerweise nach dem Mittag- und Abendessen müde werden. Wir verschlingen dabei Myriaden körperfremder Eiweiße, Bakterien, Schimmelpilze. Ein Teil davon taucht auch im Blut auf und wird vom Immunsystem zerlegt.
Die Mehrzahl allerdings wird im Darm verarbeitet, besonders im Dickdarm, wo ganze Armeen von Makrophagen auf Fremdstoffe warten, um sie zu vernichten.

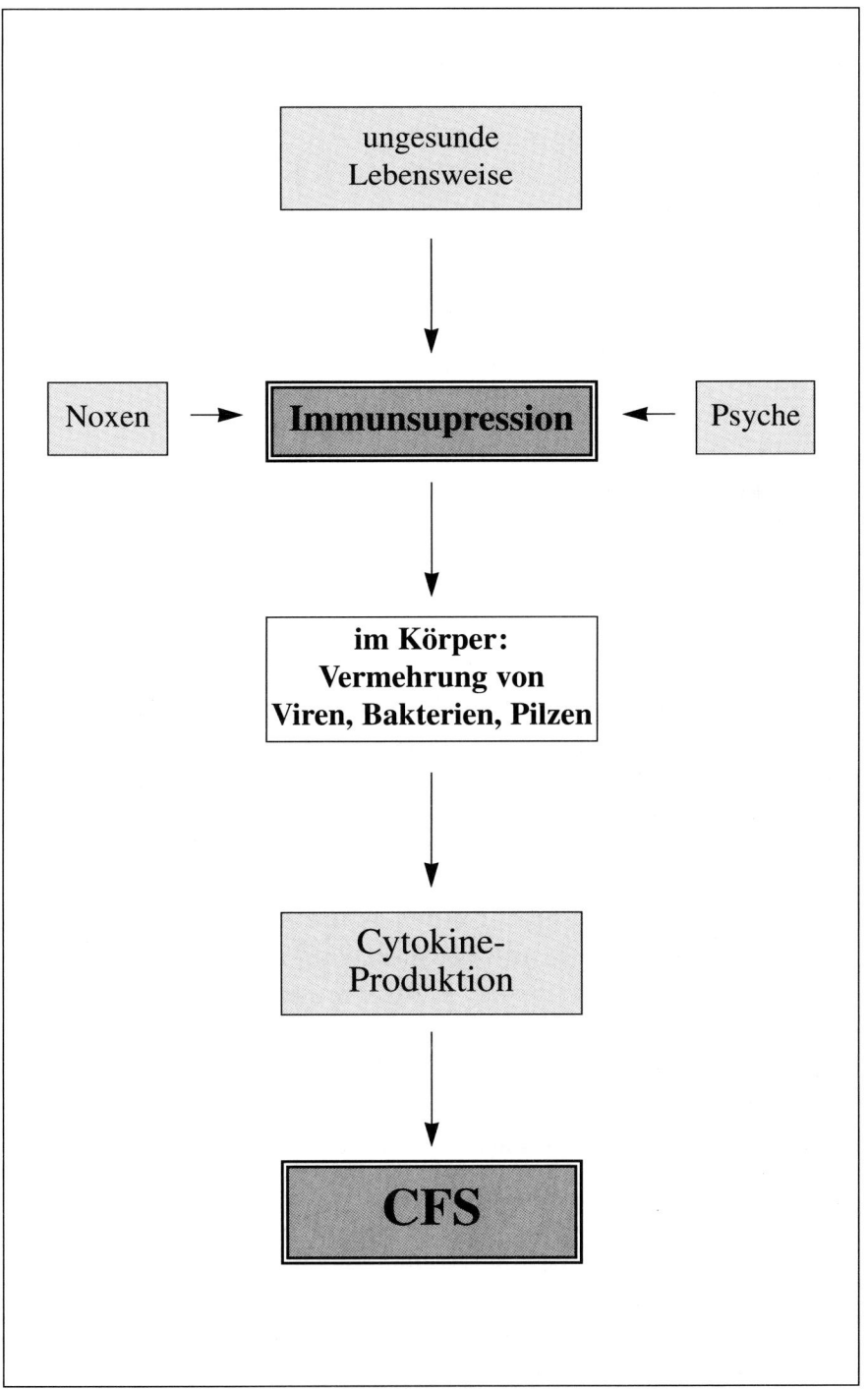

Immunsuppression kann auch durch andere Ursachen als Schlaf-störungen entstehen; hier eine kurze Liste:

- erblich bedingt (Enzymausstattung),
- falsche Ernährung, belastete Nahrung (Schwermetalle, besonders Cadmium, Pestizide),
- Konserven-Nahrung (Blechzinn hemmt Resorption von Zink; Zink ist wichtig für mehr als 130 Enzyme),
- Medikamente,
- Genußmittel (Alkohol, Rauchen),
- Lebensmittelzusätze,
- Wasserverschmutzung,
- Kleidung,
- Wohnungseinrichtung,
- Mangel; A, C, E, D_3, Fe, Se, Zn, Cu,

Einfluß psychischer Belastung auf den Mineralhaushalt und Folgen

Das zuvor Dargestellte ist schon unangenehm genug für unseren Körper, aber die wichtigste Aussage lautet: **Erhöhte Steroidpro-duktion (Kortikoide) ergibt einen Kaliummangelzustand; der wiederum ist gekoppelt mit Alkalose. Und nun startet ein unan-genehmer Circulus vitiosus: Kaliummangelzustände erhöhen die Mineralkortikoidproduktion.**
Erschöpfen sich die Steroide nach anhaltender psychischer Belastung, fallen wir in einen entgegengesetzten Extremzustand, einschließlich einer Azidose.

Dieser Wechsel von „Zuviel – Zuwenig", Alkalose – Azidose pas-siert häufig zeitlich direkt hintereinander mit allen quälenden Sen-sationen für den Betroffenen.
Fast alle Funktionsstörungen, die sich aufgrund psychischer Auffälligkeiten einstellen, laufen über diese Schiene.

206

Wir müssen die Zusammenhänge verstehen lernen, sonst kommen wir als Betroffene aus der Zwangsmühle nicht mehr heraus.
Also der Reihe nach:

Gestörter Mineralhaushalt und falscher pH sind gekoppelt

Zu wenig Kalium im Blut und Alkalose
Kalium befindet sich zu 98% in der Zelle. Frauen haben etwa 20% mehr Kalium, da sie mehr Fettgewebe haben.
Früchte enthalten viel Kalium. 3–4 Gramm täglich mit der Nahrung aufzunehmen ist gut.
Kalium ist im Inneren der Zelle für Elektroneutralität, Osmolarität, Enzymaktivität verantwortlich.

Hauptauswirkung einer Alkalose ist der **Kaliumverlust** (das Kalium wird in der Niere sekretiert und ausgeschieden); pH und Kaliumkonzentration innerhalb der extrazellulären Flüssigkeit zeigen eine inverse Korrelation.

Betrachten wir zuerst ein „zu wenig" an Kalium (Hypokalämie) im Blut.
Man muß davon ausgehen, daß bei Kaliummangel außerhalb der Zelle bereits größere Mengen von Kalium aus dem intrazellulären Raum übergetreten sind, so daß ein Ausgleich stattfindet und ein Mangel im Blut nicht gleich deutlich wird.
Intrazellulär ist dann aber deutlich zu wenig Kalium vorhanden. Natrium wird augenblicklich das fehlende Kalium ersetzen, was gefährlich ist. Für jeweils 3 Kaliumionen, die die Zelle verlassen, treten 2 Natriumionen ein, die 1 Wassermolekül nach sich ziehen. Wasser balloniert die Zelle, Funktionskompartimente werden an die Zellbegrenzung gedrückt und bei zu langem Andauern des Zustandes kann dies zum Untergang der Zelle führen.

Die Zeit für einen Kaliummangel besteht natürlicher Weise bevorzugt morgens, wenn ein hoher Cortisollevel aufläuft.

Außerdem immer dann, wenn psychische Belastungen auftauchen. **Kommt beides zusammen, besteht hohe Alarmstufe.**
Potenziert wird der Zustand durch Magnesiummangel. Heute ist Magnesiummangel recht häufig, wenn kein Gemüse aus freiem Anbau gegessen wird. Magnesiummangel führt zu Kaliummangel, weil bei zu wenig Magnesium die Ausscheidung von Kalium über die Niere verstärkt wird.
Will man den Kaliummangel mit Fruchtsäften ausgleichen, dann kann es passieren, daß die organischen Säuren im Obst aufgrund ihrer Metabolisierung die vorhandene Alkalose verstärken.

Bei Hypokalämie ist normaler Weise die Aktivität der K^+/Na^+-Pumpe verringert, wodurch die intrazelluläre Natriumkonzentration ansteigt. Das hat zweifache Folge. Zum einen entsteht Energie und wird freigesetzt, was durchaus günstig ist. Zum anderen verringert sich das Konzentrationsgefälle für Na^+, was den Auswärtstransport von H^+ aus den Zellen abbremst. Die Na^+/H^+-Pumpe arbeitet jetzt langsamer. Dadurch verschiebt sich sozusagen die Säure von außen in die Zelle hinein. Eine intrazelluläre Azidose (die eine Freisetzung von Enzymen forciert, die Zellmembranen auflösen können) steht einer extrazellulären Alkalose gegenüber. Die HCO_3-Konzentration steigt an, der **pH steigt über 7,44.**
Nun sind die Nerven- und Muskelerregungen gestört.

Symptome in diesem Stadium sind:

Tendenz zu:
    Tonusverlust der glatten und quergestreiften Muskulatur.
    Apathie,
    Somnolenz, in sehr schweren Fällen Bewußtlosigkeit,
    häufiger Verstopfung (**Obstipation**); **Atonie der Magen-, Darm-, Blasenmuskulatur,**
    Hypotonie,
    Tachykardie und Rhythmusstörungen

Durch den Tonusverlust der Muskulatur findet eine zu geringe Atmungstätigkeit und Ventilation statt. Wir atmen zu flach. Nach einiger Zeit sammelt sich CO_2 im Blut an, immer mehr. Darauf kommen wir gleich zurück.

Zuerst soll eine andere Komplikation weiterverfolgt werden.

Mit der eben geschilderten Übersäuerung innerhalb der Zelle geht **Hyperglykämie und Insulinresistenz** einher, da die Verarbeitung von Zucker (die Glykolyse) und aerobe Laktatproduktion direkt proportional mit dem intrazellulären pH anwachsen. D.h. beides läuft optimal bei mehr alkalischem Zellmilieu und wird bei saurem Zellinhalt unterbrochen. Wenn die Glykolyse gehemmt ist, staut sich Zucker außerhalb der Zelle und im Blut an.

Längeranhaltende Hyperglykämie ist reinstes Gift für das Blut (Gefahr der Verzuckerung von Proteinen) und die zwangsweise nachfolgende Hyperinsulinämie ist eine inzwischen weit verbreitete Zivilisationskrankheit.

Eine weitere Komplikation:

Durch übermäßige Alkalisierung kann im Blut die Konzentration freien Calciums rapide absinken. Dadurch verspannen sich Muskeln, was um so schlimmer ausfällt, je weniger Calcium durch Mangelernährung im Blut gespeichert ist. Verspannungen der Muskeln, hauptsächlich der Nackenmuskulatur verbraucht außerordentlich große Mengen an Zellenergie und führt bei länger andauernden Zustand unweigerlich zum Pathologischen Energiedefizit (PED) (ausführlich habe ich diesen Zustand im Buch „Risiko Wohlstandsleiden" besprochen; auch die negativen Konsequenzen für die Psyche sind dort eingehend dargestellt).

Es kommt noch ungünstiger:

Durch die Alkalisierung wird die Sauerstoffabgabe vom Hämoglobin der roten Blutzellen vermindert, wodurch es zu Mangel an Sauerstoff im Gewebe, also weiterem PED kommt.

Wir haben nun verstanden: Alkalose verschiebt das Kalium aus dem Blut in die Zelle (Hypokalämie im Blut, aber in der Zelle Hyperkalämie).

Genau dies ist auch durch andere Ursachen möglich: z.B. durch Glykogen- und Proteinaufbau, die das Kalium des Blutes stark binden. Das passiert:

- nach langem Ruhepausen, also früh morgens,
- nach reichlicher Kohlenhydratzufuhr (Zuckerkonsum) und nachfolgender Insulinausschüttung, also nach dem süßen Frühstück,
- nach hoher Adrenalinausschüttung, also im circadianen Rhythmus um 11^{00} Uhr herum und bei Aufregung.

Ein weiterer Faktor:
Adrenalin und Insulin erhöhen die Aktivität der K^+/Na^+-Pumpe, wodurch vermehrt Kalium in die Zelle gelangt. Dadurch kommt es zu einer zusätzlichen Kaliumerniedrigung (Hypokalämie) im Plasma.
Dies wird bevorzugt um 10^{00} bis 11^{00} Uhr passieren, wenn unser Ausstoßmaximum an Adrenalin innerhalb des circadianen Rhythmus stattfindet und wenn aufgrund eines süßen Frühstücks mit Marmelade, Honig und Zucker im Kaffee viel Insulin im Blut auftaucht.
Wichtig dabei ist, wie schnell Kalium im Blut absinkt. Je schneller der Absturz, desto gravierender die Symptome.
Unterliegen wir zeitgleich mit den bisher aufgezählten Faktoren auch noch einer stark aktivierenden psychischen Belastung, ist der Absturz rapide und es bahnen sich alarmierende Funktionsstörungen im Körper an.
Mit der Adrenalinausschüttung durch starke psychische Belastung ist eine lipolytische Aktivität, verbunden, d.h. Fettsäuren werden freigesetzt. Diese freien Fettsäuren bewirken eine Komplexierung von Calcium. Die Verfügbarkeit des freien Calciums sinkt, wir geraten in eine Hypocalcämie.
Für unsere Körperfunktionen bedeutet dies weitere Dysbalance.

Symptome in diesem Stadium sind:

Tendenz zu:
- **Verspannungen, evtl. Bronchospasmus**
- **Muskelschmerzen**
- **schneller Erregbarkeit, Unruhe, Angst**
- **Herzrhythmusstörungen,**
- **Parästhesien,**
- **Erschöpfung.**

Der Umschlageffekt

Verbreitet ist eine psychogene Hyperventilation. Dabei wird zu häufig und zu tief ein- und ausgeatmet und CO_2 wird zu stark abgeraucht. Das Blut wird alkalisch mit pH-Werten um 7,44. Frauen haben diesen Zustand oft prämenstruell.
Progesteron stimuliert das Atemzentrum, so daß dieser Zustand auch während der Schwangerschaft oder der Einnahme synthetischer Präparate auftreten kann.

Die Abnahme der H^+-Ionen im Blut (pH-Anstieg) bewirkt, wie bereits erwähnt, einen Rückgang der Fraktion der Kalziumionen. Das bewirkt Tetanie, dies auch bei den Blutgefäßmuskeln im Gehirn. Dadurch vermindert sich die Hirndurchblutung.

Fällt die Säure im Blut weiter ab, verkrampfen sich auch die Lungenbronchiolen, wodurch Atemnot empfunden wird. Der Ausweg aus dieser Empfindung liegt für die betroffene Person in weiterer Hyperventilation.
Als Folge der Verengung der Blutgefäße nimmt in der Zelle die Produktion von Milchsäure zu. **Nun haben wir den Zustand einer kombinierten respiratorischen Alkalose mit aufgepropfter metabolischer Azidose** (siehe auch Kapitel „Übersäuerung").
Extrazellulär gleichen diese Zustände sich – was den pH betrifft – aus. Aber das Blut transportiert jetzt erhöhte Laktatwerte. Dieser Zustand kann ziemlich plötzlich in eine schwere metabolische Azidose kippen.

Symptome in diesem Stadium sind:

Tendenz zu:
- **Schwindel,**
- **Konzentrationsschwäche,**
- **evtl. Sehstörungen,**
- **Atemnot**
- **Kopfschmerzen**
- **aber vor allem Angst, hohe Erregbarkeit, hohe Anspannung**

Wenn Kaliummangel (metabolische Alkalose) und Hyperventilation (respiratorische Alkalose) gleichzeitig vorkommt, ist eine spontane Kompensation der verschobenen Wasserstoffionen unmöglich. Die Säure-Basen-Stoffwechsellage gerät völlig durcheinander.

Hält eine respiratorische Alkalose länger an, so kommt es zur Verdickung der Kapillarwand und dadurch bedingter **Herabsetzung der Sauerstoffdiffusion**.

Allein die Psyche kann Auslöser der ganzen Funktionsmisere sein, aber jetzt, wo vieles durcheinandergeraten ist, wird die Psyche zwangsweise in den Strudel mit einbezogen. **Es kommt zum endogenen Psychosyndrom. Unruhe und hohe Erregbarkeit, sowie Angst und Anspannung** sind verselbstständigt und ist von der betroffenen Person kaum mehr unter Kontrolle zu bringen. Der Teufelskreis ist angestoßen. Denn die psychische Belastung verschlechtert die körperlichen Funktionen. Je labiler die körperlichen Regelkreise aber werden, desto mehr können psychische Moment Macht über den Körper bekommen. (**Bild 27**).

Übersäuerung

Die Übersäuerung im peripheren Arteriolen- und Kapillarblut hat verheerende Folgen. Da in „Risiko Wohlstandsleiden" darauf ausführlich eingegangen wurde, hier nur stichwortartig die wichtigsten Verbindungen.

Anfall von Säure mit Abfall des pH unter 7,36 hat viele Ursachen:
- Bei sehr hoher Stoffwechselsteigerung (z.B. bei zu viel Stimulierung des Schilddrüsenhormons, Hyperthyreose) entstehen vermehrt saure Metaboliten.
- Auch wenn sehr viel Energie herausgegeben wird, kommt es zur Beschleunigung des Energieumsatzes und zur vermehrten Säuerung.
- Gleiches passiert bei länger andauerndem Hungerzustand. Sinkt die intrazelluläre Glukosekonzentration, wird der Fettumsatz gesteigert. In der Zelle sammeln sich daraufhin Fettsäuren, die

nicht alle gleichzeitig metabolisiert werden können. Es sammelt sich dann β-Hydroxybuttersäure und Acetessigsäure, die H^+-Ionen freisetzen.

- Auch Beeinträchtigungen des Sauerstoffgehalts der Gewebe bei nicht ausreichender Atmung und bei schlechter Gewebedurchblutung führen zu Übersäuerung (metabolische Azidose). Der Grund liegt in einer verstärkten Produktion von Milchsäure in der Zelle bei gleichzeitiger Dissoziation von Milchsäure in Laktat und H^+-Ionen. Besonders stark ist dieser Mechanismus bei Glykogenspeicherstörungen (z.B. bei Alkoholkonsum am Abend).
- Wird nicht genügend Atemvolumen umgesetzt, dann bleibt zuviel CO_2 zurück und es bildet sich vermehrt HCO_3^-. Nun muß extrazellulär die HCO_3^--Konzentration gesteigert werden. Gelingt dies nicht, kommt es auch dadurch zum pH-Abfall.

Exogene Säurebelastung

- Trinkt man Alkohol, so verwandelt sich der Methylalkohol schnell in Ameisensäure um.
- Auch die Einnahme der Aminosäure Methionin, die stark entgiftet, erzeugt Azidose.
- Wird vermindert NH_4^+ abgegeben, dann vermindert sich die Synthese des Puffers der Azidose HCO_3^-.
- Nimmt man größere Mengen von Salz (Natriumchlorid, aber auch Calciumchlorid) zu sich, entsteht Übersäuerung, da die Kationen ausgeschieden werden und das zurückbleibende Anion Chlorid Wasserstoffionen aufnimmt.
- Gramnegative Bakteriämie bewirkt bei einer gleichzeitig vorhandenen Anämie oder Hypoxie eine Azidose.

Bei Übersäuerung außerhalb der Zelle ist die Ausschleusung von H^+-Ionen aus der Zelle über die Na^+/H^+-Austauschpumpe behindert. Dadurch gelangt weniger Na^+ in die Zelle. Das bedeutet, daß die K^+/Na^+-Pumpe weniger arbeitet und weniger K^+ in die Zelle eingekoppelt werden kann. Insgesamt wird dadurch der Kaliumlevel in der Zelle zu niedrig. **Azidose führt zu relativem Kaliummangel**

in der Zelle. Kalium staut sich außerhalb der Zelle zur Hyperkalämie. Diese wird noch dadurch verstärkt, weil bei Azidose die Kaliumausscheidung über die Niere vermindert ist.

Der Körper versucht daraufhin gegenzuregulieren: das wichtigste Mineralkortikoid ist **Aldosteron**; es beeinflußt Natrium, Kalium und den Wasserhaushalt in allen Geweben. Anstieg der Kaliumkonzentration im Plasma stimuliert die Aldosteronproduktion, wodurch die Ausscheidung des Kaliums durch die Niere erhöht wird. Bei anhaltender Azidose kommt es deshalb zu einem Verlust an Gesamtkalium. Viel Aldosteron scheidet viel Kalium und Magnesium aus, Natrium dagegen wird vermehrt angesammelt. Das führt automatisch zu Wasseransammlung (Hypervolämie).

Symptome:
* **Hypertonie,**
* **Kopfschmerzen**

Mangel an Aldosteron ergibt: Hyponaträmie, Hypovolämie, Hyperkalämie, Hypermagnesämie, Hyperclorämie und Azidose.

Azidose mit Kaliummangel in der Zelle haben Auswirkungen auf das Ruhepotential. Die Azidose führt zur Depolarisation und zur

* **Übererregung aller elektrischen Reizleitungssysteme.**

Plötzlicher Tod und Herzstillstand aufgrund von schweren Rhythmusstörungen sind bei extremen Werten keine Seltenheit.

Wir hatten weiter oben dargestellt, daß bei der Ausschüttung von viel Cortisol infolge psychischer Belastung die Atmung eher flach wird. Dieser Effekt kann das Blatt plötzlich dramatisch wenden. Es entsteht jetzt durch Ansammlung von zuviel CO_2 eine Azidose. Nimmt die Konzentration der Kohlensäure im Blut wegen zu geringer Atemtiefe zu (respiratorische Azidose bei leichtem Anstieg des CO_2-Partialdrucks auf 50 mmHg), dann entstehen Tendenzen zu:
* **„Herzrasen"** (Tachykardie),

- **Bluthochdruck** (Hypertension) und eine
- Engstellung der Pupillen.

Steigert sich der CO_2-Level noch weiter, sprechen die Rezeptoren auf Cortisol und Adrenalin/Noradrenalin nicht mehr vollständig an.

- Dies kann zum **Blutdruckabfall** führen und im Extremfall einen Schock einleiten.

Bei CO_2-Partialdrücken über 60 mmHg kommt es zu Tendenzen von

- **Muskelzuckungen,**
- **Reizbarkeit,**
- **Schwäche,**
- **Reflexabbau,**
- **Ödemen** durch starke Gefäßerweiterung vor allem im Kopfbereich und folglich zu
- **Kopfschmerz.**

Als Gegenregulation der metabolischen Azidose **vertieft sich die Atmung** bei nur geringer Frequenzerhöhung. (Bei Azidose, die von der Niere zu verantworten ist, ist die Atmung eher flach.)

Hyperkalämie

Übersäuerung des Blutes bedeutet Stau von Kalium. Zu viel Kalium im Blut sammelt sich auch an bei verstärktem Abbau von Eiweiß und Glykogen und bei zuwenig Aldosteronausschüttung.

Symptome: analog Hypokalämie,

Tendenz zu
- **Schwäche,**
- **Parästhesien,**
- **schlaffe Lähmungen der Muskulatur, vor allem der Atemmuskulatur,**
- **arrhythmische Herztätigkeit.**

Zu viele Freie Radikale müssen abgebaut werden

Wenn wir alles richtig machen, dann wird pro Tag jede Körperzelle mehr als 10 000 mal von Freien Radikalen irgendwo angegriffen. Nur durch den Sauerstoff der Atemluft werden pro Minute ca. 2 x 10^{22} Sauerstoffradikale gebildet.

In unseren 6 bis 7 Litern Blut können pro Minute bis ca. 2 x 10^{21} Sauerstoffradikale unschädlich gemacht werden, dies aber nur, wenn wir gesund leben.

Wenn wir aber dem Alkoholabusus frönen, Kaffee trinken, wenig Schlaf bekommen, oder der Ozonluft und starker UV-Strahlung (wegen des Ozonlochs in der Höhe) ausgesetzt sind, dann wird jede Zelle mehr als 80 000 Attacken erdulden müssen. Das schafft sie aber nicht und so altern wir sprunghaft innerhalb weniger Stunden und Tage.

Wir haben pro Sekunde 10^{13} bis 10^{14} Zellneubildungen, wobei pro Tag natürlicher Weise 10^4 DNA Schädigungen durch Freie Radikale auftreten, also pro Tag ca. 10^{16} bis 10^{18} Schäden.

Wenn man sich diese Zahlen anschaut, dann kommt einem schnell zu Bewußtsein, mit welcher Schädigung, Alterung und Funktionseinbuße wir Tag für Tag rechnen müssen.

Fatal werden die Effekte aber richtig, wenn Substanzen fehlen, die Freie Radikale abbauen können.

Die folgende Liste zählt eine Reihe von wirksamen Radikalfängern, sogenannte Scavenger auf:
- **Vitamine**: A, Carotine, E, C, K (Phytomenadion).
- **Naturstoffe**: Tannine, Flavonoide und andere Polyphenole, Anthrozyane, Liponsäure.
- **Proteine, Aminosäuren und Metabolite**: Gluthation, Ceruloplasmin, Methionin, Cystein, Taurin, Harnsäure, Cholesterin (red.), Benzochinone.
- **Minerale**: Selen
- **Hormone**: Melatonin, DHEA

Wer muß mit vermehrter Radikalbelastung rechnen?

- **Personen mit Funktionsstörungen** durch die oben dargestellten Störungen der H-H-NNR-Schiene: wie Burn Out Syndrom, Chronischem Ermüdungssyndrom (CFS),

- **Personen mit falscher Ernährung,** wie zuviel Pommes Frites, Grillen, Braten, Rösten, Alkohol, Limonaden.

- **Personen,** die häufig **mit Giften** in der Umwelt **in Berührung** kommen, wie Zigarettenrauch, Pestizide, Sprays, schlechten Kosmetika, schlechten Haarfärbemitteln, Geschirrspülmittel-Rückstände, Kleber, Lacke, Auto- und Industrieabgase, Stickoxide der Kopierer, Funkwellen.

- **Personen mit** viel **Sport** oder **Abmagerungskuren.**
- **Personen mit chronischer psychischer Belastung.**

Alle wie auch immer gearteten den Menschen belastenden psychische Belastungsfaktoren sind mit Freien Radikalen verbunden. Die **Wirkungen von negativen Außenenergien entstehen teilweise nur dann, wenn die belastete Psyche den Weg dafür ebnet.** Ebenso werden positiv wirksame Außenenergien, wie Düfte und harmonische Farbkonstellationen ebenfalls erst dann wirksam, wenn die Psyche dies zuläßt.
Entzündungen und Verletzungen sind starke Quellen Freier Radikale.

Das Superoxid-Radikal-Anion ($O_2^{.-}$) ist ein Nebenprodukt der mitochondrialen Atmung und bildet sich proportional zum Sauerstoffpartialdruck und der Energieproduktion. In Entzündungsgebieten sind Phagozyten als Quelle tätig, die Bakterien damit sehr erfolgreich gleichsam abschießen.
Sauerstoffmangel begünstigt die Entstehung Freier Radikale; pathophysiologisch relevant durch Xanthinoxidase in postischämischen Geweben.
Ein weiterer Vertreter ist H_2O_2, ein Nebenprodukt enzymatischer Reaktionen. **Bei saurem pH** ist die Reaktion (Dismutation) stark beschleunigt ($2\,O_2^{.-} + 2\,H^+ > O_2 + H_2O_2$).

Was eine hohe Produktion Freier Radikale bewirkt:

- Freie Radikale können durch Enzyme gebildet werden (z.B. Monooxygenasen). Sie haben aus unserer Sicht eine sehr kurze Lebensdauer. Diese Lebenszeit reicht aber aus, diverse Schäden anzurichten, denn sie liegt aus quantenmechanischer Sicht im Optimum der Reaktionszeit (zwischen 10^{-5} und 10^{-12} Sekunden).

- Radikale spalten in mehrfach ungesättigten Fettsäuren ein Wasserstoffatom aus der den Doppelbindungen benachbarten Methylgruppe ab, wodurch ein weiteres Freies Radikal des Fettsäurerestes entsteht. An das radikalische Kohlenstoff wird Sauerstoff angelagert unter Bildung von Hydro- und Peroxiden. Diese zerfallen sehr leicht in einem autokatalytischen Prozeß. Typische Bruchstücke sind **Malondialdehyde. Diese sind mutagene Substanzen und vernetzen Proteine**.

- Freie Radikale schädigen sämtliche Membranen (nicht nur Zellmembranen, sondern auch Mitochondrienmembranen, Zellkernmembranen, Membranen des endoplasmatischen Retikulums.

- Die Folge davon ist eine Enzymfreisetzung aus der Zelle heraus in den Flüssigkeitsraum, auch ins Blut.

- Das Elektrolytgefälle bricht an den Zellgrenzen zusammen.

- Es häufen sich wegen Störung des Transports von der Zelle ins Blut die gefährlichen Triglyzeride.

- Collagen-Auflösung,

- Auflösung von Proteoglykanen, Hyaluronsäure,

- Zersetzung von Lipiden,

- Enzym-Denaturierung,

- Inaktivierung von Hemmstrukturen wie Antitrypsin, wodurch Elastase (Enzym, das Bindegewebefasern angreift) aktiviert wird,

- Bildung von Molekülen aus Metaboliten der Arachidonsäure,

- Zerstörung von Leukozyten,

- Erhöhung der Gefäßpermeabilität,

- Schädigung der Membranlipide und dadurch Lyse von Zellen.

Wir müssen uns deutlich machen, daß die fatalen Wirkungen Freier Radikale aufgrund von elektrischen Ungleichgewichten auftreten, genauer gesagt aufgrund von elektronischen Ungleichgewichten.

Je mehr wir Substanzen in unseren Körper bringen, die hoch angereichert mit Elektronen sind, desto leichter fällt es uns, die Ungleichgewichte auszugleichen. Dies ist über die Redoxeigenschaften der Substanzen in mV meßbar.
Je höher die Spannung im Plusbereich, desto schlechter ist die Substanz für unseren Körper.

Auch hierzu einige Beispiele (nach Labo Tech, Rostock-Warnemünde).

Übersicht 10

• OH* – Radikal	+2300
• Ozon	+2000
• Substanzen in Pestiziden	+2000
• Substanzen in Autoabgasen	+1400
• Sauerstoff	+820
• Vitamin E	+110
• Coenzym Q_{10}	+100
• Vitamin C	+80
• Flavonoide	0
• Vitamin B_1	−100
• Vitamin B_2	−120
• Cystein	−220
• Gluthation	−230
• Vitamin B_3	−340

Vitamin B_3 ist laut dieser Zusammenstellung im Elektronengehalt hochpotent. Deshalb ist es nicht verwunderlich, daß, verglichen mit anderen B-Vitaminen, allein Vitamin B_3 bei höherer Dosierung sofortige Nebenwirkung zeigt – den Flush-Effekt. Der obere Teil des Oberkörpers, einschließlich Gesicht und Hals, wird extrem heiß und rot. Ursache ist eine Öffnung aller Blutquerverbindungen (Anastomosen und Kollaterale) mit hoher Füllung der Kapillaren.

Der Effekt verschwindet nach etwa 20 Minuten von selbst ohne medizinische Behandlung.

Redoxstrukturen in unserem Organismus sind für die uneingeschränkte Funktion außerordentlich wichtig. Dies wird im medizinischen Bereich aber immer noch nicht ausreichend wahrgenommen. Deshalb hier ein paar Beispiele von Meßergebnissen zur oxidierten bzw. reduzierten Potentiallage einiger ausgesuchter Systeme.

Folgende Funktionen sind nur in **reduzierter Potentiallage** aktiviert:
- Zitronensäurezyklus zur Vorbereitung der Zellenergiebildung,
- Antithrombose-Mechanismus (Prostacyclin-Synthase),
- Immunprozesse, wie Interleukin-Bildung.

Folgende Funktionen sind nur in **oxidierter Potentiallage** aktiviert:
- DNA-Synthese,
- Mitosen (auch beim Tumor),
- Wachstumsfaktoren (auch beim Tumor).

Freie Radikale und elektromagnetische Schwingungen

Moleküle mit ungepaartem Elektron, also Freie Radikale haben Absorptionsspektren im Bereich 1 cm Wellenlänge (30 GHz Frequenz).

Freie Radikale lassen sich parallel zu Ihrer Lebensdauer durch elektromagnetische Felder in unserer Umgebung „pumpen".

Wenn die Dauer einer Halbwelle einer elektromagnetischen Schwingung in die Zeitkonstante der Lebensdauer eines Radikals fällt, dann kann das Radikal Energie absorbieren. Die verschiedenen Freien Radikale haben unterschiedliche Lebensdauer und deshalb können viele verschiedene Schwingungen eine Aktivierung zur Folge haben.

Ein paar Beispiele:

Hydroperoxyl-Radikal (HO$*_2$): ca. 10^{-3} sec,
Wasserstoffperoxid (H$_2$O$_2$): ca. 10^{-5} sec,

Singulett-Sauerstoff ($^1O_2$): 10^{-3} – 10^{-8} sec,
OH*-Radikal: ca. 10^{-9} sec.

Das bedeutet, Schwingungen, wie sie technisch überall in unserer Umgebung verwendet werden, haben hier Wirkung. Dies ist nicht nur Theorie. In bisher sechs unabhängig arbeitenden Laboratorien wurden dazu Versuche gemacht. Stellvertretend sind hier die Versuchsergebnisse von der Arbeitsgruppe Liburdy, 1994 erwähnt.

Membranen unserer Zellen sind sensibel für elektromagnetische Felder im Mikrowellenfrequenzbereich (2,45 GHz) und werden durch die Aufnahme der Wellen durchlässiger für Ionen. Außerdem werden die Ionenpumpen an den Membranen gehemmt. Das führt zu pathologischen Zuständen.

Folgende Prämissen müssen für diesen Effekt erfüllt sein: zu wenig Cholesterin, zuviel und zuwenig Sauerstoff, zuwenig Antioxidantien, Kerntemperatur von ca. 37° C, hohe Level von Freien Radikalen.

Das aber bedeutet, daß in dem Augenblick, in dem die psychische Verfassung besonders schlecht ist, auch die Sensibilität für Magneto-/Elektrosmog gesteigert ist. Bei hoher Muskelverspannung durch psychische Belastung steigen mehrere Risikofaktoren der Funktionsstörungen, wie Milchsäure, Sauerstoff- und Energiemangel und eben auch die Freien Radikale. Dadurch steigert sich die Energieaufnahme von Störquellen in meiner Umgebung. **Die Psyche ist in diesen Momenten Steighalter für die Negativwirkungen von technisch erzeugten Energien in meiner Umgebung.** Das würde auch erklären, warum nicht jeder Mensch sensibel für z.B. Handyfrequenzen ist und warum besonders die psychisch labilen Menschen davon überzeugt sind, durch Hochspannungsleitungen zu leiden.

Proton und Elektron (im Atom) stellen zwar ihre Spinachsen parallel, aber sie können in ihrer Spinachsenrichtung gegensinnig rotieren. Das ist dann ein Zustand niedriger Energie. Will man, daß beide gleichsinnig rotieren, dann muß ein bestimmtes Energiequant eingegeben werden, um das Elektron sozusagen umzuklappen. Der nötige Energiebetrag liegt bei 0,000 006 eV, das entspricht einer

Frequenz von 1,451 GHz. Diese Frequenz liegt in der Nähe des technisch genutzten Bereich des Mobilfunks.

Einige Voraussetzungen für sanfte Heilmethoden im Überblick

- Nerven und Botenstoffe müssen die Voraussetzungen zum optimalen Funktionieren haben, d.h. es müssen stimmen: Glukosestoffwechsel, Cholesterinstoffwechsel, Proteinstoffwechsel, die Level von PABA, Cholin, Inositol, Flavonoiden, Enzymen (als Nahrung von der Pflanze besser, da viele tierische Enzyme basisches Milieu zur Funktion brauchen).

- Nerven dürfen Streß und Aufregung nicht gelernt oder konditioniert haben; ansonsten sind mindestens 14 Tage Entspannungstraining notwendig.

- Der Mensch darf nicht sozial isoliert sein, sonst „denkt er nach innen" und dann verändert sich Psyche und Körper bei fehlendem philosophisch psychischen Verständnis negativ.

- (Technische) Außenenergien Magneto-/Elektrosmog dürfen nicht zu stark einwirken, insbesondere nicht nachts.

- Der für die Harmonie entscheidende Glaube (das richtige Bewußtseinsmoment) muß stimmen.

Wir wollen uns die einzelnen Punkte genauer ansehen. Dabei müssen wir die Umstände unserer heutigen Umgebung mit einbeziehen. Ich werde die Inhalte der Gespräche von Telefonanrufen vieler Betroffener versuchen, wiederzugeben.

Die Rolle der Bewußtseinsmomente für die Psyche?

„In sich hineindenken"

Die Durchsetzung in der Umwelt zum Zweck des Überlebens, wie Schutz vor Kälte und anderen feindlichen Naturgewalten oder Eroberung der täglichen Nahrung, gibt es nicht mehr. Sowohl die Strategien dafür als auch die Entbehrung bei Mißerfolg und die Zufriedenheit über den Erfolg im oszillierenden Wechsel fallen weg. Wenn notwendige Überlegungen zur Organisation der Außenwelt ausbleiben, wendet sich der Mensch im Wohlstand zunehmend der eigenen Innenwelt zu.

Das kann durchaus positiv ablaufen, wenn Konditionierung und Lernen mit hohem Energieniveau und hoher geistiger Kompetenz korreliert sind.

Umgekehrt verläuft der Prozeß negativ, wenn sich Gefühle der Angst und Sorge einschleichen, und die Energie des Körpers verausgabt ist. Meistens ist unser Bewußtsein aufgewühlt und zerstreut. Wie eine Kerzenflamme flackert es ungeschützt in den Windstößen unserer Gedanken und Emotionen. Diese Gedanken werden zur Last.

Jede Wiederholung eines belastenden Gedankens ruft die ganze Kaskade der katabolen Körperreaktion – wie sie oben beschrieben sind – erneut hervor.

Wie stark wir in unser Inneres hineinwirken, zeigt folgendes Beispiel: allein bei der Vorstellung von gleißenden Licht ziehen sich die Pupillen der Augen zusammen.

Eine Unterbrechung der Belastung ist durch 2 Reaktionen möglich:
1. **durch Ablenkung des Bewußtseins auf die Außenwelt** (Steuerung der Elektronenkommunikation nach außen);
2. **durch „Leerdenken" (z.B. Vorstellung einer weißen Wand),** durch Loslösung der Verfestigung.

Welche Bewußtseinsebene dirigiert unser tägliches Leben?

Wir können davon ausgehen, daß eine Ebene, die wir mit Gesundheitsbewußtsein bezeichnen wollen, bei der Menschheit intuitiv vorhanden war. Wenn wir heute von Vorwarnungsgefühlen nicht mehr viel verspüren, dann muß man sich fragen, ob die Warnsensibilität durch schleichende psychische und somatische Vergiftungsprozesse in uns verschüttet wird. Nicht, daß diese Gefühle nicht mehr vorhanden wären, sie werden vom Bewußtsein nur nicht mehr erfaßt.

Adaptieren wir an die Forderungen der Gesellschaft und an die Zerstörung der Umwelt durch die Zerstörung einzelner eigener Bewußtseinsebenen?

Beobachten Sie die Tiere um uns herum. Wenn ein Tier im ungestörten Zustand ein Gefühl des Ruhebedürfnisses spürt, dann legt es sich hin und sinniert vor sich hin oder schläft. Wir könnten laut Untersuchungen beim Menschen eine große Anzahl von Infarkten verhindern, wenn wir dieses natürliche Verhalten in unserer Gesellschaft zulassen würden. Das erscheint aber unmöglich in einem nur auf Leistung des Einzelnen getrimmten Systems.

Eine andere Bewußtseinssituation betrifft andere Mitglieder der Gesellschaft:

Sie empfinden Ihr Leben monoton und langweilig, alles erscheint Ihnen trivial? Wenn Sie so denken, haben Sie bereits einen Vorsprung vor dem Durchschnitt vieler Ihrer Mitbürger. Die kennen nichts anderes als ihren langweiligen Alltag und finden deshalb Ihr Leben als völlig normal.

Eine andere Möglichkeit ist, das Leben mit zwanghaften Aktivitäten so vollzustopfen, so daß keine Zeit mehr für sinnvolle Gedanken bleibt.

Noch ein anderer Typus:

Die so „objektive" äußere Welt wird durch uns moduliert. Je nachdem, ob wir glücklich, betrübt, nervös, mißmutig, gesund oder krank sind, verändert sich das Erlebte und die Ansicht meiner Umgebung. Ich als Spiegel meiner Außenwelt, merke aber bewußt nicht viel von diesem Wandel. Ich projiziere in die Welt, was ich gerade bin. Und damit die Welt auch genau das wird, was ich bin, arbeite ich unentwegt an ihrer Veränderung zu meinen Gunsten. Dabei toleriere ich kein Widerspruch von anderen, die nicht nach meinem Bild arbeiten. Schuld habe nicht ich, sondern die um mich herum, wenn ich nicht „bei Laune" bin.

Was also fehlt in unseren Bewußtseinsprozessen?

Unsere Gesellschaft bevorzugt den Schlauen, aber nicht den Weisen, sie fördert die kulturlosen, ungehobelten Machtstrukturen, aber nicht die ethischen, feinsinnigen, kultivierten Mitbürger. Die Medien sind die Sprachrohre des jeweiligen Gesellschaftsdenkens. Um so mehr wir uns den heutigen Medien anvertrauen, desto mehr halten wir das dort demonstrierte Gehabe für die Realität des Menschenlebens.
Wir sind psychisch gefährdet und täuschen uns in der materiellen Wohlstandssicherheit.
Wir sind uns unserer körperlichen Bedürfnisse über Hunger und Durst hinaus kaum mehr bewußt. Schmerzen und Müdigkeit werden nicht mehr als Signale und Sprache des Körpers erkannt.

Betont wird nur noch der Intellekt. So behandeln wir nicht nur uns falsch, sondern entsprechend auch unsere Erde. Die Technologie entfremdet uns von unserem natürlichen Dasein. Naturvölker hatten immer ein tiefes Verständnis für die Verbundenheit zwischen Erde und Mensch.

Wir blenden den Körper in unserem Leben weitestgehend aus, obwohl wir von Geburt an mit allen Empfindungen und Bedürfnissen ausgerüstet waren.
Drogen und Pillen betäuben Reste der natürlichen Empfindung. Auch Kaffee unterdrückt das originale Gefühl für den vorhandenen Energiespiegel.
Da wir keine Verantwortung mehr für unseren Körper wahrnehmen, sind wir auf Fachleute und Autoritäten angewiesen.

Dabei ist dann manchmal übernommenes Wissen von Interessengruppen und Autorität wichtiger als die Methode und die Behandlung selbst.

Wer kultiviert die Sensibilität für Körpersignale?

Wir absolvieren unser Leben, wie es der Verstand uns eingibt. Wir folgen dem Rhythmus der Gesellschaftslogik. Wir sind aber nach wie vor Teil des ganzen Naturgeschehens. Rhythmen aus Licht und natürlichen Informationen steuern die Basis unserer Gefühle und unsere Funktion.

Viele sind heute davon überzeugt, daß es falsch ist, die Überlieferungen der alten wahren Weisheiten zu ignorieren. Man nennt diesen Weg gerne den spirituellen Pfad und schon besteht die Gefahr, durch unseriöse Offerten von skrupellosen Geschäftemachern getäuscht zu werden und in tiefe Abhängigkeiten verwickelt zu werden.

Was ist zu tun?

Wo und wie finden wir friedvolles Ruhen und ruhiges Verweilen ohne in Abhängigkeit und betrügerischer Machenschaften zu gelangen? Wenn wir die Welt um uns wandeln wollen, dann müssen wir unser eigenes Bewußtsein verändern. **Bild 30.**

Mohandas Gandhi: *„Du selbst mußt die Veränderung sein, die du in der Welt zu sehen wünschst."*

Ansätze der Meditation

„Meditation" und „Medizin" stammen nicht von ungefähr aus der gleichen indogermanischen Sprachwurzel.

Mederi (lateinisch) heißt „heilen", hatte aber ursprünglich die Bedeutung von „messen". Dieses wiederum meint das richtige innere Maß, das Gleichgewicht, die Homöostase für die Gesundheit.

Bild 30 Jeder hat die Möglichkeit, mit Hilfe einer Bewußtseinstransformation seine Persönlichkeit und die Steuerung seines Körpers zu verändern. Das wußten auch die Alten Weisen.

Bild 30

Umschalter zu
verschiedenen Persönlichkeiten

© Dr. rer. nat. U. Warnke

Verlag Eugen Diedrichs, München

227

Die Medizin ist demnach eine Institution, die das rechte innere Maß herstellen sollte. Das aber ist auch das Ziel der Meditation.

Einsamkeit selbst ist Meditation:
Die Auswirkungen der Geistestätigkeit anderer Menschen im Alltag stören unser Bewußtsein ungemein. Hektik und der von Menschen gemachte Lärm stören den ruhigen Strom unseres Innenlebens, unser Fühlen und Denken, unsere Konzentration und Geistesklarheit.

Vorübergehende Einsamkeit beseitigt Ablenkungen und verursacht auf diese Weise einen Zustand des Insichruhens, einen Zustand natürlicher Konzentration. Was nun im Bewußtsein auftaucht, nimmt eine größere Wirklichkeit und Wichtigkeit an und kann mit voller Aufmerksamkeit betrachtet werden. Aber Einsamkeit muß im gesunden Wechsel mit sozialer Gemeinschaft stehen, sonst macht Einsamkeit krank.

Am angenehmsten ist die soziale Gemeinschaft, die selbst geübt ist in meditativen Zuständen. Wer meditative Ruhe und Gelassenheit besitzt, hat eine wohlklingende Stimme, hat eine elegante Gestik, kann Zuhören, ist freundlich und tolerant gegenüber negativen Stimmungen, kurzum strahlt Sympathie aus.

> Jacob Boehme (1610), zitiert in Piero Ferrucci:
> *„Wenn Du kannst, dann stell für eine Weile jedes Denken und jedes Wollen ein, dann kannst Du die unsagbaren Worte Gottes hören. Wenn Du ruhig und still bist, dann bist Du wie Gott, bevor er die Natur und die Kreaturen geschaffen hat; dann bist Du, was Gott damals war; Du bist das, aus dem Er Dein Wesen und Deine Kreatur geschaffen hat. Dann hörst und siehst Du sogar, was Gott selbst in Dir sah und hörte, noch bevor Dein Wollen und Dein Sehen begonnen haben."*

Nimmt man hier statt Gott den Begriff Urform der Energie (wie in Teil I beschrieben) und setzt diesen Begriff gleich mit Geist, dann entspricht Boehmes Ausspruch der Tradition der Alten Weisen.

Ein – fall

Reflexion

Ent – schluß

= Funktionen des menschlichen Geistes in Ruhe

Keiner ist in der Lage, seine Einfälle selbst zu bestimmen
und im voraus zu wissen

Wir könnten nicht das Meditieren, die Achtsamkeit in der Ruhe ausüben, wenn dieser Kanal nicht von der Natur für uns vorge-
sehen wäre. Meditation schafft ungewöhnliche geistige Bereiche,
die der Natur inneliegen.

Zitat von Einstein (aus Sogyal Rinpoche, S.126)
*„Der Mensch ist ein Teil des Ganzen, das wir Universum nen-
nen, ein in Raum und Zeit begrenzter Teil. Er erfährt sich selbst,
seine Gedanken und Gefühle als abgetrennt von allem anderen –
eine Art optische Täuschung des Bewußtseins. Diese Täuschung
ist für uns eine Art Gefängnis, das uns auf unsere eigenen Vorlieben und auf die Zuneigung zu wenigen uns Nahestehenden
beschränkt. Unser Ziel muß es sein, uns aus diesem Gefängnis
zu befreien, indem wir den Horizont unseres Mitgefühls erweitern, bis er alle lebenden Wesen und die gesamte Natur in all
ihrer Schönheit umfaßt.“*

Die höchste Meditation ist, in der Natur des Geistes zu ruhen (Zustand
des *Rigpa*), durch Übung des ruhigen Verweilens sich der Natur des Geistes nähern.
Mysterium der sunyata in der buddhistischen Philosophie:
*in der metaphysischen, dem Denken unfaßbaren Leere, liegt die Fülle
aller Dinge beschlossen.*

Damit das gelingt, muß der Geist, das Bewußtsein aus dem Verfestigungsprozeß entlassen werden. Das heißt, ich sollte vorübergehend aufhören zu denken und mich an vorbeistreifenden Gedanken nicht anhängen.

Eine Meditation ohne richtige innere Ökologie und richtiges inneres Klima gelingt nur schwer.
Inspiriert und friedvoll, gutmütig, großzügig, tolerant, selbstzufrieden sind nützliche Voraussetzungen, um die Nähe zum Zentrum des Geistes anzustreben. Nicht zweifeln, ob es mir gelingt, keine Anstrengung verspüren, einfach unerschütterliche Gewißheit erleben. Jetzt entsteht das für eine Körperbeeinflussung notwendige Urvertrauen. Die angestrebte Nähe zum Zentrum, dem Geist, ist erreichbar.

Marc Jongen
„Weitere und engere Kreise vollführt die Meditation um ihren Kraftquell, und je enger der Kreis, je näher das Zentrum, desto bedeutungsvoller die Gedanken, desto intensiver das Bewußtsein – desto größer allerdings auch die Gefahr, von der Einheit wie von einem schwarzen Loch verschluckt zu werden."

„Höhere Bewußtseinszustände" können nur durch Erfahrung erworben werden. Konsequenter Weise können sie deshalb auch nur von denen verstanden werden, die diese Stadien selbst erreicht haben.

Innere Ruhe kann gelernt werden, so wie wir die alltägliche Hektik mangels geeigneter Barrieren zwangsweise in unser Vegetativum aufnehmen.
Ansätze der Meditation können in „Fleisch und Blut" übergehen, wenn regelmäßig ca. 20 Minuten dafür täglich eingesetzt werden. Die meisten brauchen 14 Tage, um falsch einprogrammiertes zu verlernen und weitere 14 Tage, um neues zu etablieren. Jede Zelle lernt und verlernt, indem „Welcher-Weg-Information" Energien als Verknüpfungen festlegt und wieder auflöst, wenn die „Welcher-

Weg-Information" gelöscht ist (Teil I). Voraussetzung ist tägliches üben an den richtigen Dingen.

Meditation ist eine subtile Transformation nicht nur im Bewußtsein, sondern als Folge davon auch im Körper. Meditation als Erfahrung der „Nähe zum Universalen Geist" ist äußerst heilsam.

Das Transzendente mit Hilfe unseres Körper zur Realität bringen, das scheinen nur die Menschen innerhalb der Gruppe aller Lebenwesen bewußt zu empfinden. Man könnte sagen: dafür leben wir eigentlich.

Die Atmung als psychosomatische Festigung

Unsere wichtigsten Energiespeicher in der Umwelt sind: der freie Sauerstoff der Luft und die Kohlenhydrate der Pflanze.

- Wir müssen atmen, um den Elektronen (aus unserer Nahrung), die über die Atemkette in unseren Zellkraftwerken fließen, einen Landeplatz zur Verfügung zu stellen. Dabei wird Energie frei.
- Bei der Verbrennung von Kohlenhydraten zu CO_2 und H_2O werden pro O_2-Molekül 4 eV Energie, das sind ca. 5×10^{-19} Ws freigegeben.
- Die Lufthülle mißt ca. 7 km mit durchschnittlich gleicher Dichte.
- Das Volumen der Luft ist ca. $3,5 \times 10^{18}$ m^3.
- Pro cm^3 Luft sind 5×10^{24} O_2-Moleküle enthalten.
- Die Atmosphäre der Erde enthält ca. 10^{43} O_2-Moleküle.
- Mit der Atmung werden pro Liter konvektiv eingezogener Luft mehr als 10^{22} Moleküle bei 0,5 l Einatmungsluftvolumen einschließlich einer ungeheuer großen Anzahl Elektronen (10^{18}/mm^3) in die Lungen aufgenommen.
- In der Atmosphäre sind also ca. 10^{21} bis 10^{22} Atemzüge enthalten.

- Alle Menschen dieses Globus könnten also täglich ca. 20 000-mal Atem holen (alle anderen Sauerstoffverbraucher nicht berücksichtigt).
- Jeder Atemzug von jedem Menschen enthält ca. 10^{15} Atome, die von anderen Menschen schon einmal benutzt worden sind. So betrachtet sind wir untereinander über unsere Atematome und Atemelektronen alle miteinander verbunden.

Psychosomatisches „Startmodell" als Hilfsvorstellung

Interessant sind die freien Elektronen unserer Atmung. Frei heißt hier, sie sind energetisch noch nicht festgelegt. Wir atmen mit jedem Atemzug freie Elektronen ein.

Diese Menge Elektronen „wartet darauf", in unserem Körper energetisch eine Aufgabe zu bekommen.

In den Überlieferungen steht der Atem (Sanskrit: *prana*) als das „Vehikel des Geistes", weil *Prana* dem Geist Beweglichkeit verleiht.

Was könnte mit dieser überlieferten Weisheit gemeint sein?

Mit jedem Atemzug gelangen unzählige potentielle Energiequanten in unseren Körper. „Potentiell" bedeutet hier, diese Energie ist noch nicht in Teilchen festgelegt, da noch keine Verfestigung stattgefunden hat. Diese Energie befindet sich deshalb noch im Zustand „Aller Möglichkeiten".

Dies ist laut Teil I dieses Buches aber der Universelle Geist. Praktisch wird also – so kann man spekulieren – mit jedem Atemzug „Geiststoff" in den Körper gebracht, der im Körper dann über Bewußtseinsmomente (das waren die „Welcher-Weg-Informationen") für jeweilige Realitätsbildungen festgelegt wird.

Wir wissen inzwischen, Elektronen und andere Quantenentitäten bekommen erst eine Existenz (von ex sistere = unterschiedlich sein), wenn sie durch eine Kraft nach dem Prinzip „Gleiches erzeugt Gleiches" festgelegt werden.

232

Nun wollen wir uns ein Modell basteln, das allerdings bisher durch nichts eine Rechtfertigung erhalten hat. Das stört aber nicht, denn auch seine Nichtgültigkeit ist nicht erwiesen. Es könnte also durchaus so funktionieren, wie wir es konstruieren.

Wir hatten bereits in dem Vorgängerbuch „Gehirn-Magie" auf der Basis einer Idee des französischen Physikers Charon ausführlich dargestellt, daß Elektronen die eigentlich intelligenten Systeme sein könnten und wenn es so ist, dann müßten sie Speichermöglichkeiten für ihre „Erfahrungen" besitzen (keine Funktion in uns läuft ohne Beteiligung der Elektronen).
Wenn wir also mit jedem Atemzug „erfahrene" Elektronen in unseren Körper herein holen, dann sind natürlich auch viele darunter, die bereits einen hohen Speicherinhalt besitzen (als String oder als Urmembran mit spezifischen Schwingungsmoden). Diese Elektronen stellen sich bevorzugt den Bewußtseinsentitäten „Welcher-Weg-Information" zur Verfügung, um Realitäten und Existenzen zu schaffen. Wenn wir spontan denken, verfestigen wir also die durch unsere Atmung neu in unseren Körper gelangten Elektronen in eine Starterposition zur Ansteuerung der Neuronenstrukturen. Eine hübsche Idee, ob sie richtig ist – wer weiß?
Der Atem als „Fahrzeug des Geistes" wären in dieser Sichtweise jedenfalls völlig stimmig.
Wir können uns nun vorstellen, daß wir alle neu in unseren Körper gelangten Elektronen keinesfalls mit schlechten Bewußtseinsmomenten programmieren sollten, denn wir müssen ja davon ausgehen, daß sie in ihrer Starterposition dementsprechend ungünstige Hormonkaskaden in Gang setzen. Umgekehrt können wir uns vorstellen, daß wir bevorzugt positive Prägungen über unser Bewußtsein vornehmen wollen, um entsprechend programmiert zu sein.

Eine beliebte, da einfache Methode der Meditationseinleitung ist die Bewußtseinskonzentration auf das Atmen.
Der Atem fließt ganz natürlich ein und aus. Ganz natürlich fließen auch die Energien, teilweise festgelegt in Molekülen, teilweise frei als Elektronen ein und aus. Die freien Elektronen sind spezifische Schwingungsmoden der Urform der Energie und werden als Elek-

tronen von unserer Welt festgelegt, weil natürlicher Weise keine anderen Festlegungen in unserer Umgebung existieren. Das heißt aber nicht, daß unser Bewußtsein ebenfalls diesem Gesetz unterworfen ist und keine anderen Festlegungen vollbringen kann.

Festlegungen durch das Bewußtsein geschehen durch die Gewißheit aufgrund des Glaubens. Der Glaube wird allein dann zur Gewißheit, wenn die Erfahrung das Erreichen des angestrebten Ziels positiv signalisiert. Gedanken und Emotionen sind die Erfahrungen des Geistes, die gleichsam in einiger Entfernung vom „Kern", im Geistraum energetisch präsent sind.

Meditation sollte nicht zum Ritual werden, sondern ganz natürlich geschehen. Der Atem führt sich selbst, so wie es angenehm ist, die friedliche Atmosphäre kommt von alleine, ich fühle mich wohl und glücklich, ich bin entspannt und kristallklar wach, nun kann es passieren, daß der Geist sich selbst bewußt wird.

Leerdenken

Eine andere Methode zur Meditation ist das Ausnutzen der Lücke zwischen den einzelnen Gedanken.
Alle Übergänge von einem Ereignis zum nächsten sind mit Lücken verbunden. Auch zwischen Wachen und Einschlafen, zwischen Tiefschlaf und REM-Schlaf, zwischen Leben und Tod gibt es Lücken, die durch besondere Bewußtseinszustände markiert sind. Nur Gleiches kann Gleiches erkennen. Ist die Energie festgelegt, gibt es keine weiteren Möglichkeiten. Ist die Festlegung gelöst, sind alle Möglichkeiten wieder offen. Der Tiefschlaf ist Phase der Entknüpfung, der Traumschlaf ist die Phase der Neuknüpfung.

Gedanken fließen nicht kontinuierlich, auch wenn es uns so vor kommt. Jeder momentan sich äußernde Gedanke besitzt ein Ende und der nächste Gedanke besitzt einen Anfang. Dazwischen gibt es einen ausgezeichneten Zustand.

Im Visuddhimagga (VIII) heißt es (zitiert in Govinga, 1991)
Die Lebensdauer eines Lebewesens sei genau genommen nicht länger als
die Dauer eines Gedankens, einem Wagenrad vergleichbar, das im Rollen wie im Stehen den Boden jeweils nur in einem Punkt berührt.
*„Das Wesen des vergangenen Bewußtseinsmomentes hat gelebt, aber lebt
nicht jetzt, noch wird es in Zukunft leben.*
*Das Wesen eines zukünftigen Bewußtseinsmomentes wird leben, aber es
hat (in der Vergangenheit) nicht gelebt, noch ist es (jetzt) am Leben.*
*Das Wesen des gegenwärtigen Bewußtseinsmomentes lebt jetzt, aber es
hat (in der Vergangenheit) nicht gelebt, noch wird es (in der Zukunft)
leben.“*
Immer ist es die Vergangenheit, die Probleme aufbaut, aber auch die Mittel zu ihrer Überwindung aufzeigt.
Die Aktivität des Bewußtseins, das im Selbstbewußtsein mündet, wird
von seiner selbstgemachten Vergangenheit bestimmt.

Aus der Sichtweise des Lückenzustandes heraus, gehört der erste
Gedanke der Vergangenheit an, während der nächste Gedanke der
Zukunft angehört. Nur die Lücke ist in der Gegenwart. Alle Lücken
sind Chancen für das Erreichen besonderer Bewußtseinszustände,
wenn man sie erkennt und für Transformationen nutzen lernt.

Wenn der individuelle Geist nicht mehr in Beschlag genommen wird und
ruhig gestellt wird, wenn Gedanken und Vorstellungen aufhören, gedacht
zu werden, dann kann sich das individuelle Bewußtsein aufgrund seiner
Freiheit dem Universellen Geist nähern.
Werden die eigenen Kräfte nicht mehr durch Bewußtsein gesteuert, dann
kommt der Geist zur Ruhe, dann ergeben sich keine Ursachen mehr für
neue zukünftige Wirkungen, dann gelangt der Geist zu sich selbst, dann
erreichen wir den Zustand des Tao (China).

Wird der Mensch zu seinem Kern (zu seinem Zentrum zurück verbunden (re-ligere), so ist das Ziel erreicht. Der innere Lenker ist der
ureigenste Guru. Wir müssen seine Impulse wahrnehmen und ihnen
nachgeben. Das ist nach alten Überlieferungen Heilung.

Ananda ist der Zustand der Ruhe, alle Spannungen sind harmonisch austariert.

Ruhe ist nicht Kraftlosigkeit, sondern harmonisch ausgeglichene Kräftekonstellation.

Ist Ruhe und Entspannung ein passiver Vorgang? Wir sind geneigt, dem zuzustimmen. Wenn ich mich entspanne, dann entkoppel ich diverse Verbindungen zwischen Neuron und Muskulatur. Ich setze über das verlängerte Mark in der Medulla Oblongata die Aktivität der γ-Motoneurone herab (das sind Nervenfasern, die Muskelspindeln innervieren und den Tonus des Muskels dirigieren). Aber irgendwo muß auch dieser Vorgang seinen Anfang nehmen.

Im Sinne unserer oben aufgebauten Hypothese könnte es daher auch anders dargestellt werden. Erinnern wir uns: Bewußtsein ist in unserem Konzept „Welcher-Weg-Information".

Das Bewußtsein diktiert aktiv in Form der „Welcher-Weg-Information" das Geschehen auf eine „höhere" Ebene der Verfestigung und löst dafür die Ebene der van der Waalschen Kräfte auf, die durch vorausgehende Gefühle, Gedanken und Glauben entstanden ist. Das funktioniert, da Bewußtsein als Energieentität auch in Resonanz mit „höheren" Energien liegt, die es beeinflussen will.

Anleitungen zur Selbstfindung nach alten Überlieferungen sind:

1. Phase: Konzentration (Sanskrit: *dharana*) zur Sammlung der geistig-bewußten Energien auf einen engbegrenzten Raum.
2. Phase: Meditation (*dhyana*)
3. Phase: Kontemplation (*samadhi*), das zu sich selbst kommen

Harmonie der Sinne

Der Duft von Zedern aus dem Fläschchen läßt uns in unserer Stimmung nicht besonders hoch auflaufen. Dazu gehört mehr, und zwar ein richtiges Erleben und das ist nur möglich, wenn wir den kompletten lebenden Baum vor uns haben.

Bild 31 Wenn wir sehen, dann liegt das daran, daß die Sonnenphotonen Elektronen in Dingen unserer Umgebung anregen, die dadurch neue Photonen senden und diese die Retina unserer Augen anregen.

Bild 31

Photonen - Kraftübertragung

Das Gehirn wird nun mit mehreren Kanälen gleichzeitig gefüttert:
- Duftsensation durch die verdampfenden ätherischen Öle in der Wärme (eigentlich die Anregung der Moleküle durch resonante elektromagnetische Energie, **Bild 18**),
- Form des Baumes (eigentlich die Absendung von Photonen der durch das Sonnenlicht angeregten Elektronen des Baumes (**Bild 31**);
- und meine bewußte Interpretation: stolz, erhaben, vital, urwüchsig;
- die fühlbare Nähe zum Lebendigen;
- der Duft der Erde mit der damit verbundenen Infrarotstrahlung des Boden (**Bild 2**);
- der Luftzug im Gesicht ...

Alles zusammen wird registriert und synchron als Hologramm der elektromagnetischen Neuronenaktivitäten repräsentiert: Interferenz und Superposition.

Das Gefühl der Harmonie entsteht, weil die archaische Kanäle eine positive Bewertung vermitteln, so wie ein Garten, ein Raum, ein Hort der Geborgenheit sein kann.

Ein weiteres Beispiel. Wenn wir einen Pfirsich essen, dann schmekken wir erst etwas, wenn wir uns auf den Geschmack konzentrieren. Dies ergibt eine Reihe weiterer positiver Wirkungen, die ohne Hinwendung ausbleiben. Um etwas erleben zu können, müssen wir unser Bewußtsein darauf einstellen (Zielfindung durch „Welcher-Weg-Information").

Das heißt, verschiedene angeregte Neuronenkanäle und Bewußtsein im Gleichklang können Harmonie erzeugen.

Jedes Erkennen ist ein Erschaffen, denn es wird geistig erzeugt. Unterscheiden ist die Voraussetzung für Erkennen.
Ohne Polarität und Differenz kann es kein Leben geben, keine Wahrnehmung.
Ein positives Merkmal des Lebens ist erreicht, wenn Differenzierung und Koordination ausgewogen zusammenliegen.

Ist Einheit erreicht, gibt es keine Polarität mehr, dann wäre auch jede Erkenntnismöglichkeit aufgehoben. Das göttliche absolute Wissen wäre erreicht (der Vedanta: paravidya).

Das Wort sat heißt unverwandelbares Sein; es taucht wieder auf in satya, was Wahrheit bedeutet. Der Vedanta spricht als Richtung zur Einheit von sat-cit-ananda, von Sein-Bewußtsein-Seligkeit.

Psychische Effekte der Natur

Kontakt mit der Natur, Waldspaziergänge, Flußwanderung, am Meer meditieren, Malen, Musizieren, wir brauchen diese Zeit. Andere bevorzugen eine überragende stimulierende Umgebung, wie in Kirchen.

Am machtvollsten für eine psychisch wohltuende Beeinflussung wirkt immer wieder die reine Natur.

Warum ist Natur so ein gewaltiges Erlebnis für die Psyche?
Sie reflektiert die Symmetrie.

> Charles Townes, 1994 Nobelpreis für Physik
> *„... bei den Gesetzen des Universums ein intelligentes Wesen involviert gewesen sein muß"*

Die Membran- und Stringtheorie erlaubt, die Materieteilchen und die Naturkräfte einschließlich der Gravitation auf reine Geometrie zu begründen. Schönheit und Symmetrie läßt sich auf die subatomare Aufwicklung des höherdimensionalen Raums zurückführen. **Indem uns die natürliche Symmetrie als Schönheit bewußt wird, entstehen Kräfte, die uns gut tun.**

Beispiel Schneeflocke:
sie bildet schöne sechseckige Muster. Diese Struktur entsteht durch die geometrische Anordnung ihrer Moleküle. Diese Konfiguration ist wiederum bestimmt durch die Elektronenschalen der Moleküle. Die Elektronenschalen sind letztlich eine Folge der Drehsymmetrien der Quanten. Die Quanten sind spezielle Schwingungsmoden einer Urenergie. Die Urenergie selbst besitzt Schönheit als Dimension.

239

Alle Symmetrien des niederenergetischen Universums, die wir in chemischen Elementen vorfinden und aus denen wir bestehen, beruhen auf Symmetrien des Standardmodells, die sich ihrerseits aus Strings und Urmembran ableiten lassen.

Unsere alltägliche Welt, Pflanzen, Bäume, Blüten, Tiere und wir selbst, sogar der Regenbogen, alles ist fast perfekt symmetrisch. Dies ist die fragmentarische Manifestation der ursprünglich 11-dimensionalen Raumzeit.

Die Geometrie ist sowohl für die Kräfte als auch für die Struktur verantwortlich und informiert unser Bewußtsein.

Max Planck
„Können wir uns logisch überhaupt ein von der Natur unabhängiges Selbstbewußtsein vorstellen?"

Planen Sie Ihren nächsten Urlaub als Besuch eines Nationalparks. Wandern Sie, setzen Sie sich zur Rast an einen Fluß und versuchen Sie, an nichts zu denken, meditieren sie also mit der Strömung.

Ein Wasserfall bringt zusätzliche Heilatmosphäre.

Hier ein kleiner Exkurs zu einem „Naturphänomen".

Die in bestimmten Medien hochgelobten Kornkreise als Ausdruck einer unbekannten Kraft in der Natur oder aus dem Kosmos sollte man distanziert betrachten. Meiner Meinung nach werden hier leistungsstarke elektromagnetische Signale über Satelliten reflektiert und offensichtlich nur nachts (damit niemand verletzt wird) in die landwirtschaftlich genutzten Feldbezirke bestimmter Regionen gelenkt. Ein Überbleibsel aus dem staatlichen Projekt „Krieg der Sterne" der USA (heute beendet), von Spaßmachern unerlaubt von einer Vorlage als Figur abgescannt, in den Orbit geschossen, dort an Antennen reflektiert und zurück zur Erde gestrahlt. Klappt das, dann staunt der gläubige Mensch.

Was ist die Ursache für das Wohlbefinden am Wasserfall?

Der Vorgang Wasserfall ist mit einer ganzen Reihe von gut registrierbaren physikalischen Besonderheiten verbunden, die Wirkung auf Menschen zeigen.

1. Das Wasser eines Wasserfalls erzeugt eine negative Ladung in der Luft und elektrische Feldstärken bis 1000 V/m. Im letzten Jahrhundert zeigte Lenard, daß größere Tropfen positiv geladen sind und kleinere negativ. Da die größeren Tropfen schneller absinken als die kleineren, bleiben die negativen Ladungen länger in der Luft und erzeugen das relativ starke elektrische Feld. Man hat festgestellt, daß Menschen in einem Raum mit negativer Ladung ein Gefühl des Wohlbehagens entwickeln. Objektivierbar war bei Kaninchen eine Anregung der Zilien des Flimmerepithels in der Lunge (Lungensäuberung forciert). In anderen Versuchen wurden Hormonausschüttungen durch Ionen provoziert (Serotonin).
An der biologischen Wirkung negativ elektrisch geladener Bestandteile der Atemluft ist nicht mehr zu zweifeln. Als wichtigste Therapieergebnisse der Behandlung mit ionisierter Luft sind laut älterer Literatur Verbesserungen und Heilungen zu nennen bei: Bronchialasthma, Erkältungskrankheiten, Keuchhusten, Emphysem, Heuschnupfen, Verbrennungen, Tuberkulose, außerdem Herabsetzung von Viskosität des Blutes und Blutdruck.

2. Wasser, das über die eine Kante herabfällt, kann in hohe Schwingungsamplituden geraten. Im fallenden Wasserstrom erzeugen die Schwingungen eine stehende Welle (ähnlich wie bei einem Rohr mit einem offenen und einem geschlossenen Ende. Ihre Wellenlänge ist etwa um ein Viertel größer als die Höhe der Abrißkante. Das Produkt aus Frequenz und Höhe des Wasserfalls ist ein Viertel der Schallgeschwindigkeit im Wasser. (Bei einer Schallgeschwindigkeit im Wasser von 1445 m/sec und einer Höhe des Wasserfalls von 12 Metern ergibt sich eine Hauptfre-

quenz von ca. 32 Hz, also gerade noch gut hörbar.) Die Druckschwankungen, die durch die Kante hervorgerufen werden, übertragen durch Resonanz Energie an die Schwingungen im fallenden Wasser. Dadurch werden beträchtliche Amplituden erreicht, die auch auf den Untergrund übertragen werden und zumeist eine dominante Schwingungsfrequenz in beachtliche Entfernungen führen.

Über die Wirkung von mechanischen Schwingungsfrequenzen auf den Menschen gibt es eine reichhaltige Literatur. Nicht alle sind positiv.

Ein gewisses Problem beim Wohlbefinden am Wasserfall könnte die hohe Luftfeuchte darstellen, dies aber nur dann, wenn gleichzeitig Schwüle herrscht, wenn also bestimmte Infrarotstrahlung in höherer Amplitude auf den Menschen trifft. Wassermoleküle sind bei Energieanregung durch die Sonne intensiv strahlende Massen im thermischen infraroten Schwingungsbereich. Auch der O_2-Partialdruck sinkt in diesen Regionen.

Musik-Effekte

Musik aktiviert die archaischen Harmoniekanäle ohne die verschiedenen Sinne zu bemühen. Schall wird als Impuls-Frequenz-Spektrum ins Gehirn geladen.
Auch ohne den Ohrapparat ist das möglich.
Als Vehikel dient Ultraschall, der die Schädelkalotte durchdringen kann. Dieser Ultraschall kann mit Musikfrequenzen moduliert und ins Gehirn gesendet werden: nun hören wir Musik. Das aber bedeutet, bestimmte Gehirnareale wären direkt für die Frequenzen der Musik sensibel.

Musik, die unserer jeweils favorisierten Stimmung adäquat ist, öffnet uns die Bereitschaft für intuitives Erleben.

Schon in Indien zu Zeiten der Vedensammlung, auch im alten Ägypten, und dann wieder im Mittelalter, wo die alten Lehren intensiv studiert wurden, kam man auf den Gedanken, Musik zur Heilung einzusetzen.

Johannes Kepler schrieb:
„... es pflegen etliche Ärzte ihre Patienten durch eine liebliche Musik zu kurieren. Wie kann die Musik in eines anderen Menschen Leib wirken? Also, daß die Seele des Menschen wie auch etlicher Tiere die Harmonie versteht, sich darüber erfreuet, erquicket und in ihrem Leib desto kräftiger wird. So dann nun auch die himmlische Wirkung und in den Erdboden durch eine Harmonie und Stille Musik kommt."

Der Dichter und Mystiker der Romantik Novalis erklärte:
„Jede Krankheit ist ein musikalisches Problem."

Sie haben recht, wenn auch umschrieben. Es ist wirklich verblüffend, wenn von Billiarden möglicher physikalischer Schwingungen nur einige Tausend in der Natur und in uns Menschen verwirklicht sind – allein harmonikale, in Spins, in Quantelungen, im periodischen System der Elemente, in Kristallen, in organischen Bausteinen, in Planetenbahnen.
Es sind geordnete, formschön gebildete Klänge und damit Harmonie, ästhetische Strukturen, wie bei den Chladnischen Klangfiguren. Alles in uns und um uns herum hat natürliche Schwingungsharmonie und ist deshalb natürlich schön, eine normierte Auswahl aus dem Chaos.
Jeder Rhythmus als Oszillation ist Harmonie in der Zeit (Harmonie kommt von griech. harmos, was „verbunden" heißt), ist also ein Zeitverbund, wie Pythagoras sagt.
Wir reagieren auf Musik und Rhythmus. Die quantenphysikalische Ursache dafür ist mit dem sogenannten Zenon-Paradoxon plausibel erklärbar (siehe Buch „Gehirn-Magie"). Dies besagt, daß Quantenzustände sich niemals ändern können, wenn eine Dauerbeobachtung stattfindet. Nur pulsierende Umgebung erlaubt Neuzustände von Quantenprozessen.
Der Rhythmus wird in die retikuläre Formation übertragen. Das ist ein komplexes Netz im verlängerten Wirbelsäulenmark (Medulla

oblongata). Hier liegt auch das Kreislaufzentrum, das Atemzentrum, die Zentren zur Steuerung des gesamten Vegetativums, die Steuerung einiger Emotionen, das Vigilanz- und Motivations-, sowie das Ermüdungszentrum. Dieses Nervennetz läßt sich im wissenschaftlichen Versuch sowohl durch Musikharmonien als auch durch pulsierende Rhythmen signifikant beeinflussen. Die Aktivitäten des Netzes werden als sogenannte Reglerneurone von langsamer getragener Musik und von niederfrequent rhythmischer Musik getriggert und reduzieren dadurch den Sympathicustonus mit allen energiesparenden Folgeeffekten einschließlich Herz- und Kreislaufharmonisierung.

Umgekehrt wurde erkannt, daß schnell wiederholte Tonfolgen, wie beim „Bolero" oder auch beim Jazz, allgemein erregend wirken.

Gut dokumentiert ist, daß Marschmusik durch die kennzeichnende rhythmische Wiederholung von bestimmten Tonfolgen Herz, Kreislauf und Atmung untereinander synchronisieren kann.

Auch die Wirkung von Wiegenliedern auf physiologisch motorische und vegetative Parameter von Erwachsenen wurde getestet. Hier zeigte sich ebenfalls eine deutliche Synchronisierung verschiedener interner Rhythmen, die insgesamt eine Beruhigung darstellten.

Schlaf ist die Folge derartiger Kopplungen. Umgekehrt sind bei schlafgestörten Personen diese Kopplungen zerrissen.

Damit erweist sich der heilende Effekt von niederfrequent rhythmischer und harmonischer Musik als eine trophotrope (Vagustonus erhöht) synchronisierende Einschwenkung in die Homöostase.

Auch für sinfonische Musik wurde die regelrechte Umschaltung des Nervensystems bereits vermessen. Der dabei auftretende Kopplungsgrad gelingt interessanter Weise im Laufe des Tages nicht immer gleich gut. Gegen 9^{00} und 19^{00} Uhr ergeben sich markante Zeitbereiche guter Synchronisation.

Simme- und Wort-Effekte

Worte waren früher weit mehr Magie-behaftet als heute. Die Alten Weisen standen der Sprache noch sehr nahe, da jedes Wort als Tonfolge eines interpretierten Erlebnisses und einer Erfahrung intuitiv komponiert und verwendet wurde und beim Empfänger aufgrund gleicher Anlagen „Resonanz" erzeugte. Ursprünglich waren Worte Kraftzentren. Die Gewohnheit der Verwendung schwächt diese Kraft zwar mehr und mehr ab, dennoch reagiert die Materie unseres Körpers auch heute noch auf Tonfolgen und geistigen Inhalten von Worten und Sprachen. Der Begriff Persönlichkeit ist abgeleitet von persona, die Maske und sonare, tönen. Man kann auch direkt übersetzen: personare heißt „durchtönen".

Die Stimme ist abhängig von dem Tonus der Stimmmuskulatur. Der Tonus ist direkt abhängig von unseren Emotionen. Innere Ruhe senkt den Tonus und ergibt eine tiefere Stimme, Aufregung erhöht den Tonus und macht die Stimme im Extrem schrill. Die emotionsgeladene Stimme wirkt suggestiv in die gleiche Gefühlsrichtung auf den Zuhörer, man kann sagen, die Emotion ist ansteckend. Dieser Effekt wird von Demagogen ausgenutzt.

Tanz als Heilquelle

Zwei verschiedene Vorgänge sind erst einmal zu unterscheiden, diese Vorgänge durchziehen alle aktiven Prozesse des Organismus und werden über das energieerfüllte „Vakuum" vermittelt:

1. Wahrnehmung von Information, also Aufnahme codierter Energie,
2. Reagieren, also Umsetzen in eine Handlung; der Körper öffnet sich zum Energieausfluß.

Energie senden und Energie absorbieren, oftmals verschlüsselt als Information, dieses Prinzip durchzieht das ganze Universum und ist bereits auf der untersten Stufe unseres Körpers, auf der die Quantenmechanik und Quantenelektrodynamik das Sagen haben, der alles bestimmende Vorgang.

Auch Tanz ist – wie alles im Organismus – ein ständiges Wechselspiel zwischen Energie-nehmen und Energie-geben.

Wir haben oben postuliert: das Bewußtsein steuert Energie.
Von außen nach innen fließende Energie erzeugt Gefühle. (Gefühle selbst sind primär pure Energie.)
Ein Teil der wieder ausströmenden Energie erzeugt Bewegung, treffend mit dem Wort Ausdruck beschrieben.

Gefühl und Körperausdruck

Die mit Gefühlen einhergehenden Körper- und Ausdrucksreaktionen, einschließlich der Ausdrucksäußerungen des Gesichts, also der Mimik, sind angeboren. Angeboren heißt, diese Ausdrucksäußerungen sind die Erfahrungen unserer Vorfahren. Es sind die von uns spontan induzierten Emotionen. Bereits in der Übersetzung dieses Wortes Emotion finden wir den entscheidenden Vorgang: nach außen bewegen.

Gefühle bewirken also Bewegung und Ausdruck. Das bedeutet, unsere Gefühle sind an der Form, also der Körperbewegung beteiligt und auf diesem Wege signalisiert die momentane Form und Gestalt unseres Körpers im Raum, welche Gefühle jeweils investiert wurden. Damit dient die Körperbewegung einschließlich der Mimik einer wirkungsvollen nonverbalen Kommunikation. Sie wirkt suggestiv informativ auf unsere menschliche Umgebung.
Verschiedene Gefühlsqualitäten sind in Mikrobewegungen einzelner Muskelpartien registrierbar.

Gefühle, die als Energie ausfließen, lassen in der Gestaltung die konstruktive Lebendigkeit entstehen.

Goethe: „Gestaltung und Umgestaltung, des ewigen Sinnes ewige Unterhaltung.“

Umgekehrt werden während der Bewegung auch Gefühle gestaltet. Der Geist erschafft somit Form und Gestalt mit den dazugehörigen Gefühlen, das ergibt Gestik als schöpferischen Ausdruck der Lebendigkeit.

Zum schöpferischen Ausdruck werden wir inspiriert (Spiritus gleich „Geist"), indem eine Eingebung meist intuitiv wahrgenommen wird und diese Wahrnehmung wird zu impulsiver kreativer Geste, zu lebendigen Formen gestaltet. Das Wahrnehmen setzt eine gerichtete Empfänglichkeit voraus. Ein Ziel und eine Beziehung wird angepeilt (Adressing und Feedback). Resonanzen entstehen. Wahrnehmung schafft auf diese Weise Realität.

Auch in diesem Prinzip haben wir eine direkte Parallele zur Quantenphysik, wie sie von Heisenberg mit dem „Beobachterprinzip" etabliert wurde. Auch die Beobachtung setzt ein Ziel und eine Beziehung voraus und schafft subjektive Realität. Mit diesem Prinzip entsteht unsere Welt und alle anderen Welten. Das Prinzip ist bestimmend für alles, was existiert und geschieht.

Bewegungen sind also auch Gefühle, Triebe, Impulse. Sie werden getragen von der körperlich, seelisch, geistigen Ganzheit und sie wirken dahin zurück. Eins ergibt das andere.

In den Gefühlen, Trieben sind alle Menschen untereinander gleich, unabhängig von Tradition, Kultur und Rasse. Gefühle sind die Erfahrungen unserer Vorfahren.
Tanz und Bewegung wird von Gefühlen getragen, jeden Moment neu. Mit Hilfe des Rhythmus und der melodischen Harmonie werden vielfältig Gefühle geweckt und ausgedrückt. Interkulturelle archetypische Ausdrucksmuster mischen sich mit individueller Körpergeschichte.

Denken, Fühlen, Wollen, Handeln verlaufen auf festgefahrenen Bahnen, die sich bewährt haben in einer gleichartigen Gesellschaft, und an denen nichts mehr geändert wird. Das ist dann der Charakter.

Der Mensch ist Schwingung, Klang, Energie

Auch Musik und Rhythmus ist grundlegend nichts anderes als Energie. Sie wird vom Körper wahrgenommen und tritt als Bewegung wieder aus. Das Wahrnehmen von Harmonien und Rhythmen funktioniert ohne Denken und Überlegen. Wir werden eingehüllt vom Klang und Impuls, bis wir selbst dazugehören.

Keine Bewegung ist reiner Selbstzweck. Jede Bewegung stellt etwas dar. In der Bewegung, im Tanz wird das Geistige verkörpert. Die Grundtechnik des Tanzes wird gelernt, so wie wir laufen lernen. Das ist notwendig, damit die Koordination und Feinabstimmung der Bewegungen zum Rhythmus und zur Schwerkraft abgestimmt werden kann. Der Körper wird informiert und initiiert.

Traditionelle und professionelle TänzerInnen sind initiierte, die Schrittfolgen und Bewegungen wurden exakt nach Anleitung einstudiert und geübt, bis alles autonom abläuft. Jede Bewegung ist ein in sich abgeschlossener Ablauf.

Tanz in der Masse mit exakt gleichen Bewegungen wirkt auf den Zuschauer außerordentlich machtvoll. Der Machtfaktor ist die Einheit der Bewegungen vieler TänzerInnen, die Kohärenz. Technische Perfektion wird in vielen Körpern gleichermaßen verinnerlicht und nach außen getragen. Das ist der Moment, wo die Zuschauer in den Bann gezogen werden, ein fast hypnotischer Vorgang. In der Gemeinschaft werden einzelne Personen gestärkt und das wiederum stärkt die Gemeinschaft. Tanz ist Kommunikation.

Wir finden exakt gleiche Mechanismen in der Quantenphysik. Erst die Kohärenz, also der Gleichschritt der Energieentitäten hat Macht und bewirkt effektive Kräfte.
Tanz ist deshalb so faszinierend, weil er die makrosopische Übernahme der submikroskopischen Quantenverhältnisse widerspiegelt.

Beim Tanz werden die Gliedmaßen in den Raum geschleudert. Der dazu notwendige Schwung ist eine Resonanzfunktion der zugrunde liegenden Eigenschwingung des jeweiligen Armes oder Beines. Nur wenn die Eigenfrequenz der Schwingung von Armen und Beinen in der Bewegung exakt getroffen wird, wirkt die Bewegung mühelos, harmonisch und natürlich.

Der Mensch selbst ist in jeder Lebensäußerung jeweils neue Schwingung, neuer Klang, neue Melodie, denn alles im Menschen schwingt ununterbrochen.

Beim Tanzen wird Atmung, Herzrhythmus, Werfen von Armen und Beinen zu einer harmonischen Einheit, die immer und immer wieder wiederholt wird, bis sich schließlich eine neue Welt für den tanzenden Menschen öffnet: die Trance. Gerade im Zustand, in dem nichts mehr geplant geschieht, sondern alles im Unterbewußtsein angesiedelt ist, wirkt als Tanz vollendet.
Ästhetisch schön ist, was aus dem Spiel dieser innerlich wirkenden positiven Kräfte hervorgeht.

Der Tanz der Urvölker entstand aus dem Ritus, dem Erkennen der Energien.

Traditionelle Tänze der Naturvölker werden mit nackten Füßen durchgeführt, um die Kraft des Erdbodens bei der Berührung einwirken zu lassen. Während des rhythmischen Loslassens des Bodenkontakts fließt die Energie in alle Teile des Körpers.

> Choreograph Benin, Westafrika: *„... Der Körper nährt sich von der Energie, die er vom Boden durch die Füße aufnimmt. Um hoch in die Luft zu fliegen, muß man zuvor tief in den Boden gehen."*

Warum tanzt der Stein nicht?

Unbewußt werden Musikimpulse umgesetzt. Anfangs bewußt wird eine dazugehörige Bewegung aufgrund intuitiver Improvisation geplant, bis auch sie „in Fleisch und Blut" übergegangen ist und deshalb unbewußt abläuft. Zwischen diesen Extremen – unbewußt auf der einen Seite, bewußt auf der anderen Seite – laufen alle Tanzbewegungen ab.

Was heißt für uns bewußt und unbewußt?

Um das deutlich zu machen, müssen wir einen kleinen Exkurs in mein Buch „Gehirn-Magie" machen.

Wir bestehen aus nichts anderem als aus Atomkernen und Elektronen.

Unsere Atomkerne sind innerhalb kürzester Zeit (1–200 sec) nach dem Beginn des Universums, nach dem Urknall entstanden, alle unsere Elektronen sind sogar noch früher (0,1 sec nach dem Urknall) entstanden und seitdem unsterblich. Unsere Bausteine haben also sicherlich schon eine Supernova mitgemacht, waren schon in Steinen, Pflanzen, Tieren.

Ewig lebende Atomkerne und die unsterblichen Elektronen des Universums gehen in unserem Körper nach Belieben ein und aus, bevorzugt durch Nahrung und Atemluft.

Unser genetisches Gedächtnis gibt die Matrix für den Bau unseres Körpers vor. Die Gene erzeugen aus vorgefertigten Molekülen, den Aminosäuren, Resonanzkörper für elektromagnetische Schwingungen. Sender dieser weitreichenden elektromagnetischen Schwingungen sind letztlich wieder unsere Elektronen (Ladungen), zum Teil frei, zum Teil in Molekülen gebunden. Liegt Resonanz zwischen Atomen vor, so entstehen Kräfte, die Moleküle aufbauen.

Herrscht Resonanz zwischen Molekülen, so entsteht schließlich Materie. Heutige Physiker sagen dazu Verfestigung. Unser Körper ist eine derartige Verfestigung. Durch den sinnvollen, weise gesteuerten Energieaustausch, vor allem auch mit der Umgebung kann der Organismus leben, dies auch ohne Bewußtsein. Die weise Kraft in uns steuert und regelt über Resonanzen, sie hält den Körper in Funktion.

Heisenberg und die Kopenhagener Schule nannte unsere Wirklichkeit „Realitätsbildung durch Beobachtung". Beobachtung ist auch eine Form der Resonanz.
Die Gefahr liegt in der Dauerbeobachtung. Eine Dauerbeobachtung friert einen Zustand ein, es gibt keine Veränderung mehr, dies auch

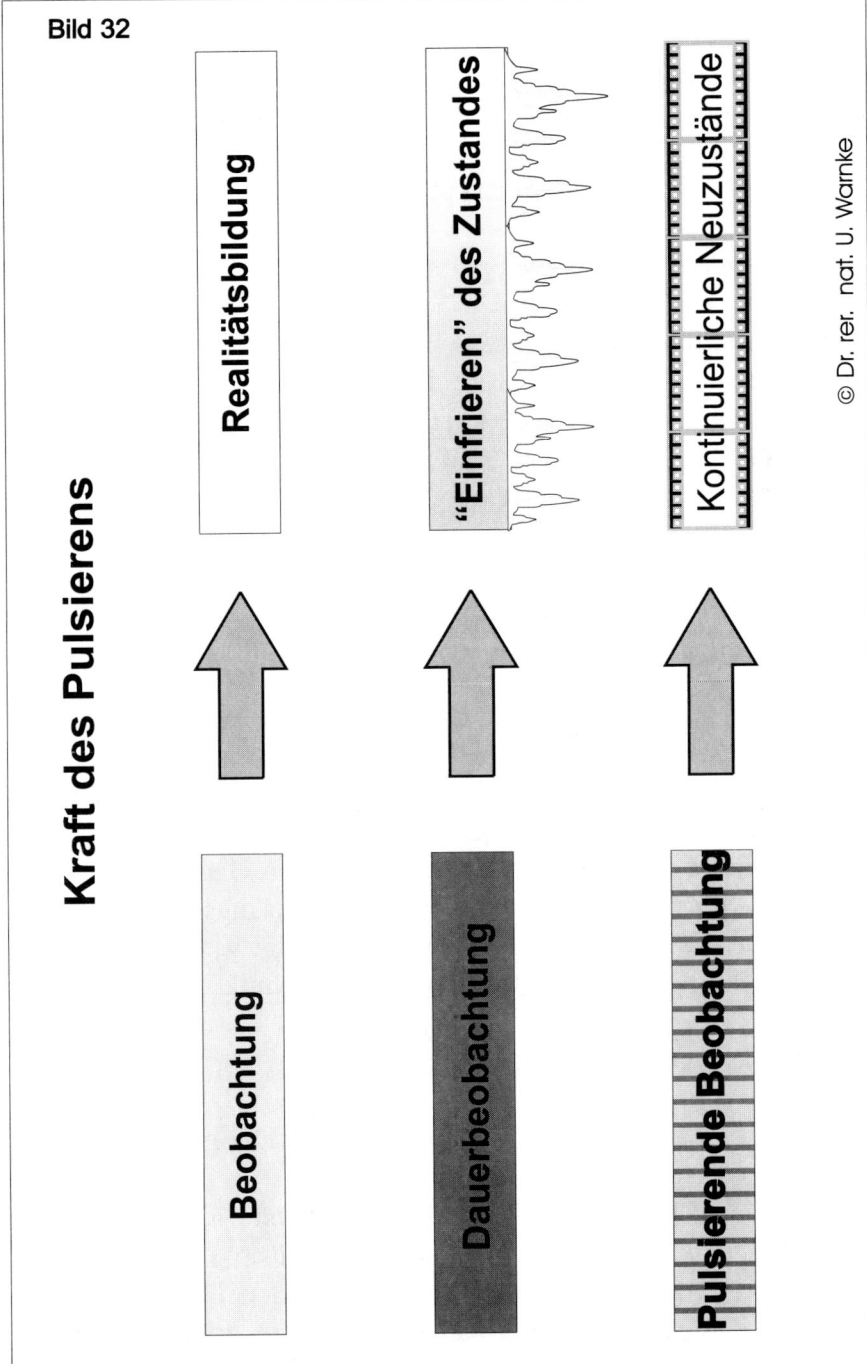

Bild 32

Kraft des Pulsierens

Beobachtung → Realitätsbildung

Dauerbeobachtung → "Einfrieren" des Zustandes

Pulsierende Beobachtung → Kontinuierliche Neuzustände

© Dr. rer. nat. U. Warnke

dann nicht, wenn Anregungskräfte vorhanden sind. Dieser Effekt ist im Experiment reproduzierbar. **Bild 32**.

Zum Beispiel ein Stein: Alle Resonanzstellen sind festgelegt, alle „Beobachtungen" innerhalb des Steines bleiben immer gleich. Quantenzustände können sich nicht ändern. Ein Stein bleibt wie er ist.
Ganz anders der menschliche Organismus:

Gefühle modulieren die Funktion – unbewußt, als Bewertung der momentanen Umweltsituation. Immer und immer wieder wird meine Umwelt von mir abgetastet und durch mein Gefühl bewertet. Meine dann auftauchende Gefühlsmodalität steuert direkt meine Körperenergie. Die Körperenergie bereitet die Reaktion auf die Umweltsituation vor.
Da sich permanent etwas in mir und in meiner Umgebung ändert, kann von einer Dauerbeobachtung auf der Ebene des Funktionierens keine Rede sein.

Als Polarität zum unbewußten Gefühl wirkt das Bewußtsein. Durch das Bewußtsein wird der kollektive archaische Automatismus unterbrochen. Mein individueller Wille spielt nun eine maßgebliche Rolle bei der Modulation der Funktion. Betroffen von der Wirkung durch den Willen ist erst einmal die Muskulatur. Ein Hauptziel der Konstruktion Mensch ist das Explorieren zur Nahrungssuche. Aber die Intelligenz des Geistes und der Natur verfolgt mit einem Prinzip immer mehrere Ziele – im Gegensatz zur Technik:

Und nun kehren wir zurück zum Tanz.

Stimulierung körpereigener Drogen

Der bewußte Wille steuert meine Bewegung. Für die Feinabstufung der Bewegung ist ein Hormon im Gehirn unersetzlich – das Dopamin. Bewegungen und Gestik wird durch den Neurotransmitter Dopamin gesteuert. Ohne Dopamin gibt es keine fein abgestimmten, grazil koordinierten Bewegungen; sichtbar beim Parkinson Syndrom, das auf Dopaminmangel beruht, wodurch Bewegungen roboterhaft werden.

Die Natur baut in dieses wichtige Geschehen eine Verstärkerschleife ein. Feinbewegungen sind nur durch Dopamin möglich, aber jede Feinbewegung stimuliert ihrerseits die Ausschüttung von Dopamin stimuliert.

Das Bewegen der japanischen Kugeln in einer Handfläche, das dauernde Verschieben der Rosenkranzperlen, parallel zu den Gewohnheiten im arabischen Raum mit der Gebetskette, das Spielen von Musikinstrumenten, aber auch das grazile ausdrucksstarke Tanzen, alle derartigen Bewegungen stimulieren die Ausschüttung von Dopamin.

Das so produzierte Dopamin ist eine Droge. Es macht uns zuerst motiviert, freudig und glücklich, darüber hinaus wach, sensibel, optimistisch. Weitere Steigerung des Dopaminlevel beflügelt die Gedanken zu Kreativität und schöpferischer Phantasie. **Bild 33.**

Neuroleptika blockieren die Rezeptoren von Dopamin, so daß Dopamin keine Rolle mehr spielen kann. Das führt zur Persönlichkeitszerstörung (OLG Hamm, 3 U 50/81).

Aus Dopamin wird Noradrenalin. Folge: Motivation und Lust, das Bewußtsein wird geschärft.
Aus Noradrenalin wird Adrenalin. Folge: Energie wird freigesetzt (Lipolyse).

Tanzen steigert auch aufgrund der Bewegung die Produktion der Motivationshormone Adrenalin und Noradrenalin im übrigen Körper. Folge: Reaktionen verlaufen exakter und schneller ab.
Während des Tanzes ist die Durchblutung des ganzen Organismus gesteigert und besonders die Lymphdrainage wird hochgradig gepumpt. Das bedeutet eine optimale Versorgung der Gewebe mit Sauerstoff, Nährstoffen und eine optimale Entsorgung von bela-

stenden Abfallstoffen. Gleichzeitig überschwemmen einige der selbststimulierten körpereigenen Drogen den ganzen Körper.

Zuviel Dopamin und Noradrenalin führt gradlinig in die Ekstase und in einen Trancezustand. Gut bekannt durch die Wirkung von Kokain (die „göttliche Pflanze", wie Sigmund Freud sie nannte) und von Marihuana, die beide Dopamin und Noradrenalin aufstauen.

Ohne jede exogene Droge wirkt auf besondere Weise der ekstatische Tanz oder der Tanz unter besonderer Berücksichtigung feinmotorischer Abstufungen. Östliche Traditionen pflegen diese Tänze seit uralten Zeiten.

Dopamin hemmt Prolaktin.
Prolaktin ist depressionsfördernd. Also hemmt Dopamin die getrübten Stimmungen. Folge: Freude und Lust.

Tanz stimuliert auch die überaus wirkungsvollen Endorphine.
Es wirkt analog Opium und Morphium, aber noch weit angenehmer, denn es verbreitet Euphorie und Amnesie und verändert das Bewußtsein. Es heilt Psyche und Körper. Das Immunsystem erhält einen positiven Antrieb. Schmerzreduzierung, Freude und Lust resultieren daraus.

Man weiß, daß mit den Wirkungen von Endorphinen auch körpereigene LSD-Fragmente (wahrscheinlich das Psychodelikum Phenylcyclidin analog angle dust) ausgeschüttet wird. Es schaltet den dämpfenden Einfluß von Serotonin ab und katapultiert gleichzeitig Dopamin und Noradrenalin in höchste Level.

Bild 33 Dopamin wird durch feine Bewegungen ausgeschüttet. Dopamin selbst ermöglicht Feinbewegungen und verschafft uns gleichzeitig phantastische Gefühle. Es stoppt das „Depressionshormon" Prolaktin und stimuliert die Motivationshormone Nor- und Adrenalin. Aus allem resultiert die pure Lust am Leben.

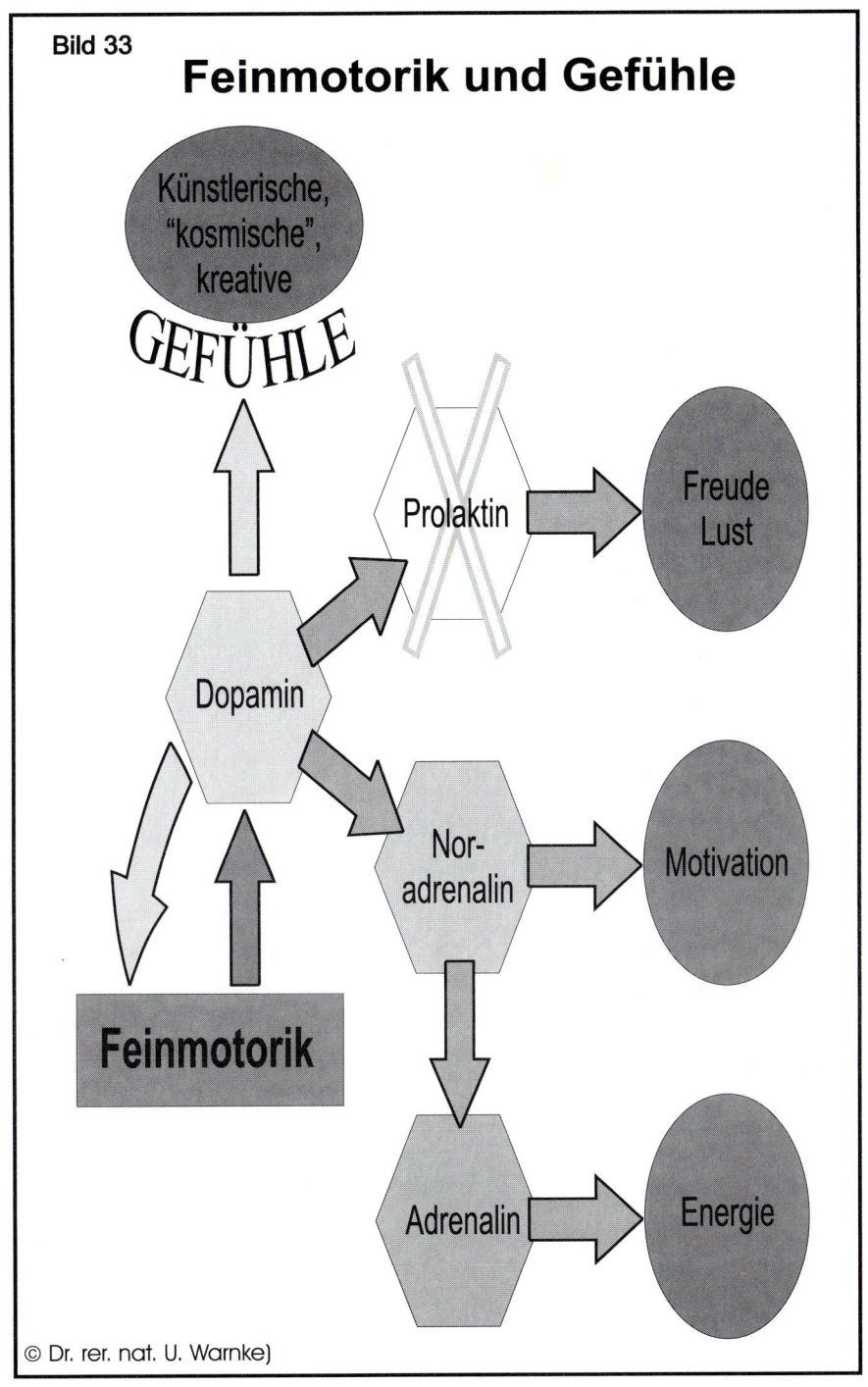

Bild 33

Feinmotorik und Gefühle

Künstlerische, "kosmische", kreative GEFÜHLE

Prolaktin

Freude Lust

Dopamin

Nor-adrenalin

Motivation

Feinmotorik

Adrenalin

Energie

© Dr. rer. nat. U. Warnke)

255

Das bewirkt größte Wachheit und mystisch phantastische Wahrnehmung – eine neue Realität neben dem Alltagsbewußtsein.

Unser Normalbewußtsein stellt uns als biologisch funktionierende Maschinen und unsere Umwelt als getrennte Objekte dar. Im Einfluß der Aktivität von LSD-Rezeptoren taucht offensichtlich eine neue Bewußtseinsqualität auf; wir sind Teil eines universalen Ereignisses, ohne Raum und Zeit – eine sehr gefährliche Situation.

A. Hofmann (Entdecker von LSD): *„Das Erlebnis des Einsseins wird heute als heilendes Grundelement in die psychiatrische Praxis eingebaut. "*

Tänzer können das Erlebnis ohne Psychiater bekommen.

Im Extremfall gerät der tanzende Mensch in ein irreales alptraumhaftes Erleben. Die Umgebung wird verfärbt, Gesichter und Personen zu Fratzen oder zu Tiergestalten. Visionen tauchen auf, fremde innere Stimmen geben Befehle. Genie und Wahnsinn berühren sich – alles Folgen stimulierter körpereigener Drogen.

Wir ziehen auf dieser Stufe gleich mit den Gepflogenheiten der Schamanen.

Starke akustische und visuelle Impulsmuster reizen einen für Erregungszustände wichtigen Nervenkern, den Locus coeruleus (Blauer Kern) an der Basis des Gehirns. Dadurch werden alle mit diesem Kern verbundenen Hirnregionen von einer elektrischen Flut überschwemmt.

Besonders intensiv wirken hier impulsartige rhythmische Musik und daran geknüpfte Kreisbewegung.

Musik mit Rhythmen von 200 Schlägen pro Minute kann eine tanzende Person in Trance setzen.

Das Extrem des Trancezustandes ist besonders machtvoll.

Die zeitlichen Abstände zwischen dem bewußt Wahrgenommenen werden immer größer, die Wahrnehmung selbst wird eingeengt. Die Spontaneität nimmt zu. Kein erkünstelter, bewußter Tanzschritt mehr. Die Spaltung von Bewußtsein und Körper vollzieht sich, es läuft alles selbsttätig. Der Körper wird zum Instrument einer durchbrechenden Kraft. Eine Energieeruption schleudert das Ich weg. Die Ich-Welt-Grenze wird aufgelöst.

Ab sofort sind die Bewegungen unwillkürlich. Der Mensch tanzt nicht mehr selbst, er wird getanzt.

Ekstase vermittelt das Erlebnis einer außergewöhnlichen Machtfülle. Einswerden mit der Universalen Energie und völlige Hingabe durch Übergabe des eigenen Bewußtseins.

Im Zentrum allen Körpergeschehens: der Glaube

Ein Zuschauer, der die gleiche Musik mit demselben Rhythmus hört, fällt aber nicht in Trance. Was ist also das Agens, daß hier wirkt?

Es ist die bereits dargestellte Stimulierung psychedelisch wirkender Neurotransmitter und Hormone, die allerdings nur die tanzende Person spürt und
es ist der investierte Glaube.

Während der Wille rein bewußt gesteuert wird und Zugriff auf die intellektuellen Gedanken und auf die Skelettmuskulatur hat, und während das Gefühl rein unbewußt kommt und geht, verwendet der Glaube beides: Wille und Gefühl, Bewußtsein und Un(ter)-bewußtsein. Diese Kombination ist bei der Körperbeeinflussung die stärkste und mächtigste Kraft.

Jeder Gedanke, jedes Gefühl, das im Glauben mündet, ist ein Ganzkörpergeschehen. Alle Zellen unseres Körpers fühlen und wollen.

Die exakt richtige Atmosphäre entsteht beim Tanz. Rhythmus und Melodie schalten mein analytisches Denken ab, die fein abgestuften Bewegungen stimulieren körpereigene Drogen, Gefühle werden verstärkt. Die daraus folgende Bewußtseinstransformation vermischt sich mit traditionellen Initiierungen und gibt dem Glauben das notwendige Forum, um die Materie des Körpers zu dirigieren oder sogar bewußten Geist und Materie zu trennen, den Körper zu verlassen.

Musik und Rhythmus fordert diese Zustände heraus.
Tanz ist Macht.
Jede Bewegung suggeriert.
Tanz transformiert das Bewußtsein Richtung Trance.
Der Raum, die Zeit verschwindet.
Wir gehen auf in der Quantenwelt.

Früheres Wissen war reich in der Erfahrenswelt des Glaubens (rituelle Heilkulte, Heiltänze im Schamanismus). Wir heute, umzingelt von Technik und materiellen Zielen, verkümmern darin.

Schamanismus

Eine normale Eigenschaft unseres Nervensystems ist das Wechseln zwischen verschiedenen Bewußtseinszuständen. Das ist für uns täglich so selbstverständlich, daß wir es nicht ohne weiteres bemerken. Die Änderung des Bewußtseinszustandes ist fließend, eine Art Kontinuum mit vielen Weichen und Auffächerungen, so daß wir uns letztlich eine Art Lichtenbergsche Figur vorstellen können (im **Bild 34** als Baum).

Der Ausgangspunkt des Bewußtseins ist undefiniert. Man könnte sich vorstellen, daß dieses grundlegende Bewußtsein der Stamm des Baumes ist.
Das grundlegende Bewußtsein scheint gleich bei allen Menschen, vielleicht bei aller Materie oder sogar bei der Urform der Energien. In die Nähe dieses Stammes, dieses Grundbewußtseins kommen wir wohl manchmal im Traum. Die vielfältig aufgezweigte Krone ist das Wach- oder Tagesbewußtsein, in dem wir uns für gewöhnlich aufhalten. Das Wachbewußtsein reagiert auf alle für das Leben notwendigen Außenreize vollkommen rational aus unserer Sicht.

Lichtenbergsche Figur als Symbol für die Verzweigung der Bewußtseinsmomente

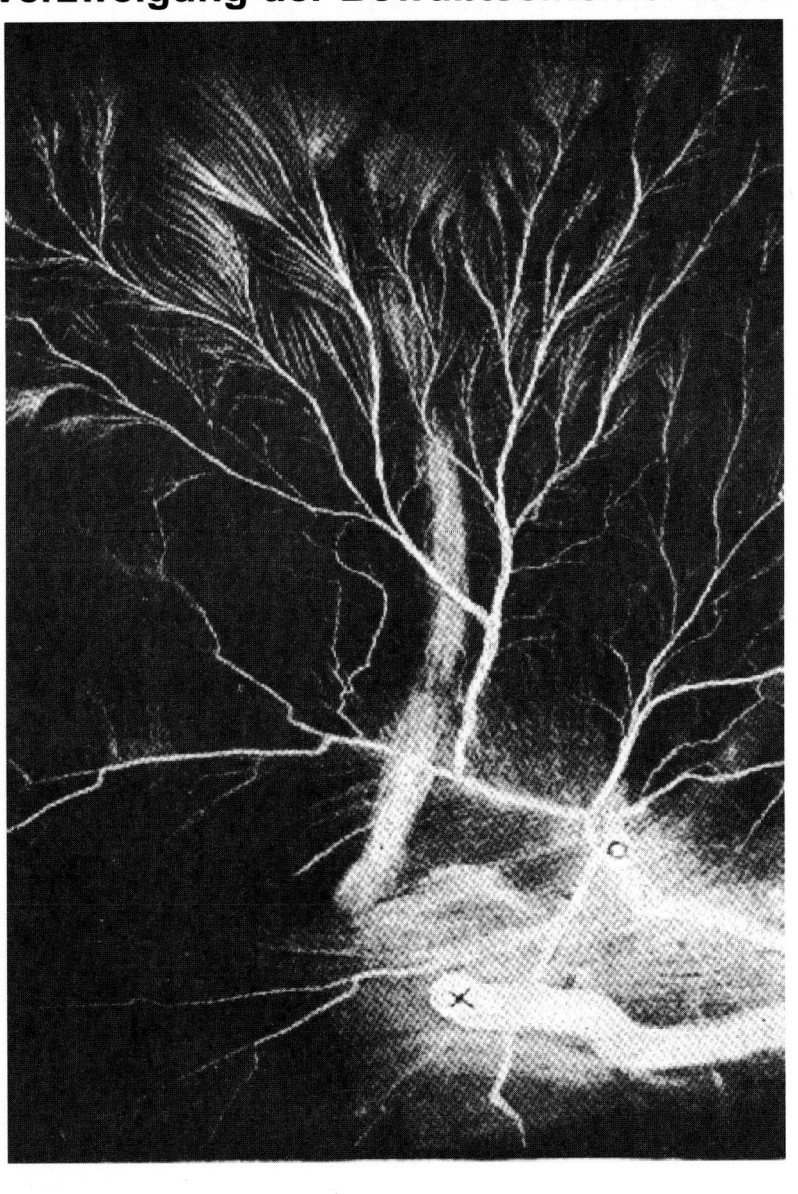

Rational heißt, die meisten bewußten Handlungen sind, den Erfordernissen entsprechend, streng kontrolliert. Im Traumbewußtsein gelingt dies nicht.

Die Fähigkeit der willentlichen Bewußtseinstransformation in Richtung Stamm unseres Baumes machte früher und macht heute den Schamanen aus.

Dabei bringt sich der Schamane aktiv in einen Zustand ähnlich dem Traumbewußtsein, also in einen vom Wachbewußtsein nicht mehr kontrollierten Zustand. Es werden Dinge wahrgenommen, die das Wachbewußtsein nicht erkennt. Wir sagen dazu Halluzinationen; alle Sinne geben Signale ohne für die Umstehenden erkennbare Reizungen oder Energieeinwirkungen.

Diese besonders intensive Bewußtseinstransformation gelingt durch verschiedene Methoden; durch Zeremonien, Riten oder Drogen, durch Hyperventilation und Deprivation wichtiger auf den Körper wirkenden Reize, wie Licht und Geräusche. Gerade die letzte Methode wurde in der westlichen Welt aufgegriffen, indem man den Menschen in einen mit warmen Salzwasser gefüllten und ansonsten hermetisch von der Außenwelt isolierten Tank „schweben" ließ. Bei einigen dieser isolierten Menschen stellten sich regelmäßig Halluzinationen ein.

Weitere Methoden bei Schamanen waren exaltiertes Tanzen, permanente rhythmische Trommeln und Gesang.

Das Besondere an der Bewußtseinstransformation ist die Fähigkeit, Kranke zu heilen.

Heilung setzt den Wechsel der Bewußtseinsebene voraus, dies sowohl beim Heiler als auch beim Patienten. Dabei entsteht eine eigenartige Abhängigkeit, die an die in Teil I beschrieben Vorgänge, wie Feedback und Nichtlokalität erinnert. **Was vom Heiler in den Patienten hineinprojiziert wird, kommt gespiegelt zurück. Die Erwartungen, die der Patient in den Heiler hineinprojiziert, kommen ebenfalls gespiegelt zurück. Das heißt beide, Heiler und Patient sind in ihren Erwartungen verstrickt und verstärken damit intensiv** den heilenden Einfluß auf die Materie, denn

Bewußtsein und Materie unseres Körpers ist eine komplementäre Einheit.

Die Schamanen der frühen Indianer haben aus gutem Grund mit aller Macht versucht, die weißen Eindringlinge in ihr Land mit Magie zu vertreiben. Es wirkte nicht, obwohl die Methoden unter den Stämmen ihre Wirkung zeigten. Das lag daran, daß die Weißen keinen Glauben investierten. Eine Hälfte der Verstrickung fehlte.

Als Begründung für ihre Heilfähigkeit geben die Schamanen an, sich mit dem Tiergeist, den Pflanzengeist, dem universellen Geist des Kosmos oder dem Geist der Erde verbunden zu haben, um die Seelen der Kranken zu retten. Die spirituelle Deutung ist eine Verbundenheit mit Energien, die in Gegenständen für uns normalerweise völlig unspürbar, aber immer präsent ist. Der Gebrauch der Energien ist für den Menschen von Vorteil, wenn er sie beherrschen kann. „Geraten dagegen die Energien außer Kontrolle, können sie tödlich sein."
Dieser ganze schamanistische Mechanismus erinnert stark an die im Teil I dargestellten altindischen Überlieferungen und den Buddhismus. Auch die Wirkungserfolge scheinen aufgrund der bisher hier aufgezeigten quantenphysikalischen Plausibilitäten nicht abwegig.

Man vermutet, daß die schamanistischen Glaubensinhalte, einschließlich ihrer Kosmologie, sich vor 5 000 bis 25 000 Jahren entwickelt haben. Demnach waren die ersten Weisen die Schmiede der Steinzeit (Clottes, 1997).
Diese Zeitangabe wäre identisch mit den frühesten denkbaren Ursprüngen der indischen Überlieferungen.
Laut Lindenberg (1978) haben die keltischen Druiden die Weisheiten nach Indien gebracht. Aus dieser Schule entwickelte sich später eine Priesterkaste, die Brahmanen. Die heiligen Bücher der Indoarier entstanden viel später als die „Veden". (Veda heißt Wissen, Weisheit).
Es bildeten sich in der damaligen Zeit schließlich Gruppen von Menschen, die mit eigenen Texten herumreisten. Die wichtigste Gruppe waren die „Upanischaden" (das bedeutet die ergebungsvoll Danebensitzenden; also Jünger, die ihren Meistern zuhörten). Ihre geheimen Unterweisungen waren der „Vedanta", was „das Ende des Wissens" bedeutet.

Einige Gruppen zogen mit ihrem speziellen Wissen aus Indien aus und verbreiteten sich vor allem über die ostasiatische Welt, aber auch bis Nordsibirien (Eskimos) und Nordamerika (Indianer). Sie praktizierten ihre angelernten Kräfte in den Volksstämmen als Schamanen.

Die von Schamanen praktizierte archaische Heilung als Urmedizin ging – wie sollte es damals auch anders sein – den inneren Weg des Glaubens und der Suggestion durch Bewußtseinstransformation.

Schlüssel zu verborgenen Kräften durch ein integriertes Bewußtsein, das hatten die Magier, Schamanen, Zauberer früherer Zeiten. Die Alten Weisen fanden heraus, daß die Änderung des Bewußtseins spezifische Materiebeeinflussung zur Folge hatte, auch über den Körper hinaus. Die Urheiler haben sich den Energien verschrieben, die sie als identisch erkannten mit den Naturgesetzen, ausgehend von einer kosmischen Intelligenz. Es ist die „Vision des Wissens", die erfahren wurde.

Albert Einstein:
„In einem gewissen Sinne halte ich es also für wahr, daß dem reinen Denken das Erfassen des Wirklichen möglich sei, wie es die Alten geträumt haben."

Als Wissenssuchender war auch ein Schamane Wissenschaftler, sie schöpften ihr Wissen intuitiv aus der transformativen Erfahrung.
Was vor einigen Jahren noch als pure Metaphysik bezeichnet wurde, wird heute durch reproduzierbare Ergebnisse aus Quanteneperimenten immer plausibler.

Zitat von Einstein (aus Sogyal Rinpoche, s.126)
„Der Mensch ist ein Teil des Ganzen, das wir Universum nennen, ein in Raum und Zeit begrenzter Teil. Er erfährt sich selbst, seine Gedanken und Gefühle als abgetrennt von allem anderen – eine Art optische Täuschung des Bewußtseins. Diese Täuschung ist für uns eine Art Gefängnis, das uns auf unsere eigenen Vorlieben und auf die Zuneigung zu wenigen uns Nahestehenden beschränkt. Unser Ziel muß es sein, uns aus diesem Gefängnis zu

befreien, indem wir den Horizont unseres Mitgefühls erweitern,
bis er alle lebenden Wesen und die gesamte Natur in all ihrer
Schönheit umfaßt.“

Vorsicht ist geboten bei Scharlatanen, die sich das Mäntelchen der
Weisheit umhängen, um Kasse zu machen. Davon gibt es inzwischen wahrscheinlich mehr, als altgediente wirkliche Schamanen.

Quintessenz Bewußtseinstransformation

Alle Methoden, die wir uns bisher flüchtig angesehen haben, sind
im Endeffekt gleich; sie erzeugen eine Bewußtseinstransformation.

Auch unser Bewußtsein hat eine Evolution. Bewußtsein und Psyche
sind stets auf Weiterentwicklung bedacht. Alte Formen müssen zerstört werden, um Raum für neues zu schaffen.
Wenn alte Lebensweisen nicht mehr angemessen sind, müssen
wir die Dinge neu erschaffen. Das funktioniert nur, wenn wir
mit unserem Bewußtsein Verfestigungen auf der Quantenebene
schaffen, bewahren und wieder auflösen.

Dies entspricht der Trinität: Schöpfer (Hindu: Brahma), Bewahrer
(Vishnu), Zerstörer (Shiva). Shiva ist der kosmische Tänzer – Schutzherr
von Musik, Tanz und der bildenden Kunst. Sein Tanz hält das Universum in Bewegung.

Leben ist Wandel. Die Welt wird dadurch geändert, indem wir unser
eigenes Bewußtsein ändern. Wenn sich unser Bewußtsein ändert,
ändert sich auch unsere Umgebung.
Bewußtsein ist Erkennen und Verstehen. Transformation des
Bewußtsein und Wachstum der Erfahrung ist ein natürlicher
Bestandteil der Entwicklung von uns Menschen, vielleicht auch
aller Lebewesen.
Erfahrungswachstum erfaßt alle vier Ebenen unseres Daseins: phy-
sisch, emotional, geistig, spirituell.

Leben ist eine Reise des Bewußtseins, bei der Erkennen und Verstehen ständig wachsen. Wir sind uns dieses Entwicklungszuwachses nicht bewußt.

Bewußtsein und Erfahrung ist kein Produkt, sondern ein Prozeß. Der Prozeß verläuft in Zyklen, Stärke wechselt ganz natürlich mit Schwäche.

Jeder ist Teil eines kollektiven Bewußtseins, deshalb üben wir einen subtilen, aber wirkungsvollen Einfluß auf das Massenbewußtsein aus. Umgekehrt, wenn sich das Massenbewußtsein ändert, werden die einzelnen Menschen mitgezogen.

So wie jedes individuelle Bewußtsein die individuelle Realität erzeugt, so erzeugt das kollektive Bewußtsein die kollektive Realität. Die Glaubenssätze des Massenbewußtseins manifestieren die Gesellschaft: Im Namen des Volkes.

Unsere Gedanken, Gefühle, physischen Körper und unsere uns umgebende materielle Welt stehen untereinander in Beziehung und beeinflussen sich gegenseitig. Alles ist miteinander verbunden. Leben macht sich in seiner Verbindung besonders deutlich bemerkbar.

Jeder erzeugt seine eigene Erfahrungswelt und führt diese so in die Realität.

Was uns im Leben begegnet, ist ein Echo unserer Werte, Vorstellungen, Glaubenssätze, die unser Bewußtsein beherbergen.

Wir sind die Macht, die unser Leben erschafft. Wir sind kreative Wesen, die Wirklichkeiten erschaffen. Bereits unser physischer Körper ist vom Leben als Realität erschaffen worden.

Shakti Gawain: „Ja, ich bin ein starkes kreatives Wesen. Ich lerne, wie es ist. eine physische Gestalt zu besitzen. Ich lerne, wie man Wirklichkeit erschafft. Ich erkenne und akzeptiere von nun an, was ich erschaffen habe. Wie kann ich aus meiner Wirklichkeit lernen, wie kann ich sie weiterentwickeln und verbessern?"

Wodurch fühlen wir uns lebendig und stark, was schenkt uns Befriedigung und Erfüllung? Was läßt Lebenskraft strömen? **Bild 35.**

Bild 35

Bewußtseinstransformation

GEIST

Wahrnehmung

Bewußtseins-
transformation
(Trance, Tanz)

Inspiration

Archetypisch
Erinnern

Ästhetik

Formge-
staltung

Individuell
Erleben

Schwingung
Klang
Melodie

Geste

Gefühle
Triebe
Impulse

Jede Situation ist eine potentiell wertvolle Erfahrung. Probleme sind Geschenke, die uns Wachstum und Höherentwicklung ermöglichen. Krisen sind Lektionen.

Unsere inneren Wirklichkeiten werden von unseren emotionalen Mustern und Reaktionsweisen geformt und beeinflussen so auch unsere äußeren Wirklichkeiten.

Negative Gedanken sind Teil von uns und müssen akzeptiert werden. Positives Denken, um mit dieser Technik negative Gedanken abzuwehren, hat nur kurzen Erfolg. Geleugnete und unterdrückte Gedanken und Gefühle lassen sich nicht dauerhaft unterdrücken, eher stauen sie sich an, um dann schließlich um so mächtiger hervorzubrechen.

Gefühle und Glaube sind Lebenskraft, die uns ständig durchströmt. Blockierte Gefühle sind blockierte Lebenskraft und das ergibt physische Störungen.

Gefühle können nur dann voll erfahren werden, wenn das Gegenteil der Gefühlsmodalität erlebt worden ist. Freude durch Traurigkeit. Geborgenheit durch Angst (vergleiche Buch „Gehirn-Magie").

Unsere Ahnungen sind ein völlig natürlicher Bestandteil unseres Daseins. Sie sind das Fenster zu unserem Zentrum, unserem Wesenskern, unserem Sein, und alle diese Begriffe – so haben wir in Teil I dargestellt – sind identisch mit der Urform der Energie. Energie bedeutet Kraft bei der Realitätsbildung. Diese Kraft existiert in jedem von uns. Vom Zentrum aus wird in jedem Augenblick unser Leben gesteuert. Hier wirkt ein weises Wissen als innere Führung, moduliert durch das Bewußtsein mit Erfahrung.

Wir sind nicht darauf vorbereitet, unserer Intuition Vertrauen entgegen zu bringen. Wir müssen üben, unserer inneren Eingebung zu folgen mit Hilfe unseres Glaubens, kontrolliert durch unsere Erfahrung. Ändern wir unsere Glaubenssätze, dann ändern wir in wundersamer Weise unsere Wirklichkeiten.

Derartige intuitive Konzentrationen haben nichts mit religiösen Momenten zu tun.

Erfahren wir die Nähe unseres inneren Wesenskern, dann erlangen wir ein Gefühl der Geborgenheit, des Vertrauens.

Wir haben nur Chancen für ein gesundes Leben und erleben, wenn wir unsere physischen (animalischen), menschlichen (geistigen und spezifisch gefühlsmäßigen) und spirituellen (universellen) Wesensteile harmonisch zusammenbringen.

Alles, was im Universum existiert möchte akzeptiert werden. Alle Teile der Schöpfung möchten integriert werden.
Vor nichts können wir davonlaufen, alles ist da und hat seine Berechtigung.
Ein Teil des Universums ist in uns.

Einstein in einem Interview zu seinen Biographien:
„Meiner Definition von Gott liegt eine tiefe intuitive Überzeugung zugrunde, daß es eine Kraft geben muß, die über dem Denken steht und sich im unerschöpflichen Universum manifestiert."

Spirituelle Erfahrung verbindet uns mit unserem tiefsten Wesenskern und gleichzeitig mit der universalen Quelle. Es ist die Energie der Quanten selbst, die mir die Erfahrung vermittelt, zeitlos und raumlos.
Erahnen wir die Signale auf allen Ebenen, auf denen wir empfänglich sind, im wahren spirituellen, geistigen, emotionalen und physischen und können wir die Perzeption bewußt werden lassen, dann können wir die Signale beantworten, also unsere Bedürfnisse befriedigen. Wenn die wahren Bedürfnisse befriedigt werden, verschwinden die falschen, die Pseudobedürfnisse. Wir fühlen uns dann als Teil des Ganzen, Ängste weichen.

Der Glaube, daß die Ursachen für Probleme und die möglichen Lösungen in erster Linie in der äußeren Welt existieren, ist falsch. Projizieren wir unsere Macht nach außen, dann geben wir sie ab in die Außenwelt, anstatt sie dort wirken zu lassen, wo sie etwas für uns bewirken kann, in uns.
Wir sind Manifestationen unseres eigenen Bewußtseins. Könnten wir alle so handeln und denken, gäbe es keine Außenprobleme mehr.

Das Tao des Feinkörpers

Innerhalb der Rubrik „sanfte Heilmethoden" sind auch bestimmte Bilder geeignet, Beruhigung auszuströmen und wache Aufmerksamkeit hervorzurufen.

Hier zum Schluß des Buches ein ungewöhnliches Bild (**Bild 36**) zum Verweilen.

Der Bildinhalt zeigt, wie sich die Alten Weisen Aufbau und Funktion unseres Körpers vorgestellt haben. Da unser Körper nach altasiatischer Tradition ein Energiegebilde ist, Energie sich aber als Zeichnung nicht darstellen läßt, deshalb wurden Energiegleichnisse ausgewählt.

> Laotse sagte: (wir haben ähnliche Aussagen von Alten Weisen bereits in Teil I kennengelernt)
> *„Vor der Entstehung des Himmels und der Erde gab es nur ein unbestimmtes Etwas. Wie ruhig! Wie leer! Es steht für sich allein, unveränderlich; es wirkt überall, unermüdlich. Man kann es als Mutter aller Dinge unter dem Himmel betrachten. Ich kenne seinen Namen nicht, aber ich benenne es mit dem Wort Tao."*

Lassen Sie sich aufgrund überlieferter alter Erklärungen an einige wichtige Ursprünge des Bildes heranführen. Es ist offen für eigene Interpretationen.

Um das Bild einigermaßen zu verstehen, muß etwas ausgeholt werden:

Interessant für uns ist, daß die Wirkung in unserem eigenen Körper nachvollziehbar wird, wenn wir uns etwas ausführlicher mit der Überlieferung beschäftigen und Einsicht in die zugrunde liegenden Mechanismen erhalten. Gelingt uns dies, so daß wir glauben können, an dieser Darstellung ist etwas Wahres, dann wirkt das Bild auch bei uns sehr stabilisierend für das Vegetativum.

Persönlichkeit eines Menschen und Autorität hängen eng miteinander zusammen. Beide Eigenschaften üben Macht auf andere Menschen aus, ohne dies zu beabsichtigen. Die Ursache ist eine „Ausstrahlung von Wissen", Konsequenz einer großen inneren Harmonie. Derartige Projektionen von besonderen Qualitäten bestimmter Menschen laden dazu ein, sich geistig anzulehnen und die eigene Seele zu öffnen, besonders, wenn man Ruhe und inneren Frieden braucht.

So einen Eindruck hinterlassen auch bestimmte Berge als Persönlichkeiten.

Der Berg Meru (er wird auch Kailai genannt) innerhalb des Gebirgszuges des Himalaya (bzw. Transhimalaya) ist eine derartige „Persönlichkeit".

Er bildet den höchsten Punkt des tibetischen Plateaus, des „Daches der Welt" (6650 m) und ist die Nabe der beiden ältesten überlieferten Kulturen: China und Indien.

Hindus und Buddhisten sehen hier das Zentrum der Welt.

Die Achse des Universums ist Meru.

Da wir Menschen mit unseren psychisch-physischen Funktionen ein identisches Abbild des Kosmos darstellen, also ein Universum im Kleinen sind, deshalb ist Meru neben der Universumachse auch die Achse unseres Körpers, also das Zentrum des Rückenmark (in der Wirbelsäule) (Sanskrit: *meru danda*).

So, wie die verschiedenen Bewußtseinszentren (*cakra*) mit der Wirbelsäule verbunden sind, so ist der Berg Meru mit den verschiedenen universalen geistigen Bereichen verbunden.

Sonne und Mond symbolisieren die bewußten und unbewußten psychischen Energien. Die Symbole befinden sich am Ende des im Rückenmark der Wirbelsäule zentralen Energiestromes, der von unten nach oben aufsteigend fließt. Im Prozeß des Yoga und der Meditation wird dieser Strom über verschiedene Bewußtseinsebenen von einem psychischen Zentrum zum nächsten geführt bis die höchste Ebene des erleuchteten Bewußtseins erreicht ist.

Zwei heilige Seen – Manasarovar und Rakastal befinden sich am südlichen Fuß des Berges Meru. Manasarovar hat die Form der Sonne und Rakastal die Form einer Mondsichel. Die Namen der Seen spiegeln ihre Bedeutung wieder. Im Wort Manasarovar steckt *mana. Manas* bedeutet „Geist" oder „Bewußtsein", Sitz der Wahrnehmung und der Erleuchtung mit den verborgenen Kräften des Lichtes; im Wort Rakastal steckt *raka. Rakas* oder *raksasa* bedeutet „Dämon" und die verborgenen Kräfte der Nacht.

In diesen Seen haben einige der großen bekannten Flüsse, wie der Brahmaputra und der Indus ihren Ursprung. Die alten Überlieferungen sprechen davon, daß die Flüsse den heiligen Bergbereich siebenmal umschlingen, bevor sie in verschiedenen Richtungen weiterfließen.

Diese uralte Überlieferung aus vedischen Zeiten oder weit früher ist nicht uninteressant; sie könnte das verdeutlichen, was wir bereits laut neuester Theorie in der Physik dargestellt haben, daß nämlich die Urform alles Bestehenden sich in sieben Einfaltungen, man könnte auch sagen „Verschlingungen" als zusätzliche Dimensionen zu der Raumzeit darstellt. Und diese Dimensionen sind der Ausgang der besonderen Eigenschaften unserer heutigen Welt, die wir allein aufgrund unseres Bewußtseins (hierin stecken wohl einige dieser die Dimensionen) erschaffen (vergleiche Kapitel „Siebenkugel" in Teil I).

Der Manasarovar-See liegt geographisch deutlich höher als der Rakastal. Der Rakastal ist deshalb der Wurzelbereich und Ausgangspunkt aller psychischer Kräfte (Sanskrit: *muladhara-cakra*), während der obere See die Blüte und Frucht aller Verwirklichungen darstellt und mit dem Scheitelzentrum des Menschen (*sahasrara-chakra*) gleichgesetzt wird – dem Zentrum der höchsten geistigen Entwicklung.

Die Energie stammt während der Meditation aus dem Atem. Regelmäßiges tiefes Ein- und Ausatmen wird zum Feinfeuer. Dies wird in den unteren Ofen gebracht, wo es durch Zirkulation verstärkt wird.
Der Meditierende beginnt die Zirkulation, indem er sich vorstellt, daß die Energie von der Basis der Wirbelsäule bis zum Scheitel des Kopfes aufsteigt und an der Bauchseite herabgleitet, um erneut in die Basis der Wirbelsäule einzufließen.
Im Bild ist angedeutet, daß zwei Kinder sich bemühen, die Wasserräder zu bewegen, um die Energie in den Wirbelsäulenkanal zu pumpen.

Bild 36 Hier ist eine Darstellung des „Feinkörpers". Es ist eine Steinabreibung aus der Ch`ing-Dynastie, datiert 1886, aus dem taoistischen Tempel Baiyunguan in Beijing.
Dieses Bild diente dem taoistischen Adepten als Meditationshilfe. Damit sollte aufgrund uralter Überlieferungen vermittelt werden, wie der Energiefluß in Verbindung mit Außenkräften im Menschen verläuft.

Bild 36

Die erste wichtige Station ist der Schmelztiegel (4 regelmäßig angeordnete Yin-Yang-Symbole), wo die Energie einer Reinigung (einer Harmonisierung) unterzogen wird.

Nach einiger Zeit wird die Zirkulation stärker und die Energie ist nicht nur im Denken vorhanden, sondern wird real. Durch 3 Tore führt der Energiestrom nach oben: Das unterste an der Basis der Wirbelsäule, das zweite im Rücken, und das dritte, das Jadetor am Übergang zum Kopfbereich.

Die Zirkulation durchschreitet insgesamt 12 Stufen. Das Yang nimmt zu, wenn die Energie aufsteigt, Yin nimmt zu, wenn sie vorne wieder absteigt.

Ist die Energie genügend aufgeheizt, dann verbindet sie sich mit dem kosmischen Chi über eine Regenbogenstraße.

Als Gebirge im Hintergrund ist hier der heilige Berg Kunlun dargestellt.

Die sitzende Gestalt oben vor dem See ist Laozi (oder Laotse, Begründer der taoistischen Philosophie), während darunter eine Person mit hocherhobenen Armen die Weisheit von Laozi erfleht.

Der Hauptfluß des Energiestromes im Wirbelkanal hat zwei interessante Nebeneingänge.

a) Ein feuriger Wirbel, der mit dem (auf dem Kopf stehenden) Großen Bären über ein Kind verbunden ist und in einer doppelten Bahn Richtung Wirbelkanal verschwindet, und

b) ein Spinnrad mit einer Frau, wobei der „Faden", im Energiekanal mündend, laufend stärker wird.

Solange keine Übersetzung der vorhandenen Schrift vorliegt, können wir nur spekulieren, was mit diesen beiden Motiven angedeutet werden soll. Es ist durchaus denkbar, daß die beiden Energiesysteme „Chakren" und „Akupunkturpunkt" hier ihre Repräsentanz haben.

Aktive Führung des Bewußtseins
„Nähe zum Zentrum"

Zur Einführung benötigen wir die Formeln des Autogenen Trainings. Grund: unsere heutige Lebensweise ist voller Lärm, Hektik, Leistungs- und Verantwortungsdruck. Dadurch werden unentwegt Stresshormone ausgeschüttet, Verkrampfungen der Skelettmuskulatur, Verkrampfungen der Blutgefäße, der Drüsentätigkeit sind schließlich fest etabliert.

Stresshormone fallen nicht plötzlich auf ihren Grundlevel ab, wenn wir autogenes Training praktizieren. Sie haben Halbwertszeiten ihrer Präsenzdauer. Obwohl Adrenalin eine Halbwertszeit von nur ca. 2 Minuten hat, wird es ca. 20 Minuten dauern, bis alles überschüssige Adrenalin aus dem Blut eliminiert ist.

Der Rückgang der Stresshormone macht sich in 3 vordergründigen Körperreaktionen bemerkbar.

a) Die Muskulatur entspannt sich über die gesamte Zeit des Trainings nicht kontinuierlich, sondern in Intervallen mit jeweiligen Latenzzeiten von ca. 5 Minuten. Das Gefühl der Schwere kennzeichnet die Reduktion des Tonus, wodurch Schwerkraft als Massegewicht den Mechanorezeptoren verstärkt mitgeteilt wird.

b) Die Blutgefäße (vor allem der vorher kalten Füße) dehnen sich spürbar, dies ebenfalls in Intervallen. Man bemerkt eine eher rhythmische Volumenzunahme des Fußes mit parallelem Einströmen von Wärme.

c) Die Körperoberfläche beginnt an unterschiedlichen Stellen (nicht unangenehm) zu kribbeln, besonders dort, wo vorher Durchblutungsmangel herrschte. Oftmals ist das Kribbeln im Gesicht verstärkt spürbar.

Erst, wenn mit diesen Reaktionen der Körper signalisiert, daß er sich von den Sreßstrapazen erholt hat, ist die Bereitschaft für weitere Maßnahmen sinnvoll.

Das „Auswärmen" von Problemstellen (wie Verspannungen)

Wenn Sie gut im Training der autogenen Beruhigung stehen (tägliche Übung von mindestens 20 Minuten ohne jeden Kompromiß), dann spüren Sie regelmäßig im Sonnengeflecht (Oberbauchbereich mit dem Nervennetz des Sympathicus) eine deutliche diffuse Hitze, die sich lokal etwa handflächengroß ausmachen läßt. Sollten Sie Anfänger sein und überhaupt keine Wärme in diesem Bereich spüren, dann legen Sie ihre rechte Hand auf den beschriebenen

Bauchbereich und konzentrieren Sie sich auf die Wärme, die von der Hand in den Bauchbereich diffundiert.

Dieser Wärmefleck ist unser „Hitzespot-Cursor". Indem Sie sich auf ihn konzentrieren, nehmen Sie ihn ins Bewußtsein auf. Mit Ihrem Bewußtsein fahren Sie den Cursor nacheinander zu allen Körperbereichen, die Ihnen Kummer bereiten. Besonders die vielen Verspannungen können Sie erreichen. Lassen Sie die Hitze in diesen Bereichen so richtig aufblühen. Sie spüren und erleben, wie Verspannungen sich auflösen. Nachdem Sie den Erfolg deutlich wahrgenommen haben, nehmen Sie die Hitze wieder zurück, indem Sie mit dem Hitzespot-Cursor zum nächsten Schwachpunkt fahren. Fangen Sie mit dem sanften „Auswärmen" der Problemzonen ganz unten, also bei den Füßen an und gehen Sie Stück für Stück hoch bis zum Kopf.

Übung zur Bewußtseinstransformation

Prägen Sie sich die Übersicht in **Bild 37** ein. Durch unsere Vorstellung, Imagination, Glauben, also mit Hilfe von Bewußtseinstransformationen, können wir unsere Körpermaterie und ihre Funktionen verändern.
Jeder konditionierte belastende Gedanke verkrampft die Muskeln Ihres Körpers. Da alles, was tagsüber gehäuft auftritt, auch nachts stattfindet, gibt es auch im Schlaf Phasen starker Verspannungen, besonders der Nackenmuskulatur. Das wiederum bewirkt eine Verschlechterung der Durchblutung zum Gehirn. Nicht weggeschwemmte Metaboliten sammeln sich an und weiten die Blutgefäße lokal solange, bis sie undicht werden für Proteine. Es kommt zum Ödem und Sie wachen morgens mit Kopfschmerzen auf und fühlen sich völlig zerschlagen.

Deshalb empfehle ich, abends vor dem Einschlafen nachfolgende Imagination einzusetzen. (Sie hat es in sich):
Im Teil I hatten wir ein Modell der Wirkung unseres Bewußtseins aufgestellt. Angelehnt an die 7 Dimensionen (zusätzlich zu unserer

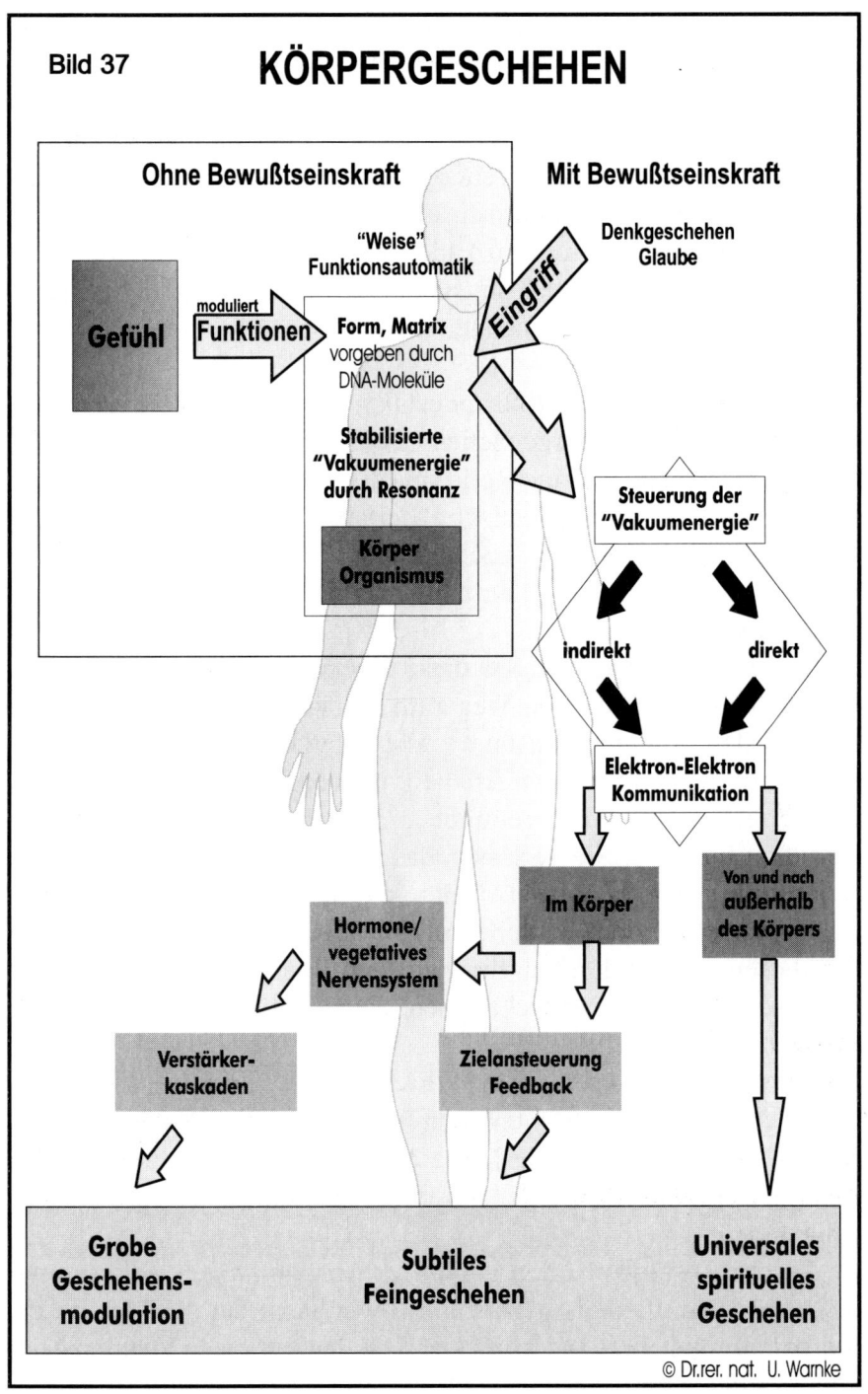

Bild 37

KÖRPERGESCHEHEN

Ohne Bewußtseinskraft

Mit Bewußtseinskraft

"Weise"
Funktionsautomatik

Denkgeschehen
Glaube

Gefühl

moduliert
Funktionen

Eingriff

Form, Matrix
vorgeben durch
DNA-Moleküle

Stabilisierte
"Vakuumenergie"
durch Resonanz

Körper
Organismus

Steuerung der
"Vakuumenergie"

indirekt   direkt

Elektron-Elektron
Kommunikation

Im Körper

Von und nach
außerhalb
des Körpers

Hormone/
vegetatives
Nervensystem

Verstärker-
kaskaden

Zielansteuerung
Feedback

Grobe
Geschehens-
modulation

Subtiles
Feingeschehen

Universales
spirituelles
Geschehen

© Dr.rer. nat. U. Warnke

275

4-dimensionalen Raumzeit), die von der Urenergie (der Membran) eingenommen werden, können wir unsere hauptsächlichen Bewußtseinsebenen als 7 ineinander geschachtelte Kugeln ansehen (**Bild 14**) oder 7 Ebenen einer Architektur, wie die Stupa (**Bild 25**). Im Zentrum ist der Sitz der Urenergie mit dem Zustand „Alle Möglichkeiten". Diese ist identisch mit dem Universellen Geist. Die 7 Schalen oder Ebenen, von Außen zum Zentrum verlaufend, entsprechen, konform mit der physikalischen Theorie (virtuelle Quanten) sprunghaft höheren Quantenenergie-Ebenen (höheren Schwingungsfrequenzen).

In unserem Alltagsleben befindet sich unser Bewußtsein auf der äußeren, also niederenergetischen Ebene. Das ist die Ebene, auf der die Zeit noch eine wichtige Rolle spielt. Unser Bewußtsein denkt auf dieser Ebene alles in Teilen von Zeitabschnitten. Wir fühlen uns dadurch selten richtig frei, aber meistens unter Druck. Gleichzeitig ist alles Erleben flüchtig, da es durch immer neue Geschehnisse abgelöst wird.

Stellen Sie sich vor, wie Sie diese Ebene verlassen und sich mit Ihrem Bewußtsein auf den Weg zum Zentrum machen. Sie machen sich auf den Weg zum Zustand „Alle Möglichkeiten". Jede Ebene, die sie auf diesem Weg neu Erleben, ist weniger an die Materie und unsere gewohnte Welt gebunden. Sie verlassen unsere Tagesbewußtseinsebene, Sie verlassen das Erleben der alltäglichen Welt. Jede Ebene der 7 Hohlkugelschalen, die sie Richtung Zentrum erreichen, ist ruhiger, energiereicher, raumzeitloser, ungebundener. Wenn Sie diesen außerordentlich angenehmen Zustand der 2. oder vielleicht schon 3. Ebene erreicht haben, tauchen Sie ein und erleben Sie ihn ausführlich.

Erschrecken Sie nicht, wenn Sie Ihren Körper in tiefer Entspannung nun nicht mehr spüren. Genießen Sie das Gefühl des Schwebens. Sie sind so leicht, daß Sie keine Massen, also keine Schwerkraft mehr empfinden. Auch der Widerdruck Ihrer Unterlage ist verschwunden.

In diesem Zustand werden auch alle Anspannungen vollkommen aufgelöst. Das ehemals belastende Bewußtsein hat die Materie des Körpers freigegeben, indem es sich von der äußersten Schale zu den nächsten Schalen Richtung Zentrum zurückgezogen hat.

Sollten zwischendurch eigenartige Schauer von starkem Kribbeln die Arme und die Beine entlanglaufen oder auch der Rücken und das Gesicht wohlig warm spürbar werden, so sind das Zeichen von guter Perfusion des Blutes bis in die äußeren Hautschichten hinein; auch Hormone pulsieren vermehrt durch den Körper und entfachen hier und da kleine Sensationen.

Sie können, wenn Sie sich sehr wohl fühlen noch die nächste Ebene Richtung Zentrum aufsuchen. Machen Sie dies aber nie aus Neugier oder Entdeckungsdrang, sondern immer nur mit der notwendigen Verantwortung. Denn Sie müssen sich klar darüber sein, daß sich Ihr Bewußtsein immer mehr an den Zustand „Alle Möglichkeiten", an den Universellen Geist in Ihnen herantastet. Das ist ein sehr erhabener feierlicher, aber vor allem machtvoller Zustand, den man nicht kurz aufsucht, um ihn mal eben kennenzulernen, sondern den man erleben und lieben lernen muß.

Falsch eingebrachte Bewußtseinszustände auf diesem Weg müssen unbedingt vermieden werden.

Diesen eben beschriebenen Weg sind auch die Alten Weisen gegangen, angereichert mit den notwendigen Erfahrungen.

Am Ende des Weges ist dann das, was die Alten und Buddha „Erleuchtung" nannten. Ob wir das auch schaffen? Auf keinen Fall dürfen wir diesen Weg erzwingen.

Auch das Erreichen der 2. und 3. Ebene ist für uns ausreichend.

Den Erfolg für den Körper und die Seele ist sehr schnell spürbar. Sie fühlen sich gesünder, kraftvoller, Sie sind toleranter gegenüber Ihren Mitmenschen, die ganze katabole Cortisol-Kaskade, wie vorher dargestellt, greift nicht mehr. Sie sind glücklicher und werden bemerken, daß sich auch Ihre Umwelt verändert.

Nehmen Sie sich vor, diese sich ausbreitende Harmonie nie mehr zu verlieren.

Sukkhe bhavantu, die Worte zu Beginn des Buches, heißen übersetzt: „Mögen Sie glücklich sein!"

Danksagung

Das bewährte Team aus Familie und guten Bekannten, das bereits bei den vorherigen Büchern durch Diskussionen hilfreich diente, stand auch diesmal bereit. Zusätzlich half Herr cand. rer. nat. Stephan und Herr Dipl.-Chem. Scheller bei der Herstellung einiger Bilder.

Literatur

1. Bohm, D. 1988: Wholeness and the Implicate Order, London (ARK)
2. Bohm, D. 1987: in Unfolding Meaning: A weekend of Dialogue with David Bohm; London (ARK)
3. Brauen, M. 1992: Das Mandala : der heilige Kreis im tantrischen Buddhismus. 2. Aufl., DuMont, Köln
4. Clottes, J.; Lewis-Williams D., 1997: Schamanen; Trance und Magie in der Höhlenkunst der Steinzeit. Jan Thorbecke Verlag, Sigmaringen
5. Dalai Lama, 1987: Das Auge einer neuen Achtsamkeit. Traditionen und Weg des tibetischen Buddhismus – Eine Einführung aus östlicher Sicht. Goldman, München
6. Dalai Lama, 1993: Einführung in den Buddhismus. Die Harvard-Vorlesungen. Herder, Freiburg / Basel / Wien
7. Dalai Lama, 1996: Der Weg zur Freiheit. Zentrale tibetisch-buddhistische Lehren. Knaur, München
8. Driesch, H. 1954: Alltagsrätsel des Seelenlebens. 2 Aufl., Rascher, Zürich
9. Duff, M. J. 1998: Neue Welttheorien: Von Strings zu Membranen. Spektrum der Wissenschaft 4, 62-69
10. Dürr, H. P.; Gottwald, F. T. (Hrsg.) 1997: Rupert Sheldrake in der Diskussion. Das Wagnis einer neuen Wissenschaft des Lebens. Scherz, Bern / München / Wien
11. Einstein, A. 1954: Ideas and Opinions. New York
12. Einstein, A. 1946: New York Times 25.5.1946, 13
13. Einstein, A. 1993: Mein Weltbild; S.117, Frankfurt, Berlin
14. Eliade, M. 1974: Schamanismus und archaische Ekstasetechnik Suhrkamp Wissenschaft, Frankfurt
15. Eliade, M. 1992: Schmiede und Alchemisten, Mythos und Magie der Machbarkeit. Herder, Freiburg / Basel / Wien
16. Eliade, M.; Couliano, I. P. 1997: Handbuch der Religionen. Artemis & Winkler, Düsseldorf / Zürich
17. Essen, G. W.; Thingo, T. T. 1989: Die Götter des Himalaya. Buddhistische Kunst Tibets. Prestel, München
18. Evans-Wentz, W. Y. (Hrsg.) 1991: Das Tibetanische Totenbuch. Ein Weisheitsbuch der Menschheit. 14. Aufl., Walter, Olten / Freiburg
19. Ferucci, P. 1994: Unermeßlicher Reichtum; Wege zum Erwachen Rowohlt, Hamburg

20. Gawain, S. 1993: Wege der Wandlung. Selbstheilung durch Transformation. Heyne, München

21. Gebser, J. 1986: Gesamtausgabe. Novalis, Schaffhausen

22. Goleman, D. (Hrsg.) 1998: Die heilende Kraft der Gefühle. Gespräche mit dem Dalai Lama über Achtsamkeit, Emotion und Gesundheit. Deutscher Taschenbuch Verlag, München

23. Golzio, K. H. 1998: Weltreligionen : Der Buddhismus. Patmos, Düsseldorf

24. Govinda, A. 1973: Der Weg der weissen Wolken. 2. Aufl., Otto Wilhelm Barth, Bern / München / Wien

25. Govinda, A. 1978: Der Stupa, Psychokosmisches Lebens- und Todessymbol. Aurum, Freiburg

26. Govinda, A. 1991: Grundlagen tibetischer Mystik. 8. Aufl., Otto Wilhelm Barth, Bern / München / Wien

27. Jongen, M. 1998: Das Wesen spiritueller Erkenntnis. Eine Reise ins Innere des Geistes. Eugen Diedrichs, München

28. Kaku, M. 1995: Hyperspace: Eine Reise durch den Hyperraum und die zehnte Dimension. Byblos, Berlin

29. Kaku, M. 1997: Zukunftsvisionen: Wie Wissenschaft und Technik des 21. Jahrhunderts unser Leben revolutionieren. Lichtenberg, München

30. Kalweit, H. 1987: Urheiler, Medizinleute und Schamanen. Die Wiederkehr archaischer Lebenstherapie. Heyne, München

31. László, E. 1995: Kosmische Kreativität. Neue Grundlagen einer einheitlichen Wissenschaft von Materie, Geist und Leben. Insel, Frankfurt

32. Liburdy, R. P. 1994: Electromagnetic Field and Biomembrane. In: Ho, M. W., Popp, F. A., Warnke, U. (Hrsg.): Bioelectrodynamics and Biocommunication. World Scientific, Singapore/New Jersey/London/Hong Kong

33. Lindenberg, W. 1978: Riten und Stufen der Einweihung; Mittler zur Andernwelt. Aurum, Freiburg

34. Neuser, W.; Neuser von Oettingen, K. 1997: Quantenphilosophie. Spektrum, Heidelberg

35. Paul, G. L. 1963: The production of blisters by hypnotic suggestion: another look. Psychosomatic Med. 25, 233.

36. Rawson, P.; Legeza, L. 1962: TAO. Die Philosophie von Sein und Werden. Droemer Knaur, München

37. Reichert, D. 1991: Humane Medizin ... den ganzen Menschen heilen. Reichert Organisation, Oberhausen

38. Saux, H. L.; Abhishiktananda, S. 1994: Die Spiritualität der Upanishaden. 2. Aufl., Eugen Diedrichs, München
39. Schäfer, H. 1984: Dein Glaube hat dich gesund gemacht. Religion und Medizin im Wechselspiel. Herder, Freiburg
40. Schuhmann, H. W. 1993: Buddhismus; Stifter, Schulen und Systeme. Eugen Diedrichs, München
41. Schuhmann, H. W. 1995: Mahayana – Buddhismus. Das Große Fahrzeug über den Ozean des Leidens. Eugen Diedrichs, München
42. Schwenk, T. 1984: Das sensible Chaos. 6. Aufl., Freies Geistesleben
43. Sogyal Rinpoche 1993: Das tibetische Buch vom Leben und vom Sterben. 5. Aufl., Otto Wilhelm Barth, Bern / München / Wien
44. Uhlig, H. 1994: Buddha. Die Wege des Erleuchteten. Lübbe, Bergisch Gladbach
45. Vaughan, F. 1993: Heilung aus dem Inneren. Rowohlt, Hamburg
46. Walters, P.; Hey, T. 1998: Das Quanten-Universum. Die Welt der Wellen und Teilchen. Spektrum, Heidelberg
47. Wilhelm, R.; Jung, C. G. 1992: Geheimnis der Goldenen Blüte. Das Buch vom Bewußtsein und Leben. 5. Aufl., Eugen Diedrichs, München
48. (Nature, Vol. 276, 1978; Nature, Vol. 279, 1979; Science, Vol. 190, 1975)

Index

– elektromagnetische 151
– starke 41
Fettsäuren
– freie 172
– ungesättigte 173 f.
freie Elektronen 232
Freie Radikale 163, 167, 170,
175, 185, 197, 201 f., 215 ff.,
220

G

Gedächtnis 16, 95, 114, 126 f.,
137, 196, 250
Gefühl 6 ff., 11 ff., 16, 34, 90,
99 ff., 110, 117, 123, 125 f.,
130, 135, 154, 160, 176, 178,
185, 193, 223 ff., 236, 238,
241, 246 f., 252, 254, 257, 262,
264, 266, 273, 277
Glaube 5, 70, 84, 90, 94, 99 ff.,
119, 123, 135, 183, 222, 234,
257, 266, 268,
Gravitationskräfte 42

H

HDL 193
Heilungswunder 5
Homöostase 13, 192, 226, 244
Hormone
– Adrenalin 165, 169, 209 f.,
214, 253 f., 273
– Androsteron 186
– Cortisol 168, 186–198,
202, 214

– Dehydroepiandrosteron
(DHEA) 192
– Glykogen 209, 215
– Insulin 168 f., 173, 195,
198, 209 f.
– Melatonin 165, 202, 216
– Noradrenalin 190, 214,
253 f.
– Serotonin 165, 193, 241,
254
– Testosteron 168, 183, 192
– Thyroxin 170, 176
Hyperglykämie 168, 173, 195,
208 f.
Hyperinsulinismus 168, 195
Hyperventilation 166, 199,
210 f., 260
Hypoglykämie 166, 169, 188,
198
Hypophyse 164, 185 f., 194
Hypothalamus 164, 186 f.,
200
Hypotonie 183, 199, 208

I

Immunsystem 31 f., 190, 200,
202, 204 f., 254

K

Kalium 160, 166, 169, 189,
206 f., 209 ff., 213 ff.
Konditionieren 176, 188
Konditionierung 100, 178 f.,
188, 223

Personenregister

Albert, David Z. 103
Aspect, A. 56
Benin 249
Boehme, Jakob 228
Bohm, David 105, 145 f.
Charon, J. E. 76, 233
Chiao, Raymond Y. 90
Cumrum, Vafa 68
Dirac, Paul A. M. 60
Einstein, Albert 58, 88, 131,
143, 145, 148 f., 229, 262, 267,
Everett, Hugh 103
Feynman, R. P. 137, 154, 157
Gell-Mann, Murray 103
Giudice, Emilio del 143
Goethe, Johann Wolfgang von
135, 246
Greenberger, Daniel 88
Hameroff, S. 143
Hartle, James B. 103
Heine, H. 26
Heisenberg, Werner 35, 44, 73,
247, 250
Heraklit, Clemens von 84
Hofmann, A. 256
Jahn, Robert 54
Jongen, Marc 119, 146 f., 230
Kepler, Johannes 243
Klein, K. 49
László, Erwin 153
Lawrence, D. H. 108
Lenard 241
Liburdy, R. P. 221
Loewer, Barry 103

Mandel 89
Michio Kaku 59, 78
Mohandas Ghandi 226
Nietzsche, Friedrich 182
Novalis 243, 277
Paul, G. L. 6, 60
Planck, Max 83, 106, 240
Podolsky, Boris 58
Rosen, Nathan 50
Schäfer, Hans 5, 7
Shakti Gawain 264
Steiner, Rudolf 130
Sully, Marlan O. 89
Sunryu Suzuki 146
Tesla, Nicola 239
Townes, Charles 239
Wheeler, John A. 86, 103 f., 144
Witten, Edward 60
Zeilinger, Anton 35, 56

287

Dr. rer. nat. Ulrich Warnke studierte Biologie, Physik, Geographie und Pädagogik in Kiel und Saarbrücken.
1971: Staatsexamen
1973: Promotion zum Dr. rer. nat.
Seit 1978 Akademischer Oberrat an der Universität des Saarlandes und Dozent für Biomedizin-Technik, Umweltmedizin und Klinische Ökologie, Physiologische Psychologie und Psychosomatik. Seit 1969 Forschungen auf dem Gebiet „Wirkungen elektromagnetischer Schwingungen und Felder einschließlich Licht auf Organismen".
Seit 1989 Leiter der Abteilung Biomedizin-Technik; Konstruktion diverser Therapie- und Diagnosegeräte.
Erster Vorsitzender des Instituts Physiologieforum, Meß- und Diagnosetechnik e.V. und Vorstandsmitglied der Gesellschaft für Technische Biologie und Bionik e.V., beide an der Universität des Saarlandes.

Der archaische
Zivilisationsmensch

Ulrich Warnke

RISIKO
WOHLSTANDSLEIDEN

Popular Academic Verlags-Gesellschaft

Wie entstehen Wohlstandsleiden? Wie sind sie zu vermeiden? Die Antworten auf diese Fragen werden immer dringlicher, denn die sogenannten Zivilisationskrankheiten belasten uns laufend mehr. Die Kosten dafür sind hoch: mangelnde Lebensfreude, Leistungseinbuße, fatale „Anpassung" an deletäre Umweltbedingungen und hohe finanzielle Belastung.

Das Buch beschreibt harte Fakten, die zeigen, daß der betroffene Mensch seinen eigenen Leidensweg selbst verschuldet. Zwar wird uns heute in allen Medien dargestellt, wie wir unsere Gesundheit bewahren sollen, aber zur Überprüfung des Wahrheitsgehaltes und zur konsequenten Realisierung der Ratschläge fehlt uns allgemein das Verständnis für das, was in unserem Körper geschieht.

Trotz aller Bemühungen – bis heute blieb es ein Rätsel, wie Geist und Bewußtsein des Menschen arbeiten, wie Gedanken und Wille die Materie des menschlichen Körpers beeinflussen und welche Chemie den Gefühlen zugrunde liegt.

„Gehirn-Magie" beschreibt die modernsten Theorien und neuesten Forschungsergebnisse zu diesen Themen. Außerdem gibt es Hinweise zur Selbststimulierung körpereigener Drogen-Cocktails für eine höhere Lebensqualität.

Der archaische
Zivilisationsmensch

Der Mensch und die 3. Kraft

Elektromagnetische Wechselwirkung

Zwischen Streß und Therapie

Ulrich Warnke

Popular Academic Verlags-Gesellschaft

Das 2. Buch innerhalb der Reihe „Der archaische Zivilisationsmensch"
berichtet über Wirkungen, Mechanismen und Anwendungen elektro-
magnetischer Kräfte. Die Schnittstelle von Biologie und Physik ist
Dreh- und Angelpunkt eines revolutionären Geschehens: Die
Wissenschaft hat neu erkannt, daß der Mensch als quantenphysika-
lische Konstruktion maßgeblicher Teil der Natur – ja sogar des
Universums ist.
Daraus ergeben sich völlig neue Aspekte für unsere Gesundheit, die
bisher unverständlich waren.
Alle Aspekte werden im Buch fundiert und verständlich beantwortet.